寄给人性的可能

中国古典人文主义叙述

孔见 著

生活·讀書·新知
三联书店

图书在版编目（CIP）数据

穷尽人性的可能：中国古典人文主义叙述 / 孔见著 .
北京：生活·读书·新知三联书店，2025. 9. -- ISBN
978-7-108-08008-0

Ⅰ . B222.05

中国国家版本馆 CIP 数据核字第 2025KW2818 号

责任编辑　王海燕　王　丹
装帧设计　赵　欣
责任校对　曹忠苓
责任印制　李思佳
出版发行　生活·讀書·新知 三联书店
　　　　　（北京市东城区美术馆东街 22 号 100010）
网　　址　www.sdxjpc.com
经　　销　新华书店
印　　刷　河北松源印刷有限公司
版　　次　2025 年 9 月北京第 1 版
　　　　　2025 年 9 月北京第 1 次印刷
开　　本　635 毫米 × 965 毫米　1/16　印张 20.75
字　　数　249 千字
印　　数　0,001 - 4,000 册
定　　价　59.00 元
（印装查询：01064002715；邮购查询：01084010542）

目　录

穷尽人性的可能——中国古典人文主义叙述

第一章
人性的深度及穷尽的可能
——古典人文主义的精神立意

在尚未言语之时，生命已经归属于我等。我等把它当作何物来加以对待，是一个严重的问题。作为生命的当事者，人有着相当大的处置权，而如何处置生命，取决于人的态度之采取：是将其视为一个现成的事物来囫囵接受，任随其自然属性的宰制与驱使，还是将其视为一个正在生成、趋于完善的过程？是将其视为一个已经抵达的终极目的地，还是一种有待开显的深邃的可能性？是当作一种深沉的恩典来感戴，还是当作无端的强加与被抛无奈地接受，甚至是当作废物和累赘来拒绝与遗弃？如此态度的采取，直接影响到生命存在的状况，即庄子所关切的"性命之情"。某种条件范围内可以说，你把生命当成什么，它就会成为什么，还给你一个想要的证明，让你陷入循环的圈套当中。所谓人文主义，便是从对待与接受生命的态度里衍生出来的思想主张。它不仅站在人本的立场，将人作为行为的出发点和评价事物、指点江山的尺度，还将人视为一种尚未完成的可能性，并站到这种可能性的极限上去，回过身来测度人的生存现状，提领人存在的品质。也就是说，人文主义对人是有所期待和想象的，它要改变人，而不只是接受自然人现成的状况，把人当成一个已经抵达的终点、凝固了的铁定事实。只是它对人的改变，不是要把人变成非人和异己的事物，而是让人在更完满的意义上成其为人，穷尽其性命存在的可能性。

1. 文明以止：人文化成的方向

"文"字取象于鸟兽皮毛上的纹彩、纹理，在汉语里有文采、装饰、美化、增光添彩的含义。"人"与"文"组成一词，便有美化人，提升人，使人美好起来，变得更加靓丽、高尚乃至光辉灿烂的意思。"人文"一词最早出现在《周易·贲卦》中：《彖》曰：贲'亨'，柔来而文刚，故'亨'；分刚上而文柔，故'小利有攸往'，天文也。文明以止，人文也。观乎天文，以察时变；观乎人文，以化成天下。"按照朱熹的推断，"天文也"前面应该有"刚柔交错"，是被后人遗漏了（朱熹注《周易本义》，第54页，凤凰传媒出版集团，2011年）。整段话大意是说，阴阳交错流行变化，是天道的范畴；使人心性与行为有所依止与规范，是人文的范畴。探究天道，意义在于明察自然事物在时间中的流变；探究人文，意义在于教化天下人的品性德行，让人性得以实现与完成。

就教化意义而言，先秦时期对"人文"一词的理解，与古希腊人文教育的观念颇为接近："西塞罗在拉丁文中找到了一个对等的词 *humanitas*，他所根据的是希腊人的这个观点：这是发扬那些纯粹属于人和人性的品质的途径。"[（英）阿伦·布洛克著，董乐山译，《西方人文主义传统》，第5页，生活·读书·新知三联书店，1997年]。希腊人教化的目标是使人远离兽性接近神性。不过，在教化的内容和对神性的认识上，双方却又不尽相同。总体而言，中国古代的人文教化偏重于德性修养，知识才能等而次之；希腊的人文教育则偏重于知识的学习汲取。苏格拉底开始提出灵魂关怀的方向，但最终还是将道德问题纳入了理性的范畴，得出"美德即知识"的论断。

中国先秦的人文教育分小学与大学。小学教的是礼、乐、驾驭、射箭、读书识字和算术等"六艺"，是一些实用的知识，属于技术理性的范畴；大学传授的是"大人"之学，这个"大"是个动词，"大人"就是通过这种进学，使人成长壮大并且高尚起来。显然，在这里，长大并非身体与生理上的，也跟年龄没有对应关系。如果是身体和生理方面的，只需要吃饱睡足加上运动锻炼就差不多了。因此，这个"大"应当从人的心性、人格这方面来理解，它说的是弘扬人、拓展人、光大人，使人格外延变得开阔、内涵变得深邃的意思。也就是说，大学是辅助和催化人格成长、人性开显，让人在更充分和完整的意义上成其为人的学问。从名相上表述，也就是成为君子圣人的学问，关乎人的安身立命。小学的教育偏于见智（技术理性），大学的教化偏于见仁（道德自觉）。《大学》一文开宗明义："大学之道，在明明德，在亲民，在止于至善。"大学教化的职能，在于开显天命赋予人性的内在璀璨品质，让人不断超越与转化自身，最终达到"止于至善"的境地。而"止于至善"之境的人，儒家称之为圣人，道家称之为至人、神人、真人等，是成就了神圣人格的人。这样，文化的含义，从当初对动物属性的远离，过渡到对神圣属性的趋近、显化与圆满。在这一个节点上，中国文化与西方文化有着巨大的分歧。从古希腊哲学到中世纪神学的叙事里，人格与神格之间存在着不可逾越的鸿沟，此岸的人可以呼唤神的救赎，却永远不可能成为彼岸之神。在中国文化里，神格不过是人性臻于完满至善的结果，就像兽性是人格堕落的境地那样。有可能成就神圣人格的人，不仅可以沦为衣冠禽兽，甚至可以堕落到连禽兽都不如的程度，只要他心甘情愿。

中国古典语境中，文化有两方面的功用：一种是外在的规范与修饰，一种是内里品性的涵养与开显。前者重在于"文"，后者重在于"化"，即心性的转化。"文明以止"的意义，一是对行为的约束、限制、规训与矫枉，使之合乎社会的规矩和礼法程序，使人举止有节，呈现出彬彬然的样子来，有别于禽兽的朴质蛮野；一是开掘人性的内涵，使其灿然焕发出"明德"的光辉。前者可谓小止，涉及行为的表现形态，属于"发乎情，止乎礼"的范畴；后者堪称大止，涉及行为动机与性命的止归，属于儒家"道也者，不可须臾离也"的范畴，止于完满至善之境。在原儒那里，心性内在"明德"的发明，与外在之礼法的规约，构成了儒家关于文化的两种旨意：内修明德，外约以礼。刑法则是在仁与礼失效之处方才启用。

在文化的内外两种含义中，儒家偏重的是内义，即所谓"明德"的开显。明德是人性内在的品质属性，包含有智慧、仁慈两个方面。在《中庸》的归纳中，还有"勇"的因素："知、仁、勇三者，天下之达德也。"对于人性内涵中深沉的内容，道家表达为"玄德"，取的是其微妙玄通、难以体察与领悟的意思。"明德"潜在于人性内部深邃的区域，需要人自身开显出来，才能焕发出光明的品质。因此，对于儒家来说，明德也不是昭然若揭的自明之物，它是一种潜在的可能性，有一个由"玄"而"明"的开显过程，需要通过自身的修为加以发明，使其如地下的泉水般涌现出来。是故，"大学之道，在明明德"。

如此看来，大学意义上的"文"，并非外在的文饰，给人披上靓丽的外衣与环佩，附丽一些非人的东西，而是把人当成一座矿山来挖掘与冶炼，点燃人性内部智慧与德性的光辉，以照亮人的存在，让人在更充分、更本真、更美好的意义上成其为人。显然，

穷尽人性的可能——中国古典人文主义叙述

"文"这个词，在这里已经被引申来使用了，带有比喻的性质。在诗人屈原那里，这种比喻得到了淋漓尽致的发挥。《楚辞》中多见"香草""美人"这样的词语，香草则指使人灵魂得以净化、升华的品德熏陶与修养。《离骚》有这样的叙述："纷吾既有此内美兮，又重之以修能。扈江离与辟芷兮，纫秋兰以为佩。汩余若将不及兮，恐年岁之不吾与。朝搴阰之木兰兮，夕揽洲之宿莽"；"制芰荷以为衣兮，集芙蓉以为裳"。他称自己唯恐时光空流，因此朝夕精勤，不断采撷各种芳草，来披挂在自己身上，让自己成为高贵的美人。这里所说的美人，已经不是肉身上的体态，而是精神人格的相貌，是人本身冷暖自知的内在境界，不一定为外人所洞察与赏识。

文化内外两方面的含义，被宋人张栻归纳为"内者粹然"和"外者彬彬"："古之所谓文者，非特语言之工、诵读之传而已也。盖将以治其身，使动率于礼，在内者粹然，而在外者彬彬焉。故其本不过于治身而已，而其极可施于天下。"（张栻，《双凤亭记》，引自《湖广通志》卷一百六，《文渊阁四库全书》第五三四册，第698页）"内者粹然"指的是人内在品质的涵养修炼趋于纯粹，对应了《诗经》与《礼记》里的表述。

《诗经》里，人性的自我净化、提升和完善，被比喻成对玉石的打磨："有匪君子，如切如磋，如琢如磨。"（《诗经·淇奥》）在金木水火土五行中，玉是土元素的精华，源自于泥土，但消去了土的杂气，变得通透而又凝练。《礼记》和《诗经》里都有君子佩玉的表述："古之君子必佩玉，……君子无故玉不去身。"（《礼记·玉藻》）玉与身须臾不可离开，这意味着君子之身，已经与玉合为一体。经过磋磨的玉石，剔除瑕疵之后，散发出温润的辉光，并在行动中叩出清脆的鸣响，是君子纯粹品质的象征之物，如同美人的环佩。老子有"知我者希，则我者贵，是以圣人被褐怀玉"（《老子·第七十章》）的隐喻；孔子有"君子比德于玉"（《礼记·聘义》）的表述。如此比喻，意味着常人的品质近乎普通的砂石，粗粝而驳杂，甚至是肮脏不堪的淤泥，或冥顽不灵的石头疙瘩，而君子圣人是土石中玉化的部分，纯粹、通透而高贵。汉语中"玉汝于成"一词，指的就是人格品质的造就与完成；"守身如玉"则是指一个人对自己内心操守的护持。

人文之化，并非不断将外在的事物往人那里堆积，把华丽的衣冠往人身上披挂，将其装潢起来，从而使其变成一个非本真的别人，成为一个异己的他者，而是在开掘其内涵之后，剔除其粗重、浑浊、不纯粹、非本己的质地，让他在更本源、更全真的意义上成为自己，这就是《大学》里"亲民（新民）"的意思所在。但在当今，佩玉的原始意蕴似乎已被遗忘，或者不知何时发生了异化，市井间，小人佩玉乃至披金戴银的情况更加普遍，而君子反倒是素面朝天。

上述对人文范畴的认识，并非所有儒者都能够达成共识。在有的人看来，文化的作用更多在于从外部规范人、约束人的行为，使人变得越来越不像原来的自己，甚至背离或压抑自己的天性。特别是对人性不予信任，甚至有持性恶论者，如荀子，几乎把外在的修饰与约束当成文化功能的全部。在荀子那里，文化的功能是"化性起伪"，因此，他主张以硬性的行为规范和制度性暴力，来约束与桎梏人。这样的结果，往往会使人变得外君子而内小人，金玉其外而败絮其中。不过，在儒家主流的思想里，对人性给予了充分的信任与赞美。孔孟在以软性行为规范"礼"来约束人时，更寄希望于人自身的道德自觉与智慧自明，让外在的规范形同虚设。

大学之道开启"明德"的宝藏，以照亮人自身，获得透彻与澄明，最终达到"至善"的进路，在《周易·说卦传》里，被概括为

穷尽人性的可能——中国古典人文主义叙述

"穷理、尽性，以至于命"。用现代话语说，即穷尽人性的可能性，特别是其中蕴含的天命，让人成为一个完整、圆满而没有缺憾的存在。

2. 天命之谓性

汉语中"性"的概念，是从"生"衍变过来，最初也是用"生"字来表示的，后来与"命"字结合，合成"性命"一词。从形而下的层面看来，人都是父母精血交媾的结果，但在古人的理解与表述中，人的生命的获得，不能简单、全然归功于父母。人乃天地父母所生，生命孕育形成的过程背景深广，是诸多有形无形因缘聚合与并作的结果。《礼记》中有这样的叙述："故人者，其天地之德，阴阳之交，鬼神之会，五行之秀气也。……故人者，天地之心也，五行之端也，食味、别声、被色而生者也。"（《礼记·礼运》）和各种事物的化生形成一样，人是在一个深广的场域里，通过"天地纲缊，万物化醇"（《周易·系辞下》）的过程成为自身的。人的生成过程，除了父母精血交融，还加入了日月光华的辉映、地球的磁场交感、年轮季节的流转、草木的荣华，乃至暗物质、暗能量等不可见的因素："人因五方之风、山川之气以生。故曰：性者，生也。既生有禀，曰性。"（南唐徐锴撰，《说文系传·通论》）因此，人是一种天物。同样的叙述见于《孟子》（性乃"天之降才"）、《荀子》（"凡性者，天之就也"）、《中庸》（"天命之谓性，率性之谓道，修道之谓教"）等多种典籍中，并非个别学者偶持的观念。中国传统的命理学说，从人出生的年、月、日、时所隐含的时空属性，来演算人的命格，是一种特殊的人文地理，并非毫无根据。

依照上述认识，人性并非一个有限的实体，也不局限于肉身个体的范围，它是一个深邃而幽远的场域。"舜曰：'吾身非吾有也，孰有之哉？'曰：'是天地之委形也；生非汝有，是天地之委和也；性命非汝有，是天地之委顺也；子孙非汝有，是天地之委蜕也。'"（《庄子·知北游》）这里所说的天地，其实是时空整体，万物的总和，用现在的话语说，就是宇宙一切物质能量的总和。人的生命是在特定的引力场、磁场、气压、温度、湿度中形成的，在其他时空环境下，人的生命可能无法生产，或者生产了也无法存续。通常情况下，由于这些条件基本具足，变化幅度不大，呈现出恒稳的"常数"，人们便将其忽略不计罢了。但在中国古典文化中，这些被忽略不计的事物，一直被郑重地加以对待。生命存在被置于浩瀚的时空之中，个体的生存与万物总体的运化密切关联。天时地利与人际关系，都对人存在状况的迁移产生着微妙的影响。人的生理循环，与太阳和地球的相对运动，存在着某种耦合，人心血管疾病的发作，也许就跟当天太阳黑子或耀斑的活动有关；某场瘟疫的流行，不完全是病毒的偶然闯入，也许与太阳系行星的排列及引力布局变化对应。生活在高原的居民，就比平原地区的人更容易患上心脏疾病；生活在南方水泽纵横之地的居民，比北方人有更多的可能患上风湿病。当然，这些影响并不都体现在身体的病变上面，人健康地生存，需要更多因素和条件的支撑。之所以人们感受不到，只是因为这些因素与条件，处于具足和良性循环的状态。

在感官的视野中，天地间万物森然，是无数个体的集合。在古贤的认识里，这种形而下的现象并非实相，天地的集合不是砖头似的简单叠加，万物也不是像砖头一样并列堆积，或是餐桌上杂碎的拼盘。在形而上的视域，"天地绵缊，万物化醇""万物并作""通而为一"，各种物质能量，包括明的暗的，都交汇在一起，隐秘而微妙地运作，达到醇化的状态，同归于一个深邃的本体，近似于爱因斯坦晚年所探寻的宇宙"统一场"。它可以说是万物的母体:"可以为天下母"(《老子》第二十五章);它"渊兮似万物之宗"(《老子》第四章),仿佛是万物的宗祖,甚至是上帝和造物主的祖先:"象帝之先"。这个玄奥的本体,不是一个具象,不是万物中多出的一物,因此不可方物,无法以任何具象来比拟,也无法用寻常的名相来表述,只能勉强称之为"道"。之所以勉强称之为道,是因为这个本体是通达万物、同归一体的,仿佛无所不通的大道。在超越感官见闻觉知的神秘"玄览"中,它显现出"寂兮寥兮"的空无之象,但空无之下,并非全然绝灭,而是"其中有精,……其中有信",恍惚着微妙难测的能量信息。这个被称为道的本体,并非石头一般硬邦邦的实体,也不是一潭死水,而是时刻不停地运化着。这种运化微妙玄通,交感如神,不同于形而下的变动。形而下的变动显著、粗糙,可以为人的感官所辨认,形而上的变化超言离相,只能用心体会。

道体"周行而不殆"(《老子》第二十五章),生生不息,生化不已,是一切变易的源头,因此也可以强名之为"易",或曰"大易"。作为六经之首的《易经》,即是描述易体造化流行的书,用现代汉语可翻译为"造化书"。它以阴阳二爻错综复杂的组合,表达"道生一,一生二,二生三,三生万物"(《老子》第四十二章)的原理。"易"的本体"范围天地之化而不过,曲成万物而不遗",但却是一个无体之体:"故神无方而易无体。"(《周易·系辞上》)它无思无为,似乎寂然不动,却又感而遂通,有"不疾而速,不行而至"(同上)的传神效应。整个生生不息的宇宙万物,从日月星辰的周转,到树木花草的四季枯荣,都是"易"体"大用流行"的显现,都是它的"盛德大业"。对于"易"的本体,人们极难全然地领悟,往往只能见其一曲一隅,即所谓仁者见仁,智者见智。有的人从消融万物、同归一体的意义上，将其归结为"仁"；有人从感通传神的意义上，将其归结为"智"；有人从通达无阻的意义上强名之为"道"；有人从运化不息的意义上强名之为"易"。其实都只是这个神秘本体某一方面的属性。一旦将其归结为某个方面，就会顾此失彼，以偏概全，导致歧误。因此可以说它什么都不是，它是一个无极。它是万象归一之处，但却不是一个"一"，倒像是一个零，一个无限大的零。

这样，古贤对性命源头的追溯，深入到天地万物通而为一的造化母体——"道"，或者说"易"——这是生命源头的天池，是一切事物获得自身、成为自身的所在："成性存存，道义之门"（《周易·系辞上》）；"性者，万物之一源，非有我之得私也"（张载《正蒙·诚明》）。归根结底，道是包括人在内的万物之母，人与万物皆依道为命。世间父母双亲对于人生命的生育，有一个受孕、十月怀胎和生产完成的过程，因此，人都有自己的生日。但道的母体对于人生命的造化，时时刻刻都在进行之中，连死亡也是生命的一种造化。因此，"道也者，不可须臾离也，可离非道也"（《中庸》第一章）。在这个意义上，日日都是人的生日。

生命是给予之物。作为万物的母体，易（或者说道）在化成万物的过程中，赋予所生成之物以内涵属性，这种赋予仿佛是来自最高存在的一道指令，因此被理解为"天命"。于是有"天命之谓性，率性之谓道"（《中庸》第一章）的说法，性命的概念也由此而来。从天道的角度看，是一种赋命；从人和个体事物的角度看，是一种受性，一种恩典与惠泽。"天所赋为命，物所受为性"（《程氏易传·乾传》）。按照此般理解，人性来自天道的赋命，它与天道是贯通着的，这种贯通，被表述为天人合一。人性通于天道，便意味着个体自我的边界消弭，意味着"吾丧我"，在道的维度上与万物打成一片，同归于造化的本源，而不是以独立个体的姿态与万物对立。人性是从道的本源流出的一条涓涓细脉，顺流而下是人道，溯流而上是天道（"反者道之动"）。通过人性向上游追溯，可以通达天地的玄奥，通达世界万物的本源。在这个意义上，"万物皆备于我"的说法便可以成立，宇宙的法则也不存在于人之外。因此，人若能够"穷理尽性以至于命"（《周易·系辞上》），就可以领悟天道。"尽其心者，知其性也；知其性，则知天矣。"（《孟子·尽心上》）所谓知天命者，就是领悟到天地赋予人生命的内涵，并全然生活在这种内涵之中。如此，人就"游于物之初"，安身立命于性命的本源，与造物同行，穷尽生命存在的可能性。

如此说来，道并不在人之外，而在人的心性之内。人性与天道内在贯通的意旨，使中国古典人文思想具有了弥纶天地的气象，避免了人本与物本乃至神本的天然分隔与冲突。按照这种体认，创造万物的是它们自身共同的本体，人没有必要在人之外设置一个上帝来宰制自身的命运，提携人的精神，安顿人的灵魂；也没有必要在人之外去寻找生命存在的根据与真谛，到异国他乡去寻找安身立命的归宿，使自己陷入一种无家可归的状态。道是人性的根源，"子曰'道不远人。人之为道而远人，不可以为道'"（《中庸》第十三章）。人对自我的超越，其实也是对自性的还原，并非以凌空而起的姿态，跨过自己成为一个非人或超人；更不是另从物本主义或神本主义的立场出发，来反对人、压制人。

在孔子看来，人的天命之性是任何外在力量剥夺不了的，他内心的无畏与坚定便源于此。周游天下途经宋国时，他和弟子们在一棵大树下演习礼仪，宋国的司马桓魋令人砍倒大树，以此威胁。弟子们看来者不善，便催促老师赶快离开。孔子却十分从容："天生德于予，桓魋其如予何？"（《论语·述而篇第七》）

人生命中来自天道赋予的内涵，被宋代学者归纳为人的天地之性或本源之性。张伯端与张载异口同声地说过："形而后有气质之性，善反之，则天地之性存焉。"（宋张伯端撰，《悟真篇浅解》，第231页，中华书局，1990年；张载《正蒙·诚明》）但本书还是沿用《中庸》天命之性的说法。

3. 性命的三个维度

在古典思想者的叙事中，人性并不是一个单薄的平面，除了天命之性以外，还有许多不同的内容，如："食、色，性也"（《孟子·告子上》）；"目好色，耳好声，口好味，接而说之，不知利害，嗜欲也"（《淮南子·诠言训》）；"人无毛羽，不衣则不犯寒；上不属天而下不着地，以肠胃为根本，不食则不能活；是以不免于欲利之心"（《韩非子·解老》）；"聪明睿智，天也；动静思虑，人也。人也者，乘于天明以视，寄于天聪以听，托于天智以思虑"（《韩非子·解老》）；等等。乍看起来，人性似乎是一个堆积着各种品性的场所，一个什么都能找得出来的杂物间，其实，这恰恰说出了人性的深沉与丰饶，以及其蕴含着变形异化的可能性。性命的存在是一个有着多重维度的领域，天命之性是人性最深邃的内涵，除此之外，还有其他维度的内容。

汉语中的"性"，既从"生"，也从"心"，是"生"与"心"的合璧，这意味着人是一种灵明的生物，并非蒙昧的存在。人非同木石，"人身之生，在于心"（清饶炯撰，《说文解字部首订》）。心是意识后台感而遂通的觉性，是一个人的神明，属于人性第二层面的内涵。"心者，人之本也，身之中也，与人俱生"（南唐徐锴撰，《说文系传·通论》）。这里所说的心，不是形而下层面的心脏："心居中，虚以治五官，夫是之谓天君。"（《荀子·天论》）在肉身的维度上，找不到心的具体位置，因为它居于"中虚"之位，像神秘的内宫，藏着人的神识："心者，形之君也，而神明之主也。"（《荀子·解蔽》）心是生命的枢机，是人的精神主宰，但也制约着人的气脉："心者，神之舍也"（《黄帝内经·灵枢·大惑论》）；"心主身之血脉"（《黄帝内经·素问·痿论》）。因此，心的状态对人身体健康和疾病的发生与治疗，具有不可忽略的作用，但心和气脉的存在隐而不显，它们并非形而下的器质。

对于常人而言，心虽是日用之枢机，但其存在相当隐秘。据孟子转述，孔子对心有过这样的描述："操则存，舍则亡；出入无时，莫知其乡。"（《孟子·告子上》）启用之际，人可以隐隐体会到心的存在，停歇下来就不知它到哪儿去了。这跟《易传》里的表述相近："放之则弥于六合，卷之则退藏于密"；也与释家"体寂用显"的描述相当。心在身体上的启用，可以通过感官得以体现："心有征知。征知则缘耳而知声可也，缘目而知形可也。"（《荀子·正名》）心可以通过感官功能的启用，认知事物的形状、颜色、气味、声音等现象，一旦心的意向不再聚焦在感官上，感官便形同虚设，现象也同归于寂："心不使焉，则白黑在前而目不见，雷鼓在侧而耳不闻"（《荀子·解蔽》）；"心不在焉，视而不见，听而不闻，食而不知其味"（《大学》第八章）。"心无形体，才主著事时，便在这里，才过了便不见"（《二程遗书》卷十八）。对于大脑思维也是如此，一旦心退藏于密，人就进入潜意识乃至无意识的状态。

关于心的属性，先哲有诸多具体的描述，可以归结为以下几个方面。其一，心具有感而遂通、不思而得的直觉，隐含着幽微的神识，"神也者，妙万物而为言者也"（《周易·说卦传》），它的作用微妙而难以测度。老子所说的"玄览"，便是内心深邃的直觉。其二，心有思虑、分辨、推演的理智，"心之官则思，思则得之，不思则不得也"（《孟子·告子上》）。心能够思维判断，演绎出各种知见与理论体系，这是心的理性。其三，"合性与知觉，有心之名"（张载《正蒙·太和》）。心是形而上之性与形而下之身的结合部，性是心之本源，心是性的起用，由心往上追溯或回退，可以进入性的领域，因此尽心可以知性，尽性可以知天命，领悟道的内涵。在性的层面，人的存在突破个我的边界，归于与万物通而为一、"民吾同胞，物吾与也"（张载《西铭》）的境界。宋儒将这种境界理解为仁："仁者浑然与物同体。"（《二程遗书》卷二上）其四，心能起意，聚焦关注于某个方面。心的意向可以起用于身体行为，投射于外部对象，也可以退藏于密，归于无心或自明。其五，心物一元，心的作用携带着"气"，是一种精微的能量，仿佛虚空中的妙有。心平则气和，心浮则气躁，心静则气潜。专一和虚静的心境，能养气存神。这种"气"其实是微妙的心理能量，能产生妙用，形成气场，甚至可以浩然"塞乎天地之间"。其六，心有情绪变化和喜怒哀乐等觉受，这是心的感性。在无滞碍和染污的无邪状态，在"喜怒哀乐未发之中"，有一种源自心性本体的愉悦或法喜，这种不依赖外部刺激的非对象性快乐，是人生的清欢与至福，是"孔颜乐处"。人只要能够回到这种"思无邪"的状态，就可以获得发自心源的愉悦："反身而诚，乐莫大焉。"（《孟子·尽心上》）

心与性往往被合并起来，称为"心性"，属于人存在形而上的领域。人的性命还有形而下的维度，那就是人的肉身及其属性，人与生俱来的禀赋，非人为造作的本能。这些禀赋跟生物进化和人类繁衍的历史有着密切的联系。"凡性者，天之就也，不可学，不可事。"（《荀子·性恶》）人是一种动物，以肉体身份在世间行走，身体组织器官及其功能属性，包括各种本能欲望与大脑意识，自然也是人性不可或缺的内容。因此，人所受于天者，除了上述天命之性，灵明之心，还有随肉体生命带来的生物本能："告子曰：'食、色，性也。'"（《孟子·告子上》）肉身维度的属性，还包括感官觉受的方面："口之于味也，目之于色也，耳之于声也，鼻之于臭也，四肢之于安佚也，性也。"（《孟子·尽心下》）这个层面的属性，属于所谓"气质之性"的范畴："形而后有气质之性，善反之则天地之性存焉。"（张载《正蒙·诚明》）由于肉身属性不能在个体内部自我完成，不具有自足性，因此它驱使人与外界交流互动，并衍生出人与人之间的利益关系："凡人有所一同：饥而欲食，寒而欲暖，劳而欲息，好利而恶害……是禹、桀之所同也。"（《荀子·荣辱》）

在弗洛伊德的精神分析学中，人的存在被分为"本我""自我"与"超我"。所谓"本我"是人的身体性的本能欲望与激情冲动，可遗传的生物属性，其动力是一种被称为"力比多"的性能量。这相当于中国古典语境中的气质之性。弗洛伊德将这种身体属性归入无意识的范畴，并视为人性最深沉的部分，与中国古典人文思想有着巨大的差别。

综上所述，人性并非单维的平面，而是一个渊深的所在，包含三个维度：一是与天道贯通的天命之性、本源之性、天地之性，在特定语境内简称为性，是人存在的形而上的隐秘的区域；二是作为自身神明主宰、具有知觉和思维的心灵之性，以及由此衍生、建构的情感与理智，是人存在的幽明的领域，在特定语境内简称为心；三是由肉身衍生出来的生物本能、气质之性，是人存在的形而下的显明的区域，在特定语境内简称为身。三者合起来就称为性命，或者说身家性命。所谓人的存在，就是身、心、性的总和。这里所谓"总和"，不是指三者像三块石头叠加在一起，而是三者通而为一。人性的三种维度，也可以说是人存在的三种可能性，人在某个阶段展开哪一种可能性，取决于他将身家性命安住在人性哪一个维度上。人需要对自身性命的安放做出自觉的抉择，而缺少这种自觉的人，便只能浑浑噩噩或懵懵懂懂地随波逐流。

人的形体气质之性，包括由维持身体生产与再生产而衍生的物质欲望，还有生存竞争中的趋利避害和攻取倾向，近似于动物的本能属性。只是动物的本能属性表现出来的往往是一个常量，人的欲望倾向却会由于心的干预，纵容或制约、激励或暗示，缩小或放大成为一个无穷变数。人的天命之性，是人成就神圣人格、"道成肉身"的依据，属于人性中神圣的部分。在古典文化的叙事中，人与神、禽兽之间没有截然的鸿沟，神性是人性的完善，兽性是人性的退化与堕落。人性中的天命之性退转，气质之性扩张，神格就降格成人格；气质之性进一步扩张，直至将人性全面覆盖，把天命之性与心灵觉性遮蔽起来，人就降格成动物畜生；人性中天命之性扩充直至圆满，人就升格成神明。在中国古典人文主义体系里，人本通达神本，人性的救赎与飞升，寄托于人的自我修炼，脱胎换骨，不需要凭借外在的力量来完成。

先秦时期性善性恶的说法，看起来相互反对，似乎势不两立，其实说的是不同维度的事情。关于人性的善恶之争，最为典型的是孟子的性善论与荀子的性恶论。在先秦儒家中，孟子对人性的认识较为全面，他既将人的生理本能看作人性中不容忽视的内容，又把恻隐良知当成人性里更为根本的意涵，这是人性超越禽兽的部分。人若能反身而诚，就能尽心知性，并且据此成为君子圣人。他的性善论，正是基于人的良知与天命之性做出的判断。荀子专门以"性恶"为题立论，断言人性本恶，但他所列举的人性内容，皆是耳目声色之嗜欲："饥而欲饱，寒而欲暖，劳而欲休"，"目好色，耳好听，口好味，心好利，骨体肤理好愉佚"，等等，基本上都属于身体气质之性的范畴。由此可见，性善之说，说的多是天命之性；性恶之说，针对的主要是气质之性，两者评判的是人性不同层面的内涵。人性不同层面的内涵都有其实现的合理性，很多情况下，它们之间存在的只是善的差等，而非恶的对立。在不伤及他者同等权益的情况下，古典人文主义对人身体属性的完成与满足予以充分的谅解、尊重与包容，将其视为烟火人间的普世福祉，但这并不意味着放弃对人性跃升所寄托的期待。

因为涵盖了兽性与神性的内蕴，人性与兽性、神性之间，并非决然分隔和对立。人可以像一头驴那样活着，除了吃喝拉撒睡不管别的事情，如果他愿意的话；但他也可以不断提升自己的存在品质，最终成为一个"独与天地精神往来"的神圣的存在者，成为一个至人、圣人，实现人性最高的可能性——"圣人，人伦之至也"（《孟子·离娄上》）。虽然，人存在的可能性，贯通禽兽与神圣两极，但对于人文主义者来说，这两极并不是等价的。也就是说，神圣的一极优于野蛮动物的一极，人应当在从禽兽通向神圣的路上行走，追求人性的不断晋升和圆满。——这就是古典人文主义鲜明的价值指向，也是其人文性的体现。这种指向含有对兽性的轻慢与鄙视，却不能被理解为对人性的反对。

4. 穷尽的期求和遮蔽的发生

身、心、性三者可以相互阻隔、相互反对，也可以打成一片，一以贯之。人性的完成，可以理解为此三个维度的贯通，以及其中内涵的充分显化与实现。如此看来，人性仿佛一条河的流域，天命之性为上游区，形体气质之性为下游区，心灵之性为中游区。人的生活，从其外在社会性的方面，可以有花样百出的变幻，或者驰骋疆场，或者回归田园，或者居庙堂之高，或者处江湖之远。但从其内在而言，皆是泳游和浮沉于人性的流域里，出入于隐显幽明之间。一个人，可以在身体的维度安身立命，在衣食住行各个方面极力铺陈，争妍斗艳，穷奢极欲，以此为足，慨叹人生不过如此而已；也可以在心灵的维度安身立命，在情感的界面演绎悲欢离合的故事，在思维的界面建构繁复的知见体系，并以此为成就陶醉其中，宣称这就是我生命的全部，一旦得到这些我就可以去死，一旦失去这些活着就是一种煎熬；还可以在本源之性的维度安身立命，进入微妙玄通的境地，心无执着挂碍，与天地精神相往来，万里晴空不挂一丝云彩。安立于肉身属性的人，喝的是生命之流的下游水；安住于心灵之性的人，喝的是生命之流的中游水；安立于本源之性的人，游心于物之初，喝的是生命上游的源头活水。这里借用一下丰子恺先生的划分：身体维度的生活，叫作物质生活；心灵维度的生活，叫作精神生活；本源之性维度的生活，叫作灵魂生活。

形体气质的一维，是人性最为浅表的内容，也是最为显著的方面，在某种程度上具有一定的强迫性，或者说刚性，容易为人们所认知。但本源之性的内容，则相对深沉，具有超越性与隐秘性，难以穷索与悟入，也容易为大众所忽略与屏蔽。本源之性的领域，蕴藏着感而遂通的智慧、与万物浑然一体的仁慈、无待外缘的自在清欢，等等。道家所说的"玄德"，是取其未开显前超越感知之义，儒家所说的"明德"，则取其开显之后的自明性，能够照亮人的生命，使之澄明透彻，达到圆满境地，就像《大学》开篇所说的那样。

本源之性所具足的内涵底蕴，极少有人能够全然地领悟与亲证。因此，对于人性，盲人摸象，仁者见仁，智者见智的情况相当普遍，一叶障目，以偏概全的遮蔽也在所难免。以人性中的"食、色，性也"，来反对与天地精神相往来的超越性；以人在物质利益上的个我本位，来否定人性深处民胞物与的仁同情怀；以上半身来反对下半身，或是以下半身来反对上半身；以人性的某个维度，来反对另一个维度，这种"蔽于一曲"的现象十分普遍，所谓"一曲之士"也相当常见。

如何穷尽人性的可能？这关乎人在何种程度上成其为人，成为一个完整、充分的人，而不是半拉子、半吊子的人。然而，人性深邃，人生苦短，在人生历程的某个段落，同时完满实现人性不同维度的内涵，穷尽生命存在的各种可能性，并不是一件简易可行的事情。如何处理人性内部不同属性之间的关系，在不同维度的阶梯上拾级而上，需要承担生命的人自觉做出抉择，而所谓抉择就难免有偏重与割舍。这方面的内容，属于人性自治的范畴。

在人性的三维里，心处于中枢的地位。心的背后关联着天命之性，或者说本源之性，前头则连接着肉身的气质之性，受到两端的牵引，它的意向决定着性命的向度。处理不当就有可能首鼠两端，左右不是人。况且，心里的观念对立与情感纠结，若得不到及时清理转化，也会遮蔽无邪初心，堵塞自性的开显。因此，必须"洁其宫，开其门"（《管子·心术上》），打开心的"玄牝之门"，加以"浊以止，静之徐清"的净化，然后往上追溯，重重深入，直入千山万山去，即可进入性的领域，尽心知性，尽性知命。"尽其心者，知其性也。知其性，则知天矣。存其心，养其性，所以事天也（《孟子·尽心上》）。"这种由心而性，由性而天的过程，是对本体的还原与回归，使用的是减法。心性还原的方法，是中国传统中十分重要的一门功课，一般叫作功夫。儒道释都有一套完备的功夫体系，使各自的道德追求，不只停留在情感的励志和观念说教层面，且具有重重深入的可操作性，由观念的分别进入到经验的现量亲证。

一般而言，在现实人生中，肉身是一种沉重的存在。它不像普通的物件一样，一次性生产便可以持存下去，而是需要通过不断地消费完成自身的生产与再生产，不然就陷于生存的危机之中，无法在地面上直立行走。就社会群体而言，人必须解决好维持身体的简单再生产乃至扩大再生产，实现肉身维度的形体气质之性，使肉体里分泌出来的种种情欲得以表达，才能为人性其他维度空间的拓展提供资粮。特别是在物质匮乏的时代，身体的匮乏性欲望始终得不到应有的满足，便如同永远无法填充的缺口与漏洞。因此，肉身属性的满足具有某种优先性，对人的心灵有相当大的牵引力与强迫性，它的功能可以在某种程度上占据人的心灵，绑架人的意志，使人成为彻头彻尾的物质主义者，觉得身体就是生命的全部，所谓生活就是物质沟壑的填充，除此之外的一切都是虚妄的造设。在这种情况下，人本源之性就被遮蔽得严严实实，透不进一丝一缕的微光，人本也就被所依赖的物本吞噬与兼并。这种情况看起来似乎是气质之性的解放，同时却是天命之性的窒闭。

本源之性的遮蔽，一时不会导致人的生存危机，使之陷入无法持存的境地，但本源之性的开显，关系人性的尊严与升华，关系生命根基的稳固与存在的圆满。尽管它不似气质之性具有生存意义上的优先性，但它具有的超越性，能够给生命带来高度和不可思议的福祉。在古贤看来，深入地开显并且穷尽人性的内涵，实现人天之间的本源贯通，沐浴在源头活水之中，这是每一个拥有生命的人义不容辞的义务，关乎生命的尊贵。拥有生命，却不去自觉努力探问生命的底蕴，并将其揭示与显扬出来，是对生命的玩忽职守。没有把人做足做透，就撒手人寰，这种半途而废的人生，在"朝闻道，夕死可矣"的古人看来，不管多长寿都是一种夭折。人们常常会为一个人身体的早逝落泪，却不会为自己性命的夭折伤心。其实，在很多的时候，人都应该抱住自己恸哭一场。

当心的意向聚焦于身的一维，就有可能导致天命之性的遮蔽与压抑；当心的意向全然投向本源之性，将其视为人性的全部，忽略人的气质之性和肉身维度的存在，势必导致对人身体欲望的压制，甚至取缔其满足的合理性。总之，人性某一维度的过度铺陈，都有可能导致其他维度的收缩、关闭乃至坍塌。因此，以压制人性的某一个区域来解放另一个区域，在人类文明演进过程中，这种顾此失彼的情况并不罕见。人性各个维度之间此消彼长、彼显此隐的现象也相当寻常。荀子曾经批判这种偏颇的情况："墨子蔽于用而不知文，宋子蔽于欲而不知得，慎子蔽于法而不知贤，申子蔽于势而不知知，惠子蔽于辞而不知实，庄子蔽于天而不知人。"（《荀子·解蔽》）在他看来，宋子被物欲遮蔽，而不能洞明道德良知的意义；庄子被天命遮蔽，而不能体谅人身体气质之性的合理，都是一种偏颇。

人的生活说到底就是人性的开展与完成，人性深邃，生命苦短，作为一个在世之人，资源毕竟有限，因此必须有所抉择，既不应该为了形而上的精神诉求囚禁肉体的功能属性，也不应在低层面的属性上面过久盘桓，或是无止境地排铺扩张，耗尽生命升华所需要的能量与时间。因此，古典人文主义对让人内涵缩减、下降的倾向普遍采取节制的态度，特别是以体证本源为终极目标的道家，立意超迈，更是反对沉湎于身体物质层面的欲望消费，即所谓"以物易性"。在他们看来，嗜欲深者天机浅，"盈耆欲，长好恶，则性命之情病矣"（《庄子·徐无鬼》），放纵低维度的欲望，会使人丧失人性超越的可能。相对而言，儒家显得最为从容大度，其人文思想更具包容性。

鲁迅在《文化偏至论》一文中，指出了西方19世纪文明的通弊，是对物质欲望"崇奉逾度，倾向偏趋，外此诸端，悉弃置而不顾，则按其究竟，必将缘偏颇之恶因，失文明之神旨，先以消耗，终以灭亡，历世精神，不百年而具尽矣。递夫十九世纪后叶，而其弊果益昭，诸凡事物，无不质化，灵明日以亏蚀，旨趣流于平庸，人惟客观之物质世界是趋，而主观之内面精神，乃舍置不之一省。重其外，放其内，取其质，遗其神，林林众生，物欲来蔽，社会憔悴，进步以停，于是一切诈伪罪恶，蔑弗乘之而萌，使性灵之光，愈益就于黯淡"。对肉身维度物质欲望的推崇，势必导致人作为灵性生命的坠落与黯淡。

鲁迅所批判的"重其外，放其内，取其质，遗其神"状况，并没有那么容易扭转，特别是后现代的今天，人们要穷尽的，更多还是身体维度的可能性。各种流行的思潮中，人们企图冲击的是身体的极限，而不是灵魂的极限。日常的生活里，许多人更是像挤压一枚橙子那样，挤压自己的身体，以榨取快慰一时的存在感。滥用和过度地消费身体的功能属性，挤压生命的橙汁，成了这个时代普遍的现象。对于更多的人而言，心性维度的领域并未深入地开启，甚至压根就不承认这些界面存在的合理性。对于他们，生命作为一种礼物尚未被充分打开，其中的宝藏也得不到深入的挖掘，他们对生命的消受，也就无异于暴殄天物。

在先秦诸子百家学说和后来的思想流变过程中，人们会看到，各个学派和各个学者，或出自自身的体认程度的差异，或出自对特定历史时期时弊的判断与对治的考量，对人性的某个维度的内涵有所强调或有所贬抑。然而，正是在各家的相互抑扬中，不同层面的人性内涵的合理性都得到了程度不同的认可，并且形成了一种和而不同的互补效应。因此，不同维度的人性内容，可看作是人性修养的不同次第、人性升华的不同梯阶。道的层面无疑是最高的一维，是人性完满的终极境界，能够证道，与天地精神相往来，与日月交相辉映的是真人、圣人；其次是德的层面，德性完备，从心所欲不逾矩的是君子；再次，德行高尚于常人的是贤人；常人之下，是斤斤计较于个人切身利益的小人。在整个人性的谱系中，高的维度往往得到更多的倡导，低的维度总是受到更多的贬抑，这种评价蕴含着一种激励人往高处走的倾向，让人性不断得到升华，从低维度向高维度攀升。但对于低维度的人性内容，包括"食、色，性也"这种身体层面欲望的合理性，在不过度放纵的前提下是得到认可与包容的，这体现了中国文化的中庸之道和包荒之度。

5. 人性的解蔽与启蒙

人们一般用"启蒙"一词来翻译英语里的"enlighten"。"enlighten"的原义是发光、照亮、澄清、启迪等；汉语中的"启蒙"，有打开遮蔽之物，使人从昏暗、蒙昧不清的状态中走出的含义。二者意思相近，但在不同历史语境中，使用起来却有相当大的歧义。

文艺复兴之后，西方紧随其后的是启蒙运动。关于"启蒙"最著名的定义，是康德的："启蒙就是人类脱离自我招致的不成熟，不成熟就是不经别人的引导就不能运用自己的理智。如果不成熟的原因不在于缺乏理智，而在于不经别人引导就缺乏运用自己理智的决心和勇气，那么这种不成熟就是自我招致的。"康德把启蒙理解为人类对不成熟状态的摆脱，而所谓不成熟，不是其本身缺少理性，而是不相信和运用自身的理性，并安于这种"懒惰和怯懦"的状态当中，"如果我有一本书替我理解，有一位牧师替我具有良心，有一位医生替我判断食谱，等等，那么真的我就不需要操心了"（詹姆斯·施密特编，徐向东、卢华萍译，《启蒙运动与现代性》，第61页，上海人民出版社，2005年）。在之前的基督教神学背景下，人们已经将理智出让给了全知全能的上帝，启蒙运动不过是人们把让渡出去的理智归还自己罢了。

汉语中，"启蒙"一词源自《周易·蒙卦》："发蒙，利用刑人，用说桎梏。"这里，"蒙"原指一种缠绕于大树上的藤蔓，枝叶婆娑遮蔽，枝条常被用于束缚刑犯。发与启意思相近，发蒙有解脱桎梏的意思。汉代应劭的《风俗通义·皇霸》中有这样的表述："每辄挫衄，亦足以祛蔽启蒙矣。"这里用的是去除遮蔽的意思。唐人杨倞对遮蔽做过这样的解释："蔽者，言不能通明，滞于一隅，有如物壅蔽之也。"（杨倞注，《荀子注》，上海古籍出版社，1989年）综合上下，启蒙就有解缚去蔽，获得解脱、解放与光明的内涵，即使人从被蒙蔽与被桎梏的状态中脱离出来，获得自性的澄明与解脱。这与康德所理解的启蒙有着显而易见的差异。康德所理解的启蒙是人类脱离自我招致的不成熟，这种不成熟状态在于理性方面。这与全面消除人性的蒙昧与桎梏，实现生命存在的澄明与解脱的旨趣相去尚远。理智只是人性的一个方面，没有理智，人就不能自治，但将其夸大到遮天蔽日的程度，也是一种无智，或者说无明。

在中国古典语境中，启蒙的关键在于去除遮蔽与解开桎梏，也就是所谓"祛蔽"，或者说"解蔽"。对此，荀子从认识论上做出阐述。在他看来，蒙受遮蔽的情况普遍存在，已经成为"心术之公患也"，只有圣人才能消除蔽塞之祸，心性达到真正的通明。在常人这里，遮蔽是由于偏执造成的，只要人的立场态度有所偏颇，把自己所看到的某一个片面当作全体来加以对待，以偏概全，都会导致遮蔽的发生：爱好和憎恶会造成蒙蔽；只看到开始没有看到终了，或只看到终了没有看到开始，会造成蒙蔽；只看到远处没看到近处，或只看到近处没看到远处，会造成蒙蔽；只看到广大看不到精微，或只看到精微而看不到广大，会造成蒙蔽。总之，不同的事物或事物的不同方面，都有可能形成交互的遮蔽性，一旦人偏执于某一个方面或局部，就无法避免遮蔽的发生。

在荀子看来，先秦诸子，除孔子之外，几乎全是"一曲之士"，都存在着不同方面与程度的遮蔽，没有领悟到周备和全面的道。只有真正的圣人，才"知心术之患，见蔽塞之祸，故无欲无恶，无始无终，无近无远，无博无浅，无古无今，兼陈万物而中县衡焉。是故众异不得相蔽以乱其伦也"（《荀子·解蔽》）。消除内心偏执之后，深层人性中的玄德才能被开显和发明出来，成为一种照亮人存在的明德。因此，祛蔽的过程其实就是玄德显化成为明德的过程，它也被理解为人性的启蒙，即让人从遮蔽和桎梏中挣脱出来，获得本性的自明与自洽。

虽说人性有三个维度，但其内涵并非昭然若揭，而是有待于开掘与发明。尤其天命之性，是潜在于人显意识背后的隐性存在，必须通过人本身的自觉还原，重重剥剥，才能让其披露与呈现出来。在《中庸》中，让明德开显出来，成为人格造诣，这个过程被称为修道，而修道正是人文教化的意义所在——"修道之谓教"。它的功能在于解蔽与启蒙，消除人蒙受的遮蔽与桎梏，让人心性内在德性的光辉展现出来，照亮人的生命。这种内在的德性，可以简洁地归纳为仁与智，却不可以归结为理智一个方面。在中国古典语境中，道德是比智慧更为基础的属性，人性的启蒙与理性的启蒙不可同日而语，理性启蒙只是人性启蒙的一个局部。

如前所言，身体气质之性的内涵，是人性中最为浅表的方面，它有着直接的给予性，几乎是一种现成的存在，不需要深挖就可以自然呈现出来，纠缠人的意志，左右人的思想行为。倘若不是出于某种考虑而对其加以克抑，它会自发地寻求自身的实现与满足，并在满足之后趋于衰减。在物质匮乏的时代，人的身体属性始终得不到充分的满足完成，如同永远无法填充的缺口，因此能够成为人们永久的生活目标与动力，并将人的一生扣留在气质之性的层面，流连忘返，避免出现价值真空的出现。但在生产发达、物质丰裕的时代，身体欲望的沟壑很容易被填满，倘若人性更深维度的解蔽启蒙未能续上，生命就会失去价值的向度，生活也就呈现出空洞无聊的性质，人也就走到尽头，变得无人可做了。以身体气质之性来遮蔽人的天命之性，取缔天命之性的合理性和必要性，是一种常见的社会现象。因此，颠覆这种现象，成为人性启蒙的重要内容。

人的心灵之性处于隐显幽明之间，可以打开与进入，也可能被关闭起来。当身体性存在处于匮乏与危机状态，对内心产生强大的牵制力，人将其视为生命的全部时，心灵之性就可能被窒闭起来，成为连自己都看不清的幽暗的所在，甚至人本身也成了彻底唯物的无心之人。生命也就搁浅在身体气质的维度，从而变得冥顽不通与麻木不灵。他可以成为物质上的富豪，但在心性层面却是一个贫贱之人。心灵之性的开启，意味着这种状况的扭转，生命变得灵明起来。具体而言，人的存在里蕴藉着微妙而丰富的感性和深邃而通达的觉性，并且成为自己内心生活展开的内容。这种内容可以与饮食男女的物质生活重叠在一起，使生命的内涵变得更加丰满，韵味十足；也可以别开生面，成为某种精神性的生活，通过艺术创作与鉴赏、科学探索与发现，为人心灵遨游打开辽阔的天地。古代士人往往将心灵生活与物质生活结合起来，淬除其浓呛的烟火气，并推广到饮酒、品茶、闻香、舞剑和琴棋书画等各个方面，赋予高雅而微妙的审美意趣来加以玩味与消受。这种生活在唐宋时期达到了极致。

至于天命之性，蕴含着生命的玄德，是存在于无意识深处的可能性，是比心灵之性更为深邃与奥妙的领域。对于常人而言，天然处于隐性和蒙蔽的状态。如果人自身不去开掘，这种可能就无法转化成为一种现实，玄德也就不能成为灼灼发光的明德，就像地里的煤矿，终身都是哑谜一样的黑暗存在，就像不曾存在过一样。在古典人文主义的视野中，天命之性是人性最璀璨的部分，将其置于被埋没与断送的状态，是对生命最大的辜负。因此，在人性的解蔽与启蒙中，玄德的开显是最重要，也是最艰巨的任务。古往今来，能够完成这项任务的人少之又少，因此，在人性的完成这件事情上，人实在是大有可为，远没有到山穷水尽的地步。

由于人性浮现在显意识中的部分，并不是人性的全部，也不是人性中最珍贵的部分，生命作为礼物最美妙的内涵，潜在于人性的深邃之域。因此，不简单地把生命当作一个现成之物来接受，而应当作一个有待打开与完成的东西来对待，并对这种打开与完成提出方向性的要求。这是中国古典思想人文特质的体现，也是中国式启蒙与西方式启蒙的差异所在。

就人的存在而言，虽说人性有不同的维度，每一个维度都可以横向排铺，耗尽生命的精血与存续的时光。但在中国古典传统的叙事中，三个维度的内涵并不具有等价的意义。具体而言，气质之性是人性最基础的部分，心灵属性是人性中间的部分，天命之性是人性中最高妙最深邃的领域，三者连成人生命晋级的三个阶梯。人之为人的使命，是沿着阶梯不断攀升，企及人性与天道贯通的所在，成就高尚神圣的人格：君子、圣人、神人、真人、至人等，最终止于至善，无所向往。这是在"穷理尽性以至于命"的方向上获得的成就，其中所说的"命"，便是所谓天命，即天地造化所赋予人的原初内涵，而"理"便是万物协同作用形成的理则。古人的这种追求，意旨在于完成人，实现人，光大人，穷尽人性的底蕴，使人在广大与精微两个向度上成为完满的人，使生命的存在没有遗憾，体现着对人生存的终极关怀，隐含着深邃的人文精神。这种精神对于人性中气质之性的内涵，某种程度上带有节约与限制的意思，在尊重其合理性的前提下，反对放纵与扩张物质性的欲望。所谓"存天理，灭人欲"，是要剪灭超出合理需求之外人为造作的无止境的追求，而非在绝对值上加以歼灭。

《中庸》开宗明义："天命之谓性，率性之谓道，修道之谓教。"人文教化其实是心性的修养，归性入道，极本穷源，实现人性的升越与完成。这种价值取向，不仅见于儒家的叙述，也见于道家和释家。道家的主旨是深入玄牝之门，穷神知化，游心于物之初，与造化同行。释家则是明心见性，认识自己的本来面目，超越生灭轮回的现象世界，证入不生不灭、不垢不净、不增不减的一真法界，获得自在与智慧。中国古典人文精神的追求，用现代话语可以归结为：消除对心性的遮蔽，给人自身的生命正本清源，实现存在的澄明与通达，完成人性的全面启蒙和真正意义的解放，穷尽生命存在的可能性。

这种人文精神的关键点，在于"究天人之际"，但其追究不是在人天对立关系中，寻找处理这种关系的恰当方式，而是从人自身内部推开隐秘的后门，去领受造化之道赋予人性的深邃内涵，并在其中安身立命。这是一个由身而心、由心而性、由性而天的溯流而上的过程，与由天而性、由性而心、由心而身的顺势而下的过程正好相反。因此，有"反者，道之动"（《老子》第四十章），"形而后有气质之性，善反之，则天地之性存焉"（张载《正蒙·诚明》）的说法。

中国古典人文主义，追求的是人性的升华与圆满，使人作为一种万物之灵的存在不断晋级，逐渐远离沉浊、浑噩、无明，变得愈加澄明、高贵并趋于至善之境，企及生命的珠穆朗玛峰，成就无以复加的人极。这种追求不可避免地在人与人之间拉开精神的距离，导致心灵境界的两极分化，因此，它与同情弱者的人道主义虽有关系却不等同。众生平等，但人性的进化总是处于不同的阶梯。尽管仁爱与慈悲一直都是人性高贵的体现，也是人文精神的重要内涵，但扶持弱者并不意味着弱者已经抢先占据道德的高地。他们在人性进化阶梯上的次第，并不因此被僭越，他们在实现生命完满过程中要走的路途，并不因此而缩短。人道的关怀可能会改变他们外在的境遇，并且在某种程度上影响他们的内心，却不必然改变他们的人性状况（或者说性命之情）。不能在生存境遇与人性状况之间画一个等号。

人文主义立足于人性的提升，追求优雅、高尚乃至神圣的存在，激励人不断自新，因此重视对人的教化与修养，以实现人性的进化与完满；人道主义立足于对人性弱点的接受和生存困境的关切，包容人作为地球生物在尘埃里追逐快乐的自由，放任并且捍卫人对自己生命的咎由自取。两者都在关怀人，前者的关怀手心向上，后者的关怀手心朝下。在人道主义者看来，人文主义高大上的追求，对人性情的舒展构成了压抑与阻滞，在某种程度上限制了人的自由。从人文主义的角度看，人道主义泛滥的同情，包容、放纵人性的下行乃至堕落，让人流连于低洼沼泽之地不思进取，难以自拔。不过，明智的人文主义者，并不希望以外部威权的力量来进行人性的改造，而是主张"为仁由己"，通过个体的道德自觉来完成心性的升越。人是自己身家性命的当事人，只要他心甘情愿，就能够变化自己："我欲仁，斯仁至矣"（《论语·述而篇第七》）；倘若他决不情愿，即便将其杀了，挫骨扬灰，也无济于事。强大的外力逼迫必定导致人性的内伤，在普遍的屈曲中批量生产出伪君子来。虽说人文与人道存在歧义，但是，与其用人道主义来反对人文主义，不如以人文主义来提升人道主义。

第二章
人本立场与生命向度
——古典人文主义的坐标体系

　　人文主义首先是一种人本主义，它的意义在于为后者提供精神的向度，避免人本主义的信徒迷失于任性的自由与无节制的放逸之中，荒芜了生命的田园，将自身置于无源之水的枯竭境地。

　　人本主义自然是以人为本，但以人的什么为本，仍然是有待追问与澄清的问题。某种意义上，以人为本，可以理解为以人性为一切行为的出发点和评价事物的标尺。然而，考虑到人性内涵深邃，有着不同的维度和有待开显的潜在可能性，并非已经"封畛"的现成之物，事情就不那么简单了。是站在人的气质之性上，还是站在人的天命之性上？是追求人性向低维度舒泄释放，还是祈求人性向高维度攀升？都需要做出抉择，确定人当下的生存坐标，为其生活提供一种清晰的方向感。以人为本，不应当仅仅被理解为：尊重人宰制自己生命的权利，按照人当下的人性状况来接受人，无论这种状况是多么不美好，多么不尽如人意，也要将其理想化。在以人为本的前提下，是像意大利人彼得拉克那样，高声赞美人的高贵与荣光，鼓励人们恣情任性地生活，还是在接受与尊重的前提下，对不能同时实现的人本属性有所拣择，对人性的下行有所保留与克制，

　穷尽人性的可能——中国古典人文主义叙述

对人性升华与完善的可能性留有余地并有所期待，劝勉人将自己当作一块璞玉来琢磨，让人的性命不断晋升，使之更值得包括自己在内的人们的尊重与热爱？这仍然是需要更加深入思考的问题。

人类的历史表明，仅仅将人全然交还给人，任其自由宰制；或是将人的自由收缴，强迫他们屈从于某种"绝对正确与善良"的意志，都可能导致人道灾难和世界末日的降临。人自我践踏、虐待与玷污自身人性的情况，与被异己力量践踏、虐待与玷污的情况，同样触目惊心。在物质生产越来越高效的今天，更多的人不是死于饥饿，而是死于心碎。其生命之所以不堪承受或不可持续，是因为庄子所说的"性命之情病矣"。人不能出于信奉自由至上的理念，并基于生命已经归属于自我意志支配的事实，就认为自己拥有处置生命的完整权利，滥用这种权利随意糟践自己的生命。因为生命是被给予的天物，并非个人劳动所得，也不是自我创造的成果。

1. 贵生：人本立场的奠立

在某些现代西方存在主义哲学家的叙述中，人是被抛到这个世界上来的。似乎人到这个世界上来，是出于某种被迫与无奈，就像波斯诗人所吟唱的："飘飘入世，如水之不得不流，不知何故来，亦不知来自何处；飘飘出世，如风之不得不吹，风过漠地亦不知吹向何许。"〔（波斯）莪默·伽亚谟著、郭沫若译，《鲁拜集》，第43页，吉林出版集团，2009年〕仿佛人是被流放到荒凉之地的戴罪之身，远离了自己的家乡故土；仿佛生命的给予，还不如不给，甚至剥夺更好。这种戏剧性的叙事是否符合实相姑且不论，但它隐含着对生命的轻蔑与不恭，会给人带来一种抗拒、叛逆、绝望和自我作践的情绪，似乎生命是不受待见的事物，是硬塞过来、强加于我的贱货。未经本人同意就赋予我生命，是对我个人权利的不尊重和自由意志的剥夺，因此生命也不值得珍惜与尊重。我可以对它不负责任，或者干脆拒绝，甚至可以把拒绝当作自由与尊严的证明。我要怎么处置，甚至埋汰与抛弃它，都是个人的权利，而人对自己生命的伤害，在法律甚至道德上都是无辜的，他人无权干涉，尽管这种伤害是对人道的严重背叛。

中国古典思想的叙事，给出的表述恰好相反。在这里，生命是被郑重给予的厚礼，是一种难以得到的福祉。它来自父母的哺育与抚养，也来自天地、日月、山川、草木灵气的荟萃，与云行雨施的馈赠："故人者，其天地之德，阴阳之交，鬼神之会，五行之秀气也。"（《礼记·礼运》）人为万物之灵，与天、地并称"三才"，生而为人是一种莫大的荣幸。"万物皆备于我"，通过父母间的恩爱关系和看似偶或的生育事件，将天地间众多的因缘汇聚起来，无中生有地归属于某个个我，是一种浩荡而隆重的恩典。因此，尊生惜命乃是人道的开始，也是人文教化的起点；感恩与报答也成为一种心照不宣的生活内容。

在儒家的观念中，仁是对生命的同情与珍惜，孝则体现对生命的尊重与敬畏："身体发肤，受之父母，不敢毁伤，孝之始也。"（《孝经·开宗明义章第一》）在孔子看来，春天草木勃发的枝条犹不能随便折摘，何况是毁损人自家和他人的生命："断一树，杀一兽，不以其时，非孝也。"（《礼记·祭义》）人不能因为不劳付出便已经拥有生命，就以为可以随便宰制、处分、虐待、伤害它。《礼记》中还有这样一段叙述：

> 乐正子春下堂而伤其足，数月不出，犹有忧色。门弟子曰："夫子之足瘳矣，数月不出，犹有忧色，何也？"乐正子春曰：

"善如尔之问也！善如尔之问也！吾闻诸曾子，曾子闻诸夫子曰：
'天之所生，地之所养，无人为大。父母全而生之，子全而归之，
可谓孝矣。不亏其体，不辱其身，可谓全矣。……不辱其身，不
羞其亲，可谓孝矣。"（《礼记·祭义》）

同样的说法，还见于《论语·泰伯篇第八》：曾子病况不好，
知道来日不多，便将门人弟子招来，让他们掀开被子，看看自己完
整的四肢，然后对他们说：这些年来，我如同《诗经》里形容的那
样，战战兢兢，如履薄冰地呵护自己的身体，使它免于受到伤害与
残损。今后，我将它完整地交还原主，让它永久地免于损害，不再
像捧着一件宝物那样战战兢兢了。

如此说来，"不亏其体，不辱其身"，是孝道的重要内容。不亏
其体，维护身体存在的康健与完整性，是尊重生命的一种表现，这
很容易被理解。但不辱其身，却不见得人人都能明白。一般认为，
身受辱没，是指别人不尊重自己的存在，蔑视乃至践踏自己的尊
严，在社会场合不给自己面子，甚至把唾沫星子喷到脸上，或是让
自己在众人面前抬不起头来，这都是一种流俗的理解。真正的不辱
其身，是指作为生命的拥有者不辱没自己的生命，不把人性的洁白
弄脏，不把人格的品质玷污，将生命当作一块美玉而不是破砖烂瓦
来对待，不将其扔到污泥浊水里去。所谓辱没生命，是指人活得卑
鄙、龌龊、歹毒、阴险叵测，活得不像一个人，甚至连一只狗、一
条虫都不如，失去了人性的光辉与尊荣，失去了同类甚至自己的珍
惜、爱戴与敬重。当人对自身的辱没到了这种地步时，人道也就成
为一种邪魔外道了。日本现代作家太宰治，对于生命抱有深深的罪
感，在他的书中有这样的表达："生而为人，我很抱歉"，"我想死，
我必须死，活着便是罪恶的种子"（《人间失格》）。他一生五次自

杀，其中两次累及情人，从中国古典人文思想的视角来看，这就是不仁不孝之人，缺少对生命起码的尊重与爱惜。

就其实质而言，人自身的尊严是他人辱没和剥夺不了的。别人或许可以辱没你的肉体，但辱没不了你心灵的情操与品质，如果你对之不屑的话，反而证明你自身的高贵；别人剥夺不了你作为人的自豪，如果你的生命内部已经有了自豪的家底。真正能够玷污与辱没人的尊严的，是作为生命当事人的自己。特别是当你将自我埋汰视为一种自由、一种乐事来受用的时候，辱没已经完全而彻底，辱没无药可救。这是最触目惊心，也是最令人痛心的。可以说，人对自己生命的敬畏与珍惜，是人本主义的基础，也是人生一切价值的依据。

《吕氏春秋》一书，杂糅先秦诸家思想，表达了那个时代的人本立场："圣人深虑天下，莫贵于生。"（《吕氏春秋·贵生》）人被认为是物类中的精粹，生命中的贵族，灵性程度最高的物种。比起生身为顽石草木禽兽，生身为人是一种宠荣。倘若回到生命未给予之前的空无里来掂量，与获得一棵树、一条蛇、一只猴子的身份相比，获得一条人命是极其隆重和光荣的。倘若要在地球表面无数物种中来做出身份选择，人的身份恐怕应该是优先的。人与人之间的互动，或礼尚往来，或以物易物。就礼尚往来而言，天地之间，没有比馈赠一条人命更贵重的礼物了。有人送你一尾鱼，或是一筐水果，尚且要感谢一番，何况赠送的是一条人命呢？就以物易物而言，以整个世界来换你一条生命，这种生意恐怕也是极难成交的，即便成交也被认为是一种亏本的生意："今吾生之为我有，而利我亦大矣。论其贵贱，爵为天子，不足以比焉；论其轻重，富有天下，不可以易之；论其安危，一曙失之，终身不复得。此三者，有道者之所慎也。有慎之而反害之者，不达乎性命之情也。"（《吕氏春秋·重己》）不懂得珍惜与爱护生命的人，就不能通达性命之情。

正是基于这种人本的价值理念，儒者把生而为人视为一件值得庆幸的事情，甚至当成天下第一乐事："天生万物，唯人为贵，吾既得为人，是一乐也。"（《孔子家语·六本》）孔子把人最简单的生活与交往，都当作一种庆祝来对待，即便是在最简陋的生存状况中，他也能够畅饮快乐的泉源："饭疏食饮水，曲肱而枕之，乐亦在其中矣。"（《论语·述而篇第七》）有朋自远方来，更是不亦乐乎。佛家尽管将四大五蕴之身视为虚幻，仍然认为人身难得，是一个极为值得珍惜的机会。

当然，生命的贵贱感，与接受生命者所持的态度有关。以诚敬、郑重的态度来接受和以轻慢、亵渎的态度来接受，衍生出来的结果截然不同。如前所述，对于拥有生命者而言，生命不是自己的劳动成果，或是自己捏造创作出来的物件，也不是拿什么东西换来的商品，更不是抢夺而来的赃物，而是一件含有天地灵气的"天物"，是一种最高的馈赠与赐予，汇集着天时地利、日月光华等诸多的因缘。作为受赠者，人应当加以珍惜，不应妄自菲薄，以不恭乃至下作的态度来对待和处置，辱没它的尊严，须以一种诚敬的心态，像接受一份浩荡的恩情那样来接受它。为了不辜负这份恩典，人应当充分地打开生命这个礼物，穷尽其中包含的深意，包括父母先人的情义与期许，还有造化布施的恩泽，照料好生命的品质与品相，使之在自己这里变得美好、高尚、神圣、圆满，并且免于践踏、玷污、埋汰与破残。这是接受生命的人的义务所在，也是他的自由不可以逾越的边界。这就像从昆仑山顶上接受了璞玉的人，有责任将其雕琢成一块纯美的玉器，而不是将其当成一块顽劣的石头扔到粪坑里，或是随手砸碎，丢到垃圾堆里。从人本的立场视之，玷污生命如同糟践天物，罪莫大焉，是一种不可宽恕的恶行。

按照基督教原罪说，人性本恶，罪恶与生俱来，必须通过苦难与惩罚来洗涤与救赎。与此截然相反，儒者发明人本性的璀璨品质，并将其加以光大，坚持"人之初，性本善"的理念。在现代道德与法律的理念中，人伤害他人的生命是有罪的，可人的自我伤害似乎得到了默许，甚至抛弃与拒绝生命似乎也不受谴责，因为这属于个人自由的范畴。但在中国古典人文理念中，人无权伤害自己的生命，自我伤害是一种不孝不义的行为，是一种愧对天地与先人的深深罪恶。倘若妄自菲薄与自我伤害得到赞许，人类的存在就没有了正向的意义，甚至成了一种造孽。在有关安身立命的抉择上，人必须有所不为，滥用自由并不意味着善待生命。

将生命视为来自天地父母的恩泽，以一种感恩戴德的态度来接受，对其加以珍惜与尊重，是中国古典人文主义的起点；它的究竟之义，则是穷理尽性以至于命，即穷尽生命的可能性，使之臻于完满而无有遗憾。在古贤看来，生身为人的使命，莫过于一层层地打开这份礼物，将生命内在本来具足的内涵开显，让它原本具足的明德辉光涌现出来，使人存在的品质不断升华，变得庄严而神圣，而不是将其作弄成一个非本真的异物，证明自己是独一无二、无可复制的怪诞存在。倘若人生在世一辈子，性命深处的重重花朵没有开放，生命地宫里的宝藏没有被全然开掘出来，那将是天地之间最遗憾的事情，人也将因此愧对天地父母，愧对生命这一隆重的馈赠，是对生命最大的失职。

《庄子·让王》里讲述了这样的寓言：尧把天下让给一个叫子州支父的人，但子州支父回答说：您让我做天子是可以的，但我现在正害着"幽忧之病"，需要去调理，没有闲暇顾及天下。作为王者去治理天下，是何等重要的事情啊，但圣人也不因为它而危害自己的生命，更何况其他事情呢。然而，正是这种不因天下而危害自己生命的人，才可以将天下托付给他："夫天下至重也，而不以害其生，又况他物乎！唯无以天下为者，可以托天下也。"

在庄子的世界，性命的完成，远比帝王的功业崇高，治国平天下所用的，只是修身所得的盈余部分："道之真以治身，其绪余以为国家，其土苴以治天下。由此观之，帝王之功，圣人之余事也，非所以完身养生也。今世俗之君子，多危身弃生以殉物，岂不悲哉！"（《庄子·让王》）为了身外之物，哪怕是帝王将相的爵位，而危身弃生，无异于用稀贵的明珠当作弹丸去打鸟，即便击中了也得不偿失。老子谈论最多的是道，看似是以天道来压制人道，其实是以天道来成全人道。《老子》第二十四章有言："自见者，不明；自是者，不彰；自伐者，无功；自矜者，不长。"其中的"自伐"，往往被解释为自夸，与前后句子的意思重叠。但从词源来看，翻译为自我伤害或自我毁坏更为妥帖，也与《孟子·离娄上》中"国必自伐，而后人伐之"的意思相通。人只要"不自伐"，不做伤害自己心性的事情，就已经是最大的功德了。可见在老子眼里，人通常都生活在自我伤害的状态而浑然不觉，因此伤害的持续还看不见尽头。

《吕氏春秋》里，珍重生命的态度，有不同的等次划分："全生为上，亏生次之，死次之，迫生为下"——"全生"即全然地接受与实现人性，这是对生命最大的尊重；亏生是对人性的损伤，也是对生命尊严的诋毁——"亏生则于其尊之者薄矣。其亏弥甚者也，其尊弥薄"；"迫生"是对人性的压迫与遏制，也是对生命的糟蹋与辱没，使之处于不义的状态，这是最无法容忍的，其罪恶更甚于杀死生命——"迫生不若死"。该书用这样的比喻来强调生命的品质："嗜肉者，非腐鼠之谓也；嗜酒者，非败酒之谓也；尊生者，非迫生之谓也。"（《吕氏春秋·贵生》）喜欢吃肉，不是说连腐臭的老鼠也要吃；嗜好饮酒，不是说连变质的酒水也要喝；珍惜生命，不是说连屈辱的生活也算在里面。使人性备受摧残与迫害的生活是不值得持续的，不让生命蒙受玷污与辱没，是拥有生命的人义不容辞的天职。——这几乎成了古典人文主义者喊出的口号。被称为"仁者"的他们，最无法忍受和饶恕的，不只是人对他者生命的伤害，而且是作为生命当事人对自己所属生命的犯罪。

2. 生命展开的两个向度

古典人文主义的理路，是循着人生命在世界之中展开而开展的。在先哲们看来，人生命在世界之中的开展，有两种不同向度：一是人作为生命个体，本身属性的表达、开显、实现与完成，是生命向内开展的向度；一是作为社会个体在生活世界的开展，包括在各种社会共同体中参与各种活动、成就各种事务，以及所要承担的群体责任，所要建立的各种功业，等等，是生命向外开展的向度。前者被名之为"成己"，后者被名之为"成物"："诚者，非自成己而已也，所以成物也。成己，仁也；成物，知也。性之德也，合外内之道也，故时措之宜也。"（《中庸》第二十五章）成己属于内修的范畴，关乎人存在的内涵，所依的是德性；成物属于外治的范畴，关乎人存在的外延，所依的是智慧。通过内修"成己"，获得人性的成就，最高的果位是成为一个贯通天道、德性圆满的圣者；通过外治"成物"，得物性的成就，并以所成之物来成全人本身。在这个方向上，最高果位是成为掌握巨大社会资源、造福一方黎民百姓的王者。如果将内修作为一条纵向的轴线，外治作为横向轴线，两条轴线架构起来就形成一个完整的坐标系统（如图）。古代的士子就是在这个坐标系统里来安身立命，并且建构自己的思想学说的。

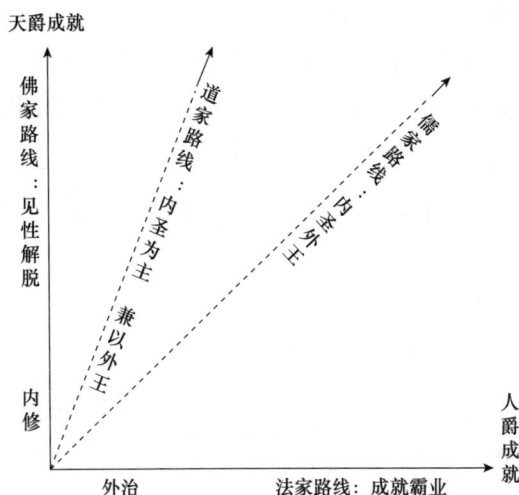

天爵成就

佛家路线：见性解脱

内修

道家路线：内圣为主 兼以外王

儒家路线：内圣外王

人爵成就

外治　　　　法家路线：成就霸业

以内修和外治为轴线的中国古典文化坐标

按照《大学》的梳理，儒学的基本体系，包含三纲八目。所谓三纲，说的是明明德、亲民、止于至善，这是《大学》人文教化的主旨。《大学》开宗明义地提出：大学之道，就是要将天命赋予人性的隐秘的、内在的、深沉的品性揭示、开显出来，使人不断获得精神上的自新，次第超越不同的生存境界，把人做到极致，最终达到止于至善的圆满境地，成为一个神圣的存在；同时推己及人，由近而远，次第照亮社会，让所有人都能够实现人性的圆满，从而建立一个人人皆是舜尧的大同社会。显然，这是一种难以企及的"极高明"的人文指向。

讲到修身，人们很容易就会想到，在人身上增加一些原本不具备的品质、德性，使人变得美好起来，如荀子所说的"化性起伪"；如屈原所比喻的"纫秋兰以为佩"。这其中运用的是加法。但整体上，儒、道、佛三家基本上都持有以下共识：人性深处，具足智慧与德性。儒家称之为明德，道家称之为玄德，佛家称之为真如法性，是在出生之前造物主悄悄塞给人的"家底"，也是人的本来面目，通常处于遮蔽状态。为学日益，为道日损，人必须损之又损，层层破除自我的包裹与蒙蔽，才能将内在的宝藏披露出来。不断往自己身上培土，添砖加瓦，披金戴银，只会埋没自己德性的光辉。越有德性的人，身上披挂或积累的东西越少。因此，可以说一个人多出了许多不道德的东西，遮蔽住了本来具足的品性，但不能说一个人有很多道德。

人把自己当成矿山，来开掘自身本性，让潜藏在其中的"人之所得乎天，而虚灵不昧"（朱熹《大学章句》第一章）的"玄德"呈现出来，成为一种"明德"，将人照亮，并转变其存在的品质，这个过程就叫作修身。显然，修身所修的不仅仅是身体，而是整个身家性命。其意义在于人性的完成，去除遮蔽与障碍，实现人天之间隐秘的贯通，这是每一个拥有生命者义不容辞的天命，关乎生命的尊严与高贵。生身为人，没有自觉努力去探问生命的底蕴，甚至让生命失格、陷于绝望与羞愧之中，是对生命的玩忽职守。倘若没有把人做足做透，就撒手人寰，即便像彭祖那样，活上数百上千岁的寿命都属于夭折。按照这种指向，许许多多的人，其实只是半拉子、半吊子的人，是未完成品。当然，活成禽兽，活成所谓人渣的情况也不少见。法国思想家卡缪很欣赏古希腊诗人品达的名句：我的灵魂并不追求永恒的生命，而是要穷尽可能的领域。但他所要穷尽的是一种外延上的可能，并非中国古典思想中"道通万物而为一"的内涵。在中国哲学语境中，穷尽不是数量上的多，而是多背后的贯通，领悟一切当中一以贯之的境界。

生命向外开展的向度，是人的生命在家庭、国家、天下等社会场域里的延伸，儒家将其概括为齐家、治国、平天下。用现代的话语说，就是家庭与社会的治理，是一个由近而远、在社会场域中不断推而广之的过程。对于农业社会而言，三代同堂的家庭，是基本的生活与生产单位，人生命的第一现场，也是各种社会责任的承担者。齐家的意义既关系到个人及其眷属的幸福，也关系到社会的安定与繁荣。当然，国家的昌盛、天下的太平，同样影响着家庭与个人的生存。天下兴亡，匹夫有责。并不是所有的人都可以进入权力体系，直接参与国家乃至天下的政治事务，但人们可以通过参与社会劳动分工、纳税服役和遵循社会规范等方式，承担国家与天下的责任，为社会共同体服务，并从中获得自己生存的资粮。因此，治国平天下不仅仅是"肉食者"才谋之的事情。

在整个坐标体系中，修身是一个基本点，或者说支撑点："自天子以至于庶人，壹是皆以修身为本。"（《大学》第一章）不论身份地位如何，都必须以修身为做人的根本。成物是为了获得资粮，更好地成己，在社会场景中做事，同时也是做人的一种方式，其目的仍然是要把人做好。比起社会场面上的轰轰烈烈与青史留名，人性的完成是更加庄严的使命。在儒学中，修身是起点，也是终点。儒学的三纲，都落实到人性的开显与完成，"齐家、治国、平天下"既是修身的一种社会途径，也是人性修养成就的一种顺势延伸。

内圣外王的理念是庄子归结出来的，但内修加外治的坐标体系，在儒家经典《大学》里得到充分的阐释，中国古典思想的各家各派都可以在这个坐标系统中找到相应的位置。在先秦百家中，道家更加注重内修的一维，致力于本源之性、天命之性的探寻，外治的方面主张无为而治；法家专注外治的一维，致力于国家的强大与霸权的建立，多用严刑峻法和韬略之术，对内修的一维不甚了了，也不作要求，甚至视圣贤德望为君主权力的威胁，为了成就霸业不惜付出人性与人格的代价。因此法家人物往往善于谋略，精于权术，心狠手辣，无所不用其极，多出酷吏狠人，少有正人君子。儒家的价值不单指向内圣或外王的一极，而是指向内圣与外王之间的中间路线，是不偏不倚的第三条道路，既重视修身成圣，也强调人对家庭、国家与天下的社会担当，一根扁担两头挑，全面、周正而完满。其学说克服了各种价值体系的偏颇与缺失，涵盖人性与社会、神圣与世俗，具有宽阔的包容性，体现了中庸之道的宽坦大度。

3. 人爵与天爵的成就

孟子将社会成就的位格称为"人爵"，人性成就的位格称为"天爵"："有天爵者，有人爵者。仁义忠信，乐善不倦，此天爵也；公卿大夫，此人爵也。古之人修其天爵，而人爵从之。今之人修其天爵，以要人爵；既得人爵，而弃其天爵，则惑之甚者也，终亦必亡而已矣。"（《孟子·告子上》）在内修与外治的体系中，齐家、治国、平天下这一横向的坐标，体现人外在的社会生活；修身这一纵向的坐标，体现人内在的精神生活。前者的攀升表明人在社会场上的横向成就，广义的人爵，不仅体现在政治生活领域，也体现在社会经济和文化等领域，将某种社会事业做强做大做精者，皆有人爵果位；后者的攀升表明人在人性修养上的纵向成就，体现人性开展的深度与广度，以及在人格上展现出来的玄德或明德。在外王之道上，一个人可以成为三公六卿，成为一个富豪、一个饱学的博士、一个造福一方的官员，乃至于一个王者，成为所谓人上之人；在内圣之道上，一个人可以成为一个善人、贤人、君子、圣人、真人、神人、菩萨、佛陀，是真正意义上的人上之人。在古典人文主义者看来，人的最高荣耀是"天爵"，而不是"人爵"，尽管二者之间并非没有关联。

"人爵"体现人在社会阶梯上的身份地位，它往往是通过财富

穷尽人性的可能——中国古典人文主义叙述

与权力的积聚、名誉与社会影响力的扩大来获得的，是一种他性的成就，体现为身外之物的增殖与囤积，服从于加法，爵位越高人就活得越占地方；"天爵"是作为灵性生命的人，自身品质的造化与提升，包括精神境界与人格造诣，以及智慧、能量与气场等，为人独善其身的结果，是一种自性的成就。这种成就冷暖自知，真实存在却又无法测量，不占地方，因此往往被人忽略乃至蔑视。与"人爵"成就不同，"天爵"成就依循的是减法，是剥除披挂的外衣，抽去支撑的拐杖之后，人作为人本身赤裸的本质，与自身的"人爵"没有对等关系，但儒家的内圣外王之道，却要求"人爵"与"天爵"的对应与等持。在佛家这里，"人爵"是生不带来死不带走的，但"天爵"却是生可带来死亦带走。

人在生存权利上是可以平等的，但在生存品质上从来都不均等。作为一个人，是什么品质、品相，是在精神意义上的人上之人、人中精英，还是一个小人、渣人，实在是无法扯平的事情。好比作为一棵树，你是热带雨林里的黄花梨，还是冰天雪地里的马尾松？作为一块石头，你是昆山玉、和氏璧，还是路边的一块烂石头？情况大有不同。人生在世要追求平等权利，但不能仅仅满足于权利的均等，而忽略了生命品质的不等，满足于我是一株草，也要拥有与苍松翠柏平等的权利，分配等额的水土资源，放弃对生命高度的追求。因此，在追求生存权利平等的同时，更要追求生命品质的不平等，即生命的自我成长与超越。

将人心性的成就置于物性成就之上，充分体现了中国古典人文主义将物本置于人本之下，张扬高尚人性的精神取向。"仁者以财发身，不仁者以身发财。"（《大学》第十一章）在古贤看来，以身家性命为成本与工具，换来身外之物的成就，获得世俗的荣华富贵，是做人最可悲的失败。对于人而言，物性的成就也不是愈高

愈好："贤而多财，则损其志；愚而多财，则益其过。"（《资治通鉴·汉纪十七》）

在人本与物本之间，古典人文主义秉承这样的立场："物也者，所以养性也，非所以性养也。今世之人，惑者多以性养物，则不知轻重也。"外物是滋养人性的资粮，以人的心性去供养外物，是一种倒置的行为。"是故圣人之于声色滋味也，利于性则取之，害于性则舍之，此全性之道也。"（《吕氏春秋·本生》）这种本末倒置的行为，意味着人本为物本所吞并，从而异化为一种物本主义。

以修身为本的儒家，自然是把天爵成就置于人爵成就之上，把人性成就置于物性成就之上的。这也表明儒家学说是真正的人本主义，而非物本主义。在儒家的传统里，儒者是以将人做到极致为最高事业的。孔子晚年在回顾自己一生时，并没有提及曾经担任大司寇等人爵的方面，而是讲述自己精神人格方面不断成长的过程："吾十有五而志于学，三十而立（不是安家立业，而是安身立命），四十而不惑，五十而知天命（天命赋予自己的禀性），六十而耳顺，七十而从心所欲，不逾矩。"（《论语·为政篇第二》）他一度投身政治，并希望在治国平天下方面有所作为，但从回答弟子曾点的话语可以看出，他更加注重心性方面的造化。孔子在后世被称为素王，说的就是他于"天爵"的成就。在人格造诣方面，他是真正的人上之人。相形之下，许多王侯都不过是俗子罢了，在精神境界与心性造化上无法与夫子同日而语。在人类历史上，"人爵"与"天爵"不对等的情况并不罕见，人格品质腐烂的帝王更是比比皆是。有了天爵的成就，人才能真正慰藉平生，获得生身为人的全部自豪："上为天子而不骄，下为匹夫而不惛。此之谓全德之人。"（《吕氏春秋·本生》）

对于儒者修身以仁的道德自治，孔子详尽的阐述见于《礼记·儒

穷尽人性的可能——中国古典人文主义叙述

行》和《孔子家语·儒行解》。公元前484年，鲁哀公以厚币迎请孔子返鲁，刚一见面，便从儒服问及儒者的行仪德性，孔子为他做了粗略的描述（为便于解读，特作白话转译）——

儒者如同宴席上的珍馐，等待别人来受用；夜以继日地进学以提升自己，随时接受别人的提问；心怀忠恕与诚信，以等待别人的举荐；努力认真地做事，以等待起用的机会。儒者的立身就是这样的。

儒者的衣冠得体，动作随和，对大事谦让好像很轻慢，对小事谦让好像很虚伪。临大事时神态庄严像是心怀敬畏，临小事时谨小慎微像是不敢去做。难于进取而易于退让，谦卑得就好像没什么本事。儒者的容貌就是这样的。

儒者的起居庄重严肃，坐立行走恭敬，出言必讲诚信，行动必定中正。路途当中不与人争方便的道路，冬夏季节不与人争暖凉的地方。不轻易赴死但时刻准备献出高贵的生命，养好身体以期有所作为。儒者对生活的预备就是这样的。

儒者当作珍宝的不是金玉而是为人的忠信，不渴望拥有土地而把仁义当作土地，不追求积累财富而把学问深广当作富有。儒者难以得到却容易供养，容易供养却难以挽留。不到适当的时机不愿现身，这不是很难得吗？不符合正义的事情不予合作，这不是很难挽留吗？先报效然后才要俸禄，这不是很容易供养吗？儒者近乎人情之处就是这样的。

儒者对于他人托管的财货不起贪念，身处怡乐之境不会浸淫其中，面对众人威逼不会畏惧，以武力胁迫也不会惶恐，见利不会忘义，见死不改节操，遇到猛禽恶兽攻击时不逞自己的勇武，也不以推举重鼎来显摆自己的力量，已经过去的事情不去追悔，尚未来到的事情不加焦虑，错话不再说第二次，流言蜚语不追究其源头，时

常保持人的尊威，不学习阴暗的谋术。儒者的操行就是这样的。

儒者可以亲善但不可以要挟，可以接近但不可以逼迫，可以杀死但不可以侮辱。他的居处不奢华，他的饮食不肥厚，他的过失可以委婉地指出却不可以当面数落。儒者的刚强坚毅就是这样的。

儒者以忠信为铠甲，以礼仪为盾牌，心中凭着仁德去行事，怀着正义来处理关系，即便是遇到暴政，也不会改变自己的立身之本。儒者的自立就是这样的。

儒者有一小亩的院落，居住在狭小的房间，竹编的院门，草织的房门，破瓮做的窗框。外出时才换上一件体面的衣服，一日的饭合做一顿吃。上面采纳他的建言，不敢有丝毫的迟疑；上面不采纳他的建言，也不会谄媚求进。儒者为官的原则就是这样的。

儒者与今人一起生活，而以古人的道德标准要求自己；儒者今世的行为，可以作为后世的楷模。如果生不逢时，上面没人接受，下面没人推荐，进谗谄媚的人又合伙来陷害他，这只能危害到他的身体，却不可剥夺他内心的志气；虽然危及他的生活起居，最终施展自己的抱负时，他仍不会忘百姓的疾苦。儒者的忧思就是这样的。

儒者博学而无止境，专心投入而不知倦怠，独处时也不放纵自己，通达上层社会时不背离道义。遵循礼仪以和为贵，逍遥自在但举止节制。仰慕贤人而容纳大众，磨去自己的棱角而随顺他人。儒者的宽容大度就是这样的。

儒者举荐人才，对内不避亲属，对外不避仇怨之家。考量功业，积累绩效，却不谋求更高的禄位。推荐贤能之士，却不期待得到报答。国君满足了求贤的愿望，百姓也从中得到了恩惠。只要有利于国家的事就去做，不计较个人的富贵。儒者的举贤荐能就是这样的。

穷尽人性的可能——中国古典人文主义叙述

儒者澡雪精神于道德之中，陈述自己的意见而听候君命。用平和的言语和态度纠正国君的过失，让君臣上下都难以觉察。善于默默地等待恰当的时机，不急于去做什么事情。不在地位低下的人面前显示自己高明，不把小的功劳加以夸大。国家大治的时候，群贤并处而不自轻；国家混乱的时候，坚守正道而不沮丧。不和志向相同的人结党抱团，也不诋毁政见不同者的人格。儒者的特立独行就是这样的。

儒者中有这样一类人，对上不做天子的臣属，对下不事奉诸侯，谨慎安静而崇尚宽厚，磨炼自己端方正直的品格。待人接物刚强坚毅，广泛学习而又身体力行。即使把整个国家交给他，他也看作锱铢小事，不肯做别人的臣下和官吏。儒者规范自己的行为就是这样的。

儒者交朋友，要趣味相投，志向一致；营求道艺，路数相同。地位平等自然高兴，地位变迁了彼此也不厌弃。久不相见，听闻关于对方的流言蜚语也不轻易相信。志向相合就深入交往，志向不同便退避疏远。儒者交往的态度就是这样的。

温和善良是仁的根本，恭敬谨慎是仁的基础，宽宏大量是仁的开始，谦逊待人是仁的功能，礼节是仁的表达，言谈是仁表现出来的文采，歌舞音乐是仁展现出来的和谐，分散财物是仁的施与。儒者兼有这几种美德，还不敢说已经做到了仁至义尽。儒者的恭敬谦让就是这样的。

儒者不因贫贱而灰心丧气，不因富贵而得意忘形。不玷辱君王，不拖累长上，不给公职人员带来困扰麻烦，因此叫作儒（参考王国轩、王秀梅译注《孔子家语·儒竹解第五》，中华书局，2020年版）。

与道家不同，儒者的修行，重点在德性与行为的方面。对于天道的领悟，似乎只有圣人才做要求。对儒者修养的人格成就，即后来孟子所说的天爵，孔子先前就做了这样的区分："人有五仪：有庸人，有士，有君子，有贤人，有大圣。"（《荀子·哀公》）具体的定义见于《孔子家语·五仪解第七》和《荀子·哀公》等典籍（为便于解读，特作白话转译）——

被称作庸人的人，心里没有始终谨守的原则，口中说不出恰如其分的话语，不选择贤哲的人作为精神的依怙，不努力修身以安定自己的内心。小事精明无比，大事却稀里糊涂，不知道整日在忙些什么；追随世俗潮流，不知道什么是自己真正需要的。这样的人就是庸人。

被称作士人的人，心中有坚守的立场、明确的人生规划，即便不能穷尽道学的根本，也一定有遵循的原则；即使不能将各种美德都集于一身，也一定有自己的精神操守。因此，他们的知识不一定追求广博，但一定要勘验其正确与否；话语不一定非要说得很多，但一定要切合实际；事情不一定非要做得很多，但一定要清楚做得是否有意义。如果自己的认知是正确的，说出的话符合真理，做的事有意义，那么就是用性命形骸来交换也不可以改变。富贵不能使他们的品性有所增加，贫贱不能使他们的品性有所减损。这样的人便是士人。

被称作君子的人，说的话必定出于真诚的信用，而内心没有抱怨的情绪；身怀仁慈正义之美德，而不在人前巧言令色地自夸；考虑问题明智通达，但表达的语气却委婉平顺。坚定地践行自己信奉的道义，始终自强不息；轻松从容的姿态好像很容易被超越，但人们最终都很难企及他的境界。这样的人就是君子。

被称作贤人的人，德性不逾越规范，行为也符合礼法习俗。他说出的话语可以为天下人效法，又不至于给自己招来伤害；他表现

　穷尽人性的可能——中国古典人文主义叙述

出来的道行能够感化百姓，而不会亏损自己的本性。他若是富有，也不会像守财奴那样集聚财富，而是通过布施使天下人免于贫穷与疾病。这样的人就是贤人。

被称作圣人的人，德行合乎天地大道，智慧变通运用无碍，领悟万物变化的终始，顺其自然地协调处理各类事情，依照道法来转化自己的心性。他的品德光明如日月，教化应验如神灵。下面的民众不知晓他的德行，见过他的人也不知道他就在身边。这样的人就是圣人（参考高志忠译注《孔子家语·五仪解第七》，商务印书馆，2015年版）。

"己欲立而立人，己欲达而达人。"孔子所理解的生命完成过程，不是指人在这个世界上飞黄腾达、成为一个荣华富贵的人那么通俗。人性的成就在孔子那里，是一个从"立人"到"达人"，再到"成人"的过程。在他的自叙里，人格完成的过程经历了由"学"而"立"，由"立"而"达"的次第。"立"是在地面上站立起来，作为一个独立人格将生命的天职担当，但远未达到完成的地步。"达"则经历了"不惑"（消除困惑迷惘）、"知天命"（领悟到天命赋予自身的内涵）、"耳顺"（听见任何意见都无逆于心）的阶段，而"成人"则是自性圆满，"从心所欲不逾矩"。

孔子将人格完成的人称为"成人"，与"成己"相对应。在《论语》和《孔子家语》中，都有他关于"成人"的阐述。《孔子家语·颜回第十八》对于"成人之行"的解释是："达于情性之理，通于物类之变，知幽明之故，睹游气之原，若此可谓成人矣。既能成人，而又加之以仁义礼乐，成人之行也。若乃穷神知礼，德之盛也。"一个真正意义上的"成人"，应当领悟人的性命之情，通达物类变化的玄奥，明白隐显幽明之间的体用关系，看清气机生化的微妙本源，加上人伦社会仁义礼乐等方面的修养，相当于圣人的成就。到了这个位格，堪称人伦之至，人性才算是完成了。

虽然以修身为本，但具有家国情怀的儒家，十分重视兼治天下，将内修与外治结合起来。因此，儒者也相当重视人爵的晋升，追求天爵与人爵的等持与对称，在《中庸》里，有"故大德必得其位""故大德者必受命"的说法。德不配位，必有余殃。儒家之道是内圣外王，其最圆满的理想，是圣与王在同一人格中的统一与完成——王者中人格成就最高、达到止于至善的圣人。在儒者的想象中，三皇五帝即是内圣与外王相结合的人格典范。这种理想，与柏拉图理想国里的"哲王"颇有相似之处。

虽然儒家积极入世，重视齐家治国平天下的社会事功，但不主张在人的社会事务之中将自己连根拔起。事情当然要尽力而为，但尽力之后事情败坏了也不要紧，关键是人不能败坏。事情做成了，人却做砸做烂，那仍然是失败的，不管事情做得有多大。在特殊情境下，为了维护精神性命不受到损害，儒家甚至主张杀身成仁，通过舍弃肉体生命来完成精神人格。与社会成就相比，儒家更注重人格和人性的成就，把它视为第一性的，高出一切社会价值。与做一个君子圣人相比，做一个富人、一个王侯将相，不算个什么事情。在世俗化社会中，人们最为迫切的是获得物质利益和社会地位。为了得到眼前的物质利益和社会身份，人们可以牺牲自己精神操守，甚至出卖自己的人格，弃天爵以换取人爵，在儒家看来都不是仁者的行状。尽管历史上小人得势的情形并不少见，但在儒家文化中，这种人生不具有正值的意义。

在道家看来，圣者的成就远远高于王者，王者最好为圣，但圣者不必非要为王。为王要聚集许多条件，要借势，做圣人则不凭借任何事物。为王终不能久，做不好可能遗臭万年；为圣则可与日月同辉，与天地同化。相比于儒，道家更重视天爵的晋升。在道家这里，潜入玄牝之门，与天地精神相往来，与造物同游于无何有之乡，成为自由无待的真人、至人，是生命的究竟成就。道家人物在人爵方面往往不太进取，甚至唯恐避之而不及，但在天爵方面的造诣深不可测。孟子所批评的"今之人修其天爵，以要人爵；既得人爵，而弃其天爵"的情况，在道家人物身上少有所闻。从人爵来看，老子不过是一个图书资料的管理员，但在孔子的印象中，他在心性方面的造化，如神龙不见头尾，超出了人们的日常经验与想象。在人爵方面，庄子最高的职位是漆园小吏。据说楚王曾经派官员带着厚币请他出任宰相一职，但或许是出于天爵方面的考虑，他不愿以物易性，以身殉天下，宁愿做一只"曳尾于涂中"的活生生的龟，也不愿被供奉于庙堂之上。《庄子·缮性》批判以追求人爵为得意的价值取向，认为"轩冕在身，非性命也"，人爵的获得不是性命本身的成就，而是附寄在生命之上的东西，予夺不定的偶然之物，人不可因为得到它而肆意妄为。在古代士人的生活传统中，为了天爵成就舍弃人爵的情况，并不新鲜。魏晋时期的名士嵇康、陶潜就是典型的案例。陶潜为了保全心性宁愿退居田园，自食其力，过着清贫的日子。嵇康为了人格操守的清白，不愿与统治集团同流合污，为此付出了生命的代价，是屈原《离骚》里描述的"美人"。

有关人爵与天爵的论述，见诸儒道佛各家的典籍，《论语》《孟子》《庄子》《荀子》中有不少与人格成就有关的文字。《庄子·天下》对天爵有这样的表述："不离于宗，谓之天人；不离于精，谓之神人；不离于真，谓之至人。以天为宗，以德为本，以道为门，兆于变化，谓之圣人；以仁为恩，以义为理，以礼为行，以乐为和，薰然慈仁，谓之君子……"《庄子·天地》对神人有这样的描述："上神乘光，与形灭亡，此谓照旷。致命尽情，天地乐而万事销亡，万物复情，此之谓混溟。"对人格成就的谱系，《庄子·天地》有着更为细致的分辨。

总的来说，儒家的人爵与天爵谱系包含小人、常人、贤人、君子、圣人等；道家包含俗人、真人、神人、至人等；佛家则包括六道众生、罗汉、菩萨、佛等，体现着人性升越的次第。尽管称谓不同，但三家都把天爵置于人爵之上，视人性的成就高于一切物性的成就。

4. 人文主义的乌托邦

孔子的恕道，包含"己所不欲，勿施于人"和"己欲立而立人，己欲达而达人"两种意思。人性的完成，不仅要独善其身，还应兼济天下。而将兼济天下的原则贯彻下去，最终的结果，便指向一个所有人的性命都得到完满的社会。基于人性本善的信念，儒家认为，人人皆可成为尧舜那样人格完备的圣人。从修身为本的立场看，人性的圆满实现，是人类最崇高的事业。古典人本主义珍重与光大生命的精神，不仅要落实在某个个体身上，而且要在所有个体身上实现，建立起完满人性化的理想社会——天下大同："大道之行也，天下为公。选贤与能，讲信修睦，故人不独亲其亲，不独子其子，使老有所终，壮有所用，幼有所长，矜寡孤独废疾者，皆有所养。男有分，女有归。货，恶其弃于地也，不必藏于己；力，恶其不出于身也，不必为己。是故谋闭而不兴，盗窃乱贼而不作，故外户而不闭。是谓大同。"（《礼记·礼运》）

按照中国古典人文思想的逻辑，人在这个世界的一切作为，人类社会发展的成就，最终应当落实到一个个个体的存在状况，或者说人性状况上面。如果人最终只是改变了世界，并没有改变自身，

穷尽人性的可能——中国古典人文主义叙述

只是让世界变得美丽，却没有让人变得美好，那么，人仍然是失败的。如果一座宫殿设计得金碧辉煌，装修得美轮美奂，里面住着的是一个龌龊之人，那又有什么意义呢？如果一个社会是天堂，里面生活着的都是妖魔鬼怪，这个社会与地狱又有什么区别呢？因此，在先哲的理念中，理想的社会不止于温饱小康或太平盛世，而是每一个人的人性都得以完成，企及至善圆满之境，即所谓人人皆为尧舜的社会——这是人性的乌托邦，人类至今为止最高形态的理想社会——孔子知其不可为而为之的目标。

与儒家有所不同，道家的理想社会叫作"至德之世"，是一个"天下有道"的社会。在庄子的叙述里，生活在"至德之世"的居民"居无思，行无虑，不藏是非美恶"，心性超脱，不为物所累，"财用有余而不知其所自来，饮食取足而不知其所从"；"不拘一世之利以为己私分，不以王天下为己处显"（《庄子·天地》）；人人都忘怀于物，与造化为侣，生活在天地浑然一体的精神境界里。因此，"民居不知所为，行不知所之，含哺而熙，鼓腹而游"（《庄子·马蹄》），生命在身心上处于一种自给自足的状态。在老子的描述中，这种社会经济门槛极低，也不需要多少治理成本，人们"甘其食，美其服，安其居，乐其俗。邻国相望，鸡犬之声相闻，民至老死，不相往来"（《老子》第八十章），生活在相忘于道术的自得境界之中。

数千年来，人类曾经构建过多种理想社会的模式。有的是物质丰饶，各尽所能，按需分配；有的是人人平等自由，没有阶级压迫，没有威权束缚。但所有的乌托邦形态，不仅存在内在的逻辑矛盾，而且立意都不及儒家的大同社会那么高迈。大同社会是人人都达到人性完满，人人皆是圣贤，人人都获得高尚天爵的社会，这是通过财富积累和权力分配无法达到的。物质的丰饶可以经过各尽所能逐步实现，但如果人类的欲望无限膨胀，按需分配如何实现？通过强有力的国家政权，人人平等也许可以做到，但这意味着个体自由度必须相应缩小；如果人人都享受没有外在约束的自由，平等也就随之在竞争中丧失，自由也将互相抵消。所有通过对人类生存社会环境的改变，来实现人类最大福祉的企图，在人性面前都显出尴尬的姿态，因为人性无法通过外在的力量从根本上加以转移。社会是人的社会，如果人性的迷乱与堕落得不到恰当的自治和足够的改变，人的贪婪与纷争依然如旧，由人组成的社会又能够美好到哪里去呢？

社会的美好程度，既跟制度的设置有关，又跟人性的状况相应。没有良好的人性状况支撑，单靠强大的国家机器和严厉的外在行为法则，将狼一样的人规范起来，可以整合出一个秩序井然的社会环境，但不可能建成一个美好的人间。不论是儒家还是道家，所建构的理想社会，皆指向所有社会个体人性的圆满与完成，是纯粹意义上的人本主义乌托邦，其建设对物质条件的要求很低，但对人自身的要求极高，实现的艰巨程度也难以估量。在社会历史发展的过程中，所有人都应当朝着"穷理尽性以至于命"的方向努力，以达到止于至善的境地，这是中国古典人文精神最激荡人心的地方，也是它赋予人的神圣使命。其意义不在它最终能够实现，而在它实现的路上。

现代社会，被认为是比古代更具人文性的社会，从物性成就来看，也已远远超出过去的任何时代；但从人性成就来看，却不能得出同样的结论。政治经济意义上的太平盛世，并不等于人性意义上的太平盛世。放眼当今世界，人自我伤害、自我辱没、自我作践的情况不见得比过去更少，生命失格的现象更是比比皆是。人仍然需要来自他者与社会的尊重与照应，更需要来自自己的应有的珍惜与敬重，而后者是前者的基础。

5. 为仁由己与精神暴力

当一种社会的建设对人性的状况提出极高要求时，就意味着要对人的德性品质进行改造，而这种改造的企图隐含着相当的危险。倘若不是出自人本身内心的自觉，只是通过行政权力和思想暴力，压制人某种层面的属性与禁锢外在行为来达成，就会形成对自由意志的收缴与剥夺和普遍的挫折与抑郁；而以改变物质形态的方式来改造人的精神形态，势必导致普遍的心灵伤残与人格障碍，造成"性命之情病矣"的局面。这种情况反而离理想社会越来越远。

"极高明而道中庸"，尽管古典人文主义有极其崇高的人文指向，但哲人们对人的生存有着深刻的体谅与同情。江山易改，本性难移。人性的自我完成，是一个漫长的过程，而人总是生活在各自的境遇之中，需要逐次地实现自身的需求，填补某一个界面上的破缺与匮乏，才可能无憾无悔地向上跃升。而且，这种跃升只有出自个体的本愿才有可能实现，外部力量的强加可能适得其反。《国语》一书很早就表达了这样的认识："夫人性，陵上者也，不可盖也。求盖人，其抑下滋甚，故圣人贵让。"压抑人性的结果，只会增加它膨胀与反弹的势能，因此，对于无法升华的人性能量，需要通过大禹治水的方法加以疏导。在《论语》里，孔子强调"为仁由己"，他将人心性实现与完成的责任与权利交给了当事人自己。"我欲仁，斯仁至矣。"（《论语·述而篇第七》）只要一个人诚心诚意去发明本性中仁慈的德性，这种德性就能够显化成为自身的人格。倘若缺失这种诚意，凭借外部强力意志的逼迫，便会造成扭曲变形与化性起伪。通过集体关怀或制度高压，在人的灵魂深处发动革命，驱使人们提升自身的精神境界，只能导致精神病变和人格摧残，批量制造出外君子而内小人的畸形人格。

孔子主张"为仁由己",意味着不为仁也不作恶的行为是可以谅解、接受与保留的,不能高举道德旗帜、高喊正义的口号加以围剿与诛灭。孟子虽然与希腊哲人一样,喜欢从"人之所以异于禽兽者"来谈人性,但也没有将肉体欲望从人性之中废黜的意思。哪怕是后来主张"存天理,灭人欲"的朱熹,所要灭的也是过度奢侈的欲望,约束人们过度膨胀的渴求,而正常的饮食男女仍属于天理的范畴。尽管先哲向往人人皆为圣贤的大同和至德社会,但在激励人们不断向上拓展精神生活可能性空间的同时,对人性低维度内容的展开,仍然持有一种温和而宽宥的态度,尊重人自我选择、安身立命的自由,没有提出这种可怕的主张——对人进行道德审判,通过强迫性的思想改造,建立精神集中营,将小人、常人统统变成君子和圣人。极高明的社会理想,并没有必然地带来狂飙突进的精神暴力。因此,中国古代历史上,几乎没有出现过对人性进行道德审判与集体性精神迫害的情况,没有出现西方意义上的所谓黑暗中世纪。

6. 堪称完备的坐标体系

文化是人在与环境互动过程中形成的轨范和运作体系,以及相应的经验积存。它是以集体无意识或有意识的方式通过漫长时间的协同效应自然生成的行为程序,对于置身其中的人具有同化和规训作用,在某种程度上赋予他们活动的目标,以及追寻目标的手段与能力,使其免于陷入惶然无措和无能为力的状态。文化对于人精神的同化,既有显性的教导规训,也有隐性的暗示与潜移默化,二者兼而有之,交互共振与加强。

综合各家纷纭的思想,将内修与外治、内圣与外王两条不同方

穷尽人性的可能——中国古典人文主义叙述

向的进路纵横交错起来，建构成统一的人文坐标体系，是儒者与道家对中国文化的巨大贡献。两千多年来，一代又一代的士人，就在这个坐标体系中寻找自己的位置，把握人生的向度，成就自身的生命造化。他们以生命的修养为立足点，始终保持人格的成长性，"穷则独善其身，达则兼善天下"（《孟子·尽心上》），既可以进入历史现场建功立业，如诸葛孔明"受任于败军之际，奉命于危难之间"，也可以隐居田园过恬淡日子，如庄子"逍遥于天地之间而心意自得"，如陶渊明"采菊东篱下，悠然见南山"，消受性命中本来具足的恩惠，品尝人生在世的况味，不至于陷入进退失据、无所适从、无人可做的境地。

即便在今天看来，这个坐标体系依然十分合理。它不仅内容完备，方向清晰，而且进学的次第十分明确，适用于各种不同身份阶层的人。任何一个人，不论处于什么地位，在人生的进退沉浮之中，都可以在这个体系里找到自己的人生坐标和开展的领域，获得一种清晰的方向感。渴望建功立业、欲投身齐家治国平天下的人，他必须从修身着手，在不断充实其人性内涵的同时，逐渐扩大生命的社会外延。尽管天下兴亡匹夫有责，但并不是所有人都要厕身于权力中心，参与公共事务的运筹决策，而在经济文化各种领域，人们可以投入不同的社会角色，施展自己的禀赋与才情，发挥自身的作用，有所建树，并获得生活的资粮，以恰当的方式来尽一个人对天下的责任，完成一个人对自身的使命。甚至一个出家之人，也可以专心致志地潜修秘行，开显人性的宝藏，完成人格的造化，企及止于至善的境地，成为圣人贤者。依照这种体系，人在任何境遇中都有人可做，都有可以成就的东西，不至于山穷水尽，走投无路，陷于绝望的境地。

对于人而言，这其中最为关键的是，不做自己命运的局外人，要全然投入个人遭际的境遇中，不回避迎面而来的事物，素其位而行之："君子素其位而行，不愿乎其外。素富贵行乎富贵，素贫贱行乎贫贱，素夷狄行乎夷狄，素患难行乎患难，君子无入而不自得焉。"（《中庸》）当人将自性的完成当作最高的目标时，路上遭遇的一切变故，都可以视为成就自身的机会，都是磨砺宝刀锋芒的砂石。

人类文明的历史上，出现过诸多不同文化体系，有的体系偏重于外治的方面，有的则偏重于内修的维度。与中国同属于东方文明古国的印度，其文化价值带有强烈的出世倾向，注重内修和天爵的成就，偏于内圣的一极，散发着浓郁的山林气息。人们向往缥缈的神圣生活，一心想着脱离大地尘土，投奔梵天净土，进入彼岸世界，对现世的福祉漠然视之，于齐家治国平天下的事功不甚用心，在生存处境上随遇而安，日子过得十分苟且。用俗话说，就是一心惦记着死后到哪里去，不打算过好人当下的日子。因此，社会的治理方面积弊甚多，难于收拾，可谓顾了一头顾不了另一头。

与此相反，有的国度的文化偏重外治与人爵的成就，关注生命的横向扩展，轻视内修之道，崇尚社会功业与豪强人格，文化中缺少对应的退出与消解的机制，人们追求权力、名誉和财富的积累与增殖，致力于谋求个人在群体中的成功，渴望在广场上赢得鲜花与勋章，对性命之情的安放与人格涵养的提升兴味索然，享受不了一个人独善其身的清欢，体会不到无味之中的况味，他们的生命会呈现一种横向开展的单向度势态。一旦建功立业、成为人上人的美梦实现不了，人们就很难安慰自己，容易沦为颓废堕落的人、沉醉不醒的酒鬼。俄罗斯属于这样的国度，这里的社会人生，都呈现出横向铺陈的态势。在过去的岁月，他们一直以赢得土地和人口为成就，征服世界却征服不了自己。在这个国度，没有出现过老子、庄子这类人物，甚至连陶渊明这样散淡的人也不好找。虽然出现过托尔斯泰这样有内圣倾向的作家，但人性内在的造诣与成就，这一纵向生命坐标，似乎还没有真正树立起来。

近代文艺复兴之后，世俗化浪潮汹涌澎湃，物本主义席卷全球，最终演化成一种消费主义，从对物质的消费到对身体的消费，一路凯歌高奏。人们迷恋财富、权力等身外之物，想尽一切办法来增殖其数量，而所谓成功就是一个人将自己的身家性命当仓库，堆砌越来越多的身外之物，让自己活得越来越占地方，同时耗掉自己的精神库存。人们对消费品的要求越来越精致，而对作为消费者本身的自身品质却提不出任何要求。从人本立场来看，那些拥有世界上最美好事物的人，完全可能就是个人渣。

这种将越来越多的人裹挟进去的价值体系，强调人对物质利益的拥有与消受，以及人在世俗社会层面的成功，缺失人性的升华与超越的要求，没有给出人生的精神出路，显得过于局促。它高扬自由的精神，却没有给出止于至善的归宿，而没有精神家园之归宿的自由，实际上是一种放牧。自由是一种追寻目标必备的条件，而不是最终目的，没了目标的自由就是一种流浪。单维的价值体系，偏于外治一极的倾向，将人生导向外在物质利益的追逐与争夺，陷入无休无止的纷争与烦扰之中。这种世俗主义，在特定的历史阶段，是对人性肉身属性的解放，但也压抑人性升华的愿望，封锁精神飞翔的天空，将人性导向形而下的维度，让人往泥泞的低洼处走，所以才有尼采对过度人性化的批判和关于超越人性的激昂追求。当身体属性被视为人性的全部，"太人性、太人性了"就成为对人尊严的贬抑与作践。在这种意识形态下，那些对人性高尚有所期许和追求的人，只能通过宗教的方式去探寻他们人生的归宿。因此，现代西方，形成了世俗消费主义与宗教神学并行不悖、井水不犯河水的格局。

西方20世纪后期泛滥起来的后现代思潮，几乎取缔了人形而上存在的合理性，在其理解范围内，人性只剩下身体这最为粗重的维度及与之相应的气质之性。以身体感官为胃口去消费事物，同时把身体消费掉，这样就算把人给做完了，剩下的就是重金属音乐里绝望的嘶吼。在肉体的死亡面前，人所做的一切都失去了意义，于是，身体的消费成为最后的晚餐、最后的狂欢，死亡也因此成为一扇永远打不开的门。

7. 内在对话机制的形成

古典人文主义是一个开放的体系，它的兼容性和同化力，表现在内修和外治两个方向上，都可以与外来文化相对接。当然，文化的交融并非没有任何冲突，正是在冲突所释放的排异反应之后，才能够真正地接纳，从而丰富自身。

儒学后来的发展，在修身一极，先后吸收了道家与佛家的内容。孔孟时代，儒家在修身的方向上只有克己复礼、成仁取义、尽心尽性、与养浩然之气等内容，并不系统，远不及道家与佛家微妙玄通。到了宋朝新儒学兴起，周敦颐、张载与程氏兄弟等，才吸纳了道家与佛家的方法，不断丰富与完备其内容。于是，儒道释三家在中国的传统中渐渐融汇到了一起，排异反应也趋于平复。很多以儒家自命和立身的士人，如朱熹、王阳明等，都兼有释道的修养，平日里坚持静坐观心。王阳明传习于弟子的四句教：无善无恶心之体，有善有恶意之动，知善知恶是良知，为善去恶是格物。尤其是他的学生王畿的四无说：心即是无善无恶之心，意即是无善无恶之意，知即是无善无恶之知，物即是无善无恶之物。显然得益于禅宗的心法。有的学者，包括现代的思想史专家（如劳思光先生），非得从汉代以来的儒家思想中剔出道与佛的成分，以验明儒家的正统，正本清源，这实在是一种偏执的做法。

在接纳外来文化的时候，中国主流文化显示出极强的同化力。它不是简单现成地移植外来文化元素，而是在进行了转化之后才加以吸收。就佛教而言，发源于印度的佛教，携带着强烈的出世倾向与山林气息，到了中国之后，入世的倾向不断加强，在因果报应方面加入了儒家孝道的伦理。大乘佛教色空不二，世出世间的理念与普度众生的精神得到了弘扬。特别是禅宗，直指人心，超言破相去执，使佛法透脱出来，成为非宗教化的心法。到了现代，出现了人间佛教、生活禅等流派，将佛法与世间法打成一片。在修身成圣的一维，中国文化也能够越过附丽于精神之上的名相体系，与西方的道德与宗教体系进行实质性的对话。

在治国平天下的一极，儒家给人印象最深的是外在的行为规范，即三纲五常，君君臣臣父父子子之类。其实，在原始儒家那里，有着十分宝贵的资源。仁政的理念与大同理想，是中国传统最高的政治理念，到孟子那里发挥成为主张以德服人、反对酷刑暴政的"王道"思想，民意被认为是政治合法性的最终来源。儒道释三家关于修身方面阐述得较为详尽，但在治国平天下的一维却不够充分，存在明显的时代局限。治国平天下的一极，属于政治经济学的范畴，是一个与时俱进的领域，中国文化可以吸纳现代西方文化，包括法律、经济等领域的思想加以扩充，实现现代性转变，而且这种接受不会瓦解儒家文化的基本构架，反而会丰富它的内涵，使之适应新时代的流变。尤其是在经济学领域，儒家有重义轻利的道德倾向，将经济学归入"小人喻于利"的范畴，使其在这个领域少有建树，需要后来人加以填补。

儒学的产生与发展难免带有时代的印记，这些印记并非儒学本身恒久不变的内容。作为一种主张"苟日新，日日新"的思想体系，它的内在逻辑并不拒绝自新。只是当儒学被独尊为一种统治性的意识形态之后，便与当时的社会制度结合，僵化成为它难以摆脱的命运。任何一种思想，一旦成为统治性的意识形态，都免不了这样的命运。当然，其中也有一些不够通达的学者，如董仲舒、朱熹等，把儒学带有时代印记的部分加以神圣化，成为僵化的教条。我们必须区别儒家思想与古代社会制度，不能将其混为一谈。

当我们试图描述中国的文化家底时，首先看到的是这个国度有着多元并存的文化传统，其中有儒、道、佛三大主脉，另外还有法家、墨家、名家、阴阳家等流派纷呈的局面。相形之下，世界上有的国家和民族，传统却是相对单一的。深入考察之后就不难发现，传统文化元素比较单一的民族，人们看问题往往只有一个视角，思想也往往是一根筋的，是线性的、单向度的、独断性的思维。视角少死角就多，视野也就变得狭窄，理解和处理事情可回旋的空间就小。当遇上那套系统处理不了的问题时就会短路，运转失灵，只能与对立面同归于尽。

生活在多元文化传统里面的人，考虑问题可以有不同的视角，观察事物可以有不同的透视方式，因而能够释放出理解事物和解决问题的多种可能性，获得宽阔的解释空间和回旋余地，不容易陷入偏狭的境地。即便是对于修身齐家治国平天下等范畴的理解，国人可以有儒家的角度，也可以有道家的角度，还可以有佛家的角度，形成一种交叉透视的效应。每一种视角都有其看不到的盲区，转换不同的角度就可以看到庐山多个侧面，离真面目更近一点，不至于把某一个侧影当成庐山的全部。用一个比喻来讲，在文化传统单一的民族国家，人们好像是在独自踱步思考问题，在自言自语；在一

　　　　穷尽人性的可能——中国古典人文主义叙述

个多元文化的民族国家，不同文化元素之间始终存在着对话关系，人们好像在进行着一场没有终结的圆桌会议，不同的观念一直在辩驳之中。这种对话关系是一种源头活水，让人们的思想始终处在一种交流状态，不至于凝固僵化，陷入一种片面的知见、一个牛角尖里出不来，当一种解释不灵的时候，还可以进行切换，灵活变通。这是生活在一个多元文化传统里的人所得到的最大收益。

第三章

尽精微与道中庸

——古典人文主义的心法

深层文化有它的理法，也有它的心法，以及在行动实践中的应机启用。理法是一套用话语演绎而成的概念体系，属于意识界面，通过大脑思维的学习便可理解和记忆；心法则是融会贯通之后洞然明白，以及了然于心后的通变运用，而非一成不变的定法。心法属于心性层面，需要心领神会的悟入，却难于以言语和盘托出。对于一种文化系统，仅仅在理法上加以理解，而没有心法上的参透，就会认死理，掉书袋，固执某种成见，陷入教条主义，成为思想的僵尸。只有领悟了心法，理法才能活络起来，随机应对各种可能的变数。

中国古典思想心法的起源，至少可以上溯到尧舜。《论语·尧曰》记载，尧嘱咐他的继承者舜，应当"允执其中"；《尚书·大禹谟》里，舜将这个心法传给了禹，内容概括为十六个字："人心惟危，道心惟微。惟精惟一，允执厥中。"人们通常将其合在一起，笼而统之地加以解释，使得其中的意思含混不清。其实，这个心法包含两个方面：其一，是将粗放而浮荡不安的人心，转为微妙玄通的道心，在化境中来体认生命存在的底蕴，处置生活里的各种事

穷尽人性的可能——中国古典人文主义叙述

情；其二，是避免和消除各种片面的观念偏执和情绪偏颇，以及由此导致的遮蔽和极端行为，在整体上全然而又恰如其分地把握事物变化的可能性，找准介入的时机与用力的度量分寸。《中庸》把二者概括为"致广大而尽精微，极高明而道中庸"。"精微"与"中庸"是其中的关键词。

1. 惟精惟一的道心

在伏羲氏推演八卦的时代，中国人的生存趣向便开始明朗起来，那就是将人的生存与天道的运化结合起来，在天道里寻找人存在的根源，作为安放生命的归宿。"朝闻道，夕死可矣。"（《论语·里仁篇第四》）可以说，中国人的生活是向道而生，而不是向死而生。只要能够返回天地造化的源头，死亡就是一件可以慷慨接受的事情，甚至是一种造化，一种凯旋。这个源头并不在人之外的任何地方，而在人生命最深邃之处，人性内里的幽明之中。这就决定了中国人的文化性格是内向的，朝着内心最深潜的领域走进，归根复命，然后以心来接物与转物，通过微观来改变宏观，通过内在来改变外部，实现内外一贯，显微无间。人们相信，不仅生命本身存在状况的提升，许多物理上的事情，乃至社会性的事务，通过微妙玄通的方式来潜移默化，比直接采取强硬的手段加以破坏性改造，以一块石头来砸碎另一块石头，更为高明，也更加完满。所谓为道的方法，就是这样一种"应物无伤"的方法，其关键点，在于实现"惟危"人心向"惟微"道心的转换。

（1）从人心到道心的转化

"形而上者谓之道，形而下者谓之器。"（《周易·系辞上》）所谓形而下，是指浮现在人们感官觉知中的相状，可以看得见摸得着的东西。这个界面被称为"器世间"，看起来是冥顽不灵的样子。普通人的日常生活就在这里展开，也往往囿于这个界面，其基本内容就是器物的生产、交换和使用消费。从现代科学来看，能够直接或间接地进入人感官感知范围内的，约是存在总体二十分之一左右的部分，还不及冰山浮出水面的一角，之外的存在都潜入了感知的盲区，杳然成为形而上的存在。天地万物生生不息的造化之机，也潜藏在形而上的幽暗区域里，但它的作用"范围天地之化而不过"，遍及形上形下的所有事物。形而上者虽然无相，但并非绝对的不存在，或者说绝灭，只是这种存在玄之又玄，深潜而精微，超出了人的感知意识，不以实体的形态呈现，故而不可名状。但其微妙难觉的运化，会在不知不觉中改变有形有相的现象，因此往往被视为形下事物的本源。

形上之道虽然视而不见、听而不闻，但人在一念专精、宁静致远的状态下，可以通过内心直觉与之相应，感而遂通，领悟其中难言的玄妙。能够在幽微之中与道交接感应的心，就是所谓道心，或者说体道之心、感应道交之心。"道心惟微。惟精惟一"，道心的特性就是幽微而精诚，没有散乱不安，具有直觉上的通感。用老子的话来描述，就是虚极而静笃；用荀子的话来描述，就是"虚壹而静"。常人之心与器物相接，指向形而下的维度；与道相交的心，则指向形而上的维度。前者通过感官和气质之性与现象世界关联，后者通过人的天命之性与道体贯通。受身体气质之性的影响，人心通常为情欲所鼓动，为现象所引诱与迷惑，为过去的事情纠结懊恼，为未来的事情忧虑焦灼，处于一种动荡不安，乃至浑浊不清的状态。因此，人心是粗放、飘浮和散乱的，不够宁静与清澈，因而泯灭了人性里灵明的天机，如同动荡的水面映不出天上徘徊的云影，浑浊的水体显不出其中的游鱼细石。受此局限，人的生活便囿于粗糙的器物界面，局限在感官功能的效用范围之内，搁浅于现象世界的滩涂，为外物所累、形骸所拘，沉沦为物化的存在，无法进入微妙玄通的层面。

张载指出，"凡天地法象，皆神化之糟粕尔"（《正蒙·太和》)，但"世人之心，止于闻见之狭，圣人尽性，不以见闻梏其心"（《正蒙·大心》)。常人之心受到感官见闻的限制，性命之情得不到充分的开展，生活也局促在形同糟粕的粗放的现象界内。与此不同，追求生命完满性的圣者，不以感官阈限画地为牢，而企图穿越现象的边际，进入造化的源头，穷尽人性的极限。因此，孔子说："君子不器。"（《论语·为政篇第二》）有道德追求的人，不受形而下的物质形器所限制，沦为某种工具，正是因此，所以才成就无形的大器。老子说："古之善为道者，微妙玄通，深不可识。"（《老子》第十五章）高明之士，能在深不可识的微妙中与道玄通。从形而下转向形而上，由宏观转入微观，去领悟深沉的底蕴，使生命的存在进入化境，获得超越形骸的自由与洒脱，是中国古典人文精神的意趣所在。倘能打开隐蔽在人性深处的玄门，抵达造化的源头，就可以打通广大与精微、形下与形上的界限，"磅礴万物而为一"。

将浮躁不安的人心转化为微妙玄通的道心，不论是对于人性的升华，还是对于社会事务的运作，都具有十分重大的意义。从人性的角度而言，将心从对外部事物现象的计量与追逐，转向对自身性命内里的开掘，有助于人深入领悟生命存在的内涵，显化其中潜在的品质与禀赋——即所谓天命之性，从而拓展生存的维度，尽精微而致广大，并在与天道贯通之后，找到立命的根据和安身的归宿。此外，随着心性转化的层层递进，人能够领会到存在更为丰富的奥妙，获得洞明的智慧和细密的心行，看清世间事物的缘起。这不仅能改变人生存的品质，使之具有难以言喻的隽永灵韵；也直接影响人的行为起用，使之在社会活动中更加挥洒自如，富有效率和创造性。

在古代中国，人对天地万物的通达，更多的是通过微观层面的直觉体悟来完成，而不是直接在宏观层面上去实现。也就是说，是通过"尽精微"来"致广大"。在实践上，便是通过微观来改变宏观，通过无形转化有形，而不是直接强行改造宏观事物的形态。这种方法充分体现在中医的治疗上面，对于发生病变的肌体，不是用利器直接加以切除，而是通过身体内部微细的循环，将其转化于无形之中。武术搏击通常被认为是一种粗蛮的行为，最终胜出者不仅伤损他人，也伤损自身。在中国文化中，人们将外在的形体动作与内在的心意起用和真气运行结合起来，外武内文，演绎成神奇的内家拳法与养生功夫，看起来轻描淡写，其实却雷霆万钧，对打如同舞蹈一般。这种"内家"的方式，广泛运用于中国人的生活当中，包括人际关系中矛盾冲突的处置。熟练掌握这种方法的人，应物无伤，被称为有道之人。他们的生活微妙玄通而又难于言表。

孔德之容，惟道是从。古之有识之士，总是通过上手的各种事情，去触摸感官觉知的边界，体认其背后的虚灵妙有，领悟存在的真意与生存的况味，达到穷神知化、尽性了命的目的，同时建构起与此相应的充分人性化的生活世界，赋予上手事物以精神的品质。这种"内家"生存的取向，不是一味地在现象世界追求更多的数量与更大的体量，而是在形而上的领域追求更深的造化。

（2）微妙玄通的生存旨趣

在游牧民族的生活中，一次成功的围猎，或是击败了某个敌对部落之后，众人围在篝火旁边豪饮作乐，载歌载舞，醉倒在路边的壕沟里，不知道什么时候醒来，这就算是人生的高峰体验了。现代生活中，人们把众多物质资源堆积起来，记挂在个人名下，或是把某种事情做得风生水起，获得社会身份的晋升，即便英年早逝，也算是功成名就、死而无憾了。但对于古贤来说，这种形而下层面的所谓成就，倘若没有形而上内涵的充盈和心灵气韵的添入，累积再高也是一种夷狄的生活。不论是对物质的消费，还是对生命本身的消受，都是近乎狼吞虎咽的暴殄，失之粗陋浅薄，近乎动物世界里看到的状况，"人文化成"的程度不高。古人将尚未与道相通、近乎动物的粗犷马虎的生活，称为夷狄的生活。

中国古典思想里，道的范畴有着至高无上的地位，得道也成为人生最大的造化，远远超过对财富的积累和权力的获取。道既是生命存在的真谛，也是万物归宿的终极。人的生存缺失道的维度，就陷入一种无根的状态，哪怕花繁叶茂也不可持续；人的生活少了道的维度，就会变得粗俗、肤浅和野蛮，生命的质地便如同没有烧透的粗陶。中国古贤讲究生命品质的深化程度和人生在世的况味咀嚼。这种况味如同文学作品里的言外之意，如同乐曲里绕梁三日的余音，如同彗星后面拖着的长长尾巴。他们不就事论事，于物言物，而是把事物都置于"天地缊缊，万物化醇"的化境里，体验其形而上层面蕴藉的众妙，作为自身的生存意境。

在印度，对形而上之"大梵"本体的投奔，意味着对形而下事物的离弃。虽然同属东方，但中国古典人文主义对形上之道的追求，并没有那么决绝，也不与形而下的生活脱节。在中国的传统里，人们习惯从物质生活的各种活动来体悟人生在世的奥妙，把世俗事务当成入道的方便之门。因为人的所有活动，都不过是心的起用，尽管活动的形式多种多样，但在用心这一点上都是相同的，关键之处不在于面对什么事物，而在于如何用心，所用的是道心还是人心。

"道不远人。人之为道而远人，不可以为道"（《中庸》第十三章）；道无所不在，包括蝼蚁与屎溺（《庄子·知北游》）。这些话语，说的都是差不多的意思：道不在人的心性之外，只要能够明心率性，任何事物都是道体的显现。对道的追寻，无须非要回避世间事务，遁入尸林洞穴，社会生活本身就是最大的水月道场，即便是在洒扫应对、担水挑柴等日常生活的琐碎里，也可以在起心动念间体认道的玄机。在社会生活的各个领域，中国人都讲究道行功夫，做什么都有道行的深浅。哪怕是做饭、泡茶、烧陶、酿酒、写字，也有个功夫到不到家的问题。如果一个人功夫到家而且能够成片，他就是有道之人，一举一动无不是道体妙用的披露，随心所欲之中与道须臾不离，在所有的行为活动中，都可以在心源处与造物同游。

表面看来，人的生活无非衣食住行、吃喝拉撒，古今中外概莫能外，但在每一个行为里，都可以有深意存焉。中国古人就是在日常生活的细节里，注入了微妙的玄觉与精神的意涵。他们在诸多生活行为的表述中，都加上了"道"的后缀，如茶道、膳道、武道、医道、香道、书道。加上了"道"的后缀，也就加入了微妙玄通的意境，物质生活也就有了超越形器的内蕴，成为精神性的生活，抒情写意，乃至气象万千，而不止于技艺的层面。技艺是与形而下之"器"相对应的工具理性，属于"小学"的层次。孔子曾经这样描述自己的人生：志于道，据于德，依于仁，游于艺。这可以说是古代士人生活的写照，也是后世士大夫普遍的生活方式。包括文学艺术在内的各种活动，都可以在仁、德、道等不同层面上来用功，成为一种心性的修养与流露。

艺术首先是呈现于感官意识的，绘画给出的是画面，音乐给出的是音符与旋律，文学给出的是文字叙事，但这些都只不过是载体而已。文以载道，艺术作品本质上所要表达的是画外之音，言外之意。"文章微妙，其体难识。夫易见者粗也，难识者精也。夫唯粗也，故铨衡有定焉；夫唯精也，故品藻难一焉。"（《抱朴子·尚博》）把载体制作得精致无比，却忘了所要装载的重物，是件本末倒置的事情。中国古典艺术，从不满足于客观地描述事物与生活的原貌，而是要传递人的精神意趣与心灵气韵。就绘画而言，中国画不在意造型的准确，而注重于以形写意，以象传神；不在乎画的是大山大水，还是花鸟虫鱼，而在乎笔意里透露出来的性情、意境、气韵、风度，而这些都来自画家本身作为一个人的精神造诣。倘若没有外师造化、内得心源的功夫积累，没有深厚的生命底蕴，成就不了真正的通家与大师，也创作不出元气充沛、传神入化的作品；倘若脱离了仁、德、道的根基，艺术便会沦为一种空洞的游戏，无端地消耗人的精气神，最终成就的不过是一个灵韵枯竭的艺人或匠人。与将身家性命断送于财货相比，将身家性命断送于艺术虽有所不同，但在断送性命的意义上并没有实质性的区别。

中国是诗的国度，关于诗歌的审美追求，《文心雕龙》《诗品》《二十四诗品》等皆有集中的发挥。刘勰的《文心雕龙》主张文学作品应当"辞约而旨丰，事近而喻远"（《文心雕龙·宗经》），"使玩之者无穷，味之者不厌"（《文心雕龙·隐秀》）。作家的神思不能拘泥于眼前的事物，要穿越和打破时空秩序的限制，在大开大合之中，将情怀与风物打成一片，进入与天地精神相往来的境地："文之思也，其神远矣。故寂然凝虑，思接千载；悄焉动容，视通万里。吟咏之间，吐纳珠玉之声；眉睫之前，卷舒风云之色。"（《文心雕龙·神思》）

司空图的《二十四诗品》将诗歌美学意境归结为二十四个范

畴，阐释了古典诗歌的意境追求。其中，"雄浑"与"冲淡"二品，生动地表达了古典思想"致广大而尽精微，极高明而道中庸"的襟怀气象："大用外腓，真体内充。反虚入浑，积健为雄。具备万物，横绝太空。荒荒油云，寥寥长风。超以象外，得其环中。持之匪强，来之无穷"（《二十四诗品·雄浑》）；"素处以默，妙机其微。饮之太和，独鹤与飞。犹之惠风，荏苒在衣。阅音修篁，美曰载归。遇之匪深，即之愈稀。脱有形似，握手已违"（《二十四诗品·冲淡》）。这种审美取向，正是文以载道理念的体现。其中还含有境界开显的功夫次第，有待人们细心领悟。

不唯文学艺术，即便是物质生活，在中国也尽可能过得精致而含蓄，更具精神的意味。国人将道的妙蕴，贯彻到陶瓷烧制、酒浆酿造、武术功夫、医疗养生等生活的各个领域。烹饪作为一种最具烟火气的生活内容，在中国被演绎成一种膳道，把人间烟火的生活过得抒情写意，而不止满足于填饱肚子。不仅食材有特殊的配伍，火候也有复杂的掌握，而这些又与季候的变化、人生理周期的周转相关联。除此之外，还有色香味等方面精致的审美讲究。膳道中，仅火候的把握就十分玄妙。同样的食材，用不同火候制作出来的食物，效用与滋味大相径庭。烹饪火候的掌握，与陶瓷烧制的火候变换，乃至道家丹道的采炼原理相通。烹煮一道菜肴，什么时候用武火，什么时候用文火，是先文后武，还是先武后文，乃至火点交替的时间把握，都有道行在其中。即便是一锅汤的炖煮、一碗粥的熬煲，也甚见功夫。

孔子曾经感慨：人皆饮食也，鲜有知其味也。他本人更是食不厌精，脍不厌细，只是周游列国，很多时候照顾不上。但在平时，以"浴乎沂，风乎舞雩，咏而归"为人生趣向的他，是一个地道的生活艺术家。只要条件允许，他会把生活过得有声有色、有滋有味，不似后来的董仲舒和朱熹，把微妙的道变成了僵硬的理，变成了严肃的道学，失去了水流物生的活泼。

茶不过一种树木的叶子，饮茶本来是寻常不过的事情，但自古以来，特别是唐宋两代，人们将这项活动从消食止渴、除腥去腻的功能之中升华出来，升级为极为写意的茶道。泡茶过程简单不过，放茶、冲水、倒茶三个动作就可以完成，但被演绎为一种雅致的审美仪式。"半壁山房待明月，一盏清茗酬知音。"茶道营造清幽的氛围和空灵的心境，成为一种审美的沐浴，一种在世况味的品咂。空闲的时候，约三五个友人在月下品茶，如果旁边燃上一炷沉香，再有人拨弄一曲古琴，便有了难以言说的意趣。明代罗廩《茶解》描述的正是这般情景："山堂夜坐，汲泉煮茗。至水火相战，如听松涛倾泻入杯，云光激滟。此时幽趣，故难与俗人言矣。"

茶道是中国饮食生活最精致的部分，唐人陆羽还专门撰写了《茶经》一书，备述茶道生活的各个环节。仅泡茶用水一环就极其讲究，天下之水被分为二十个等次，可见古人品茗时用心之绵密。因一等次的庐山康王谷谷帘水过于遥远，二等次的无锡惠山泉水，为茶客们求之若渴，并成了上流社会交往的贵重礼品。唐代宰相李德裕的泡茶用水，就是用快马从惠山运往长安的，一路之上可谓千山万水。

唐宋两代，是中国人生活最为精致的时代，茶道与香道在上层社会与文人墨客中相当流行，甚至有了与酒宴不同的专门的茶宴。唐代诗人钱起《与赵莒茶宴》一诗，记录了茶宴难言的妙趣："竹下忘言对紫茶，全胜羽客醉流霞。尘心洗尽兴难尽，一树蝉声片影斜。"宋徽宗赵佶不是一个称职的皇帝，但却是一位有造诣的书画家，还是一位有名的饮者，对茶道有深刻的体会："至若茶之为物，擅瓯闽之秀气，钟山川之灵禀，祛襟涤滞，致清导和，则非庸人孺子可得而知矣。中澹闲洁，韵高致静，则非遑遽之时可得而好尚矣。"（赵佶《大观茶论序》）比起味道偏于浓浊的杂粮肉鱼，茶是食物中最清纯的一种。饮茶是对草木之菁华的汲取，茶的液汁携带着山川的灵气、日月的光华，能够进入身心微细的循环，洗涤骨髓里的埃尘，让人五内养和，神气清明。

茶道清幽，茶人就是通过茶事来修养心性，达到与道玄通的境界。唐人崔道融这样描述饮茶之后的状态："一瓯解却山中醉，便觉身轻欲上天。"（《谢朱常侍寄贶蜀茶、剡纸二首》）同为唐代诗人皎然的《饮茶歌》，对品茗过程中身心变化的描述更为细腻："越人遗我剡溪茗，采得金芽爨金鼎。素瓷雪色漂沫香，何似诸仙琼蕊浆！一饮涤昏寐，情思爽朗满天地；再饮清我神，忽如飞雨洒轻尘；三饮便得道，何须苦心破烦恼！"

道家人物尤好茶饮，道教南宗五祖之一白玉蟾更是如此。他不仅亲自制茶，还留下了不少与茶有关的诗作，其中有这样的句子："味为甘露胜醍醐，服之顿觉沉疴苏。"（白玉蟾《茶歌》）喝茶如饮甘露，当茶的清香通过气脉缓缓浸润四肢百骸的时候，人的身心会得到洗涤，精神也会变得清澈、澄明与轻扬，并有了与自然万物不可言传的交流。茶禅一味，在禅宗那里，茶成为一种法器，品茶成为参禅悟道的一种方式。一句"吃完饭就喝茶去"，尽得佛祖西来之意。

（3）去宗教化的宗教生活

曾有人断言，中国人没有宗教生活。言下之意，是说中国人缺乏精神信仰。在一神教的意义上，这句话似乎是可以成立的。殷商时期，曾经有过"帝"和"上帝"的观念，但中国最终没有建立起对某个全知全能的人格神的信仰体系，这并不意味着中国人没有超越世俗生活的终极关怀。所谓宗教，本质意义上是人灵魂的生活，是关乎人精神生命的成长和趋于至善之境的教化，而信仰则是人们信奉的价值目标。中国人的终极关怀，体现在"朝闻道，夕死可矣"的态度中。在老子那里，"道"是比"帝"更本源的范畴，它"象帝之先"，即便真的有"帝"在天，也是从"道"的造化而来。在道的意义上，中国的宗教生活堪称历史悠久，只是名相称谓不同罢了。他们信奉的是神之所以成为神、上帝之所以成为上帝的根据；他们关切的是生命自性的不断升越，以及止于至善的圆满成就。弥纶天地的中国古典人文主义，就是以一种去宗教化的方式，来实现人们的终极关怀，生命的救赎可以不依赖于任何神祇，而由拥有生命的人自己来承担。

"天命之谓性，率性之谓道，修道之谓教。"《中庸》把率性修道当作一种"教"，这种"教"既是人文教化，也有宗教的性质，因此儒学也被称为"儒教"。在古典人文思想里，开显内心的玄德，悟入万物的本源，就是最高的教化；而人天性的本来面目，就是应该奉供的无上神祇。早在三皇五帝时代，道德的修为就进入中国人的生活，只是不借助一套神话体系来呈现，而且不与世俗生活分割，泾渭分明地对立起来。深得中庸之道的中国人，习惯在不同的事物之间寻找兼容性，将物性生活与神性生活通而为一。传教士利玛窦来到中国之后，有些事情让他大惑不解，其中一件就是明朝官员们在朝廷上竟然热烈地讨论心性问题。也许在他看来，政治生活与人的心性，二者是风马牛不相及的事情。

在中国以外的地区，人的灵性生活基本上是借助神话体系和宗教仪式来进行的。信仰印度教的人群如此，信仰犹太教与基督教的人群如此。创造与主宰世界的神祇到底是谁？是一个还是多个？尽管教派之间存在着这样那样的分歧，但在将人肉身死亡之后灵性生命的归宿与出路，乃至现世世俗生活的福祉，托付于至高无上的神祇这一点上，教义却有着惊人的相似。这种极其郑重的身世托付，往往通过一套庄严繁复的仪轨和制度来完成，于是就衍生出区别于世俗生活的宗教生活形态。

基于《易经》和老子的阐释，中国人对天地万物本源的追溯，并不指向至高无上、掌握绝对权能的人格神，而是归于生生不息的"道"。这种道是人们可以通过心性的净化、消除执着与遮蔽而加以亲证的，不需要特殊的中介，而需要一套修行功夫。因此，中国文化在其源头，就具有一种去宗教化的性质。人性植根于天道，天道与人性相通，在道的面前人人平等，不需要依附与委身。那些神圣人格，包括传说中的玉皇大帝、太上老君和各路神仙，乃至后来引渡过来的诸佛菩萨，都是因为自身心性修炼和对终极存在的体证，才获得不同次第的成就。就像《金刚经》里说的：一切圣贤皆以无为法而有差别。凡夫俗子只要付出相应的努力，都有可能得道成仙。也就是说，人人都可以通过自身心性的转化与开显，实现存在的超越和灵魂的救赎，与诸神同游太虚，甚至超出三界外，不在五行中。

既然道通万物而为一，无物存在于道外，包括人在内的任何事物都是道体的呈现，那么，任何一件事情都可以成为入道的方便法门，人可以通过当下生活触摸事物，格物致知，体认道体的玄妙。在某种意义上，世俗生活与神圣的修行生活，其实是同一种生活，只是取向不同罢了。反者道之动，修行者不过是将世俗生活反转过来：俗人用自己的心性去追逐和堆砌外部的事物，被外物所反制而陷于被动；圣人通过与事物的互动关系来体悟自己的心性，悟入处处皆在的道流，并且潜泳其中逍遥自在。

中国古典文化将心性内修与社会外治合二为一的结构，使之具有吞吐大荒的包容度。许多外来的文化，在吞吐中焕发出新的生机，佛教就是一个典型案例。发源于印度教文化背景的原始佛教，携带着浓郁的山林气息，对现世生活怀有强烈的厌离心，将宗教生活与世俗生活隔离开来。后来兴起的大乘佛教，虽曾兴盛一时，但在印度文化土壤里还是得不到充分的发展，最终退出了自身的发源地。

大乘佛教直面人生苦难，将一切法融入佛法，于烦恼中求菩提，于轮回中证涅槃。其救苦救难、普度众生的慈悲情怀，和儒家仁者爱人的精神十分相应；其将出世间法与世间法结合起来的倾向，也契合中国古典思想内修心性、外治天下的基本结构。因此，传说中由龙树从龙宫里取出来的大乘经典，最终还是由龙的传人加以承接与弘扬光大。隋唐以后，大乘佛教自然而然地成为中国佛教的主流，而禅宗则是最具中国特色的佛教。

禅宗不立文字，直指人心；不谈禅定解脱，只谈明心见性。按照该宗的见地，人的自性就是佛性，心性的本体就是成佛的根据，认识生命的本来面目，就能够成佛作祖，不需要逃离现实世间，背离人性，投奔彼岸世界。"佛法在世间，不离世间觉"（《坛经·般若品第二》）；郁郁黄花无非般若，青青翠竹尽是法身。一切世俗活动，都是真如法性的起用，人在其中都可以识得本心，还原自己的本来面目。禅宗后来演绎到了逢魔杀魔，逢佛杀佛，呵佛骂祖，扫荡一切我执法执，酣畅淋漓，几乎将宗教的外壳整个给掀掉了。铃木大拙曾说：像今天我们所谓的禅，在印度是没有的。他认为是中国人富有实践精神的想象力创造了禅。禅是最具中国风格的宗教生活，这种宗教供奉的神祇，就是人性的本来面目，信仰者虔诚皈依的，就是自己生命的自性。

从物质生活到精神层面的艺术生活，再到灵魂层面的宗教生活，构成了人的生活世界，也形成了人性晋升的阶梯。中国古贤凭着灵通的智慧，把庸俗的物质生活过得充满着灵性的意趣，又将宗教生活从繁复庄严的轨制中解脱出来，打通了物质生活与心灵生活、世俗生活与宗教生活之间的楚河汉界，使彼此分离、相互反对、相互排异的事理融会贯通到了一起，豁然打开了辽阔的生活世界，让人在其间鸢飞鱼跃，呈现出上天入地、腾云驾雾、不见首尾的神龙气象。

2. 允执厥中的方法

常人的思维，往往在两个极端之间摆荡：要么是，要么非；要么好，要么坏；要么光明，要么黑暗；要么进步，要么反动。诸如此类，皆是排中的。这种思维方式已经渗透到了话语体系当中。普通逻辑的概念判断，也是这种二元对立的理路，其三大定律中的两个——矛盾律与排中律——说的都是非此即彼的道理：同一个思维过程中，两个相互对立的判断不能同时都是真的，也不能同时都是假的。在处理简单事物的变数时，排中逻辑如同黑白照片般简洁，也相当有效率，但应用到复杂系统上，这种大而化之的思维方式难免捉襟见肘，漏洞百出，无法反映出事物的丰富性与兼容性；在实践中也难以恰如其分地应对事物的变化，从容行走于中道。

自伏羲氏起，中国人就开始运用不排中的方法来描述与推演事物的状况。伏羲八卦虽然以阴阳二爻来状述事物，但又认为孤阴不长，独阳不生，事物的存在并非非阳即阴，非阴即阳，天地悬隔，水火不容，而是一种阴阳错杂的状态。"六爻相杂，唯其时物也"；"参伍以变，错综其数，通其变，遂成天地之文；极其数，遂定天下之象"（《周易·系辞下》）。卦象六爻中阴阳交错排列的情形，反映的就是事物在时空中存在的状况。《易经》正是通过阴阳错综复杂的结构关系，来研究事物的存在状况，推演其变化的可能性，力图恰如其分地把握其中微妙的玄机。与非此即彼的排中思维模式不同，这是一种复杂的系统思维，能够描述极端之间模糊地带的情形，更加精准地接近事物的真实。易的思维，在说出是的同时，也说出是其所是之处和其所不是的地方；它在说出好的时候，也说出好的程度，还有其中夹杂着的不好的成分；它要在整体上来把握事物，并在恰当的时机调适恰当的方式来应对事物的变化，而不只是坚持一种预先设定好的方向，并铆足力气将其推向极端，使之变得荒谬。这种不排中的方法就是中庸心法，或者说中庸之道。

中庸之道的意旨，在于完满地领悟存在的整体，并在时间进程中恰如其分地处置各种可能发生的变化。中庸之道的"中"，就是不偏不倚、恰到好处的意思，与"允执厥中"的"允"相呼应，而不是在两端之间取一个中间的位置，做一个骑墙派与和稀泥的人。在复杂事物的整体把握上，要做到全然而周密地考量；在具体变化过程的处置上，要不偏不倚地踩到准点，如同一箭中的，是十分困难的事情。常见的情况要么不及，要么过之；要么偏于一极，要么倒向另外一极，总在非此即彼的对立与极反之中。因此，孔子说："中庸其至矣乎！民鲜能久矣！"（《中庸》第三章）《中庸》一书强调，只有心性的修养达到相当境界的圣人君子，才能领悟中庸之道。这意味着人们通常都生活在偏颇之中。而偏颇的发生，除了上述思维逻辑的惯性使然，还有诸多的原因。

（1）偏极的发生

印度盲人摸象的故事，人们耳熟能详，讲的是偏见与遮蔽的发生。不唯盲人如此，明眼人也难于例外。苏东坡的《题西林壁》：

"横看成岭侧成峰，远近高低各不同。不识庐山真面目，只缘身在此山中。"二者说的是同样的道理。为什么人看不清庐山的真面目？为何人会把大象的局部当成大象的全部？究其原因，大体有如下几个方面。

首先，作为一个个体存在者，人总是置身于世界的某一个方位和侧面，在不同方位和侧面上，世界呈现出来的景象与属性千差万别。有所见必有所不见，有所显现则必有所隐匿，某一个方位和侧面上的显现，都是以其他方位和侧面的隐匿为前提的。生活在极地的人，难以理喻赤道地带的人对于阳光的畏惧；生活在南半球的人，对季节的感受恰好与北半球相悖。同样的道理，在社会里生活的人，总是在某一个阶层、某一个地方，扮演某一种角色，从事某一种营生，因此，习惯于立在某一个角度、立场上来观察事物，而无法同时站在所有的立场和视角上来看待问题。每一个立场视角都有相应的视野，也有相应的盲区，而盲区大于视野的情况实属正常。在特定的立场视角上，人看到的都只是事物的一隅。但人相信眼见为实，自身的经验具有天然的优先性和可靠性，人习惯于将自己观察到的，当成最真切的事实，将自己看到的一隅，当成事物的原貌乃至原貌的全部，这就导致遮蔽的发生。各种偏颇的意见与观念，听起来都有几分道理；如果转换立场视角，与之相反的思想观念，同样也有几分道理，即所谓公有公道理，婆有婆文章。于是，此亦一是非，彼亦一是非。各以一己之是攻异己之非，实在是正常不过的现象。然而，仔细追究起来就会发现，持有各种思想观念的人，由于所站的立场和视角不同，"横看成岭侧成峰"，携带着一种先入为主的偏颇，不能全然地把握事物的整体，原本地领略庐山的真面目，把自己所看到的侧面当成庐山的全体，从而把自己的意见道理扩大化、绝对化，陷入荀子所说的"蔽于一曲，暗于大理"的

　　穷尽人性的可能——中国古典人文主义叙述

境地。

苏东坡说："不识庐山真面目，只缘身在此山中。"这并不意味着站在庐山之外，就可以获得绝对视角，所看到的就是庐山的全真面目。实际上，并没有一个优先于所有视角，并且可以取代其他视角的绝对视角。但要让人从自己的视角里转移超越出来并非易事，因为涉及人的立场，牵扯着更为复杂的利害关系，其中最难转移与超越的莫过于个人的私我立场，因为其中涉及切身利益与根深蒂固的信念，乃至面子尊严等心理因素，这也许就是孔子说中庸之道难传的原因。利令智昏，私我立场过于固执和坚定的人，离中庸之道最远，也很难获得开阔与超拔的智慧。

其次，一物一太极，任何事物都是一个整体，该整体内部还有更小的整体，而它本身又从属于一个更大的整体，更大的整体又从属于更更大的整体。整体不等于部分之和，不同层次要素在总体上形成的相干效应与协同作用，无法通过条分缕析的线性思维来推演。关于一种事物可以建立起很多很多种理论，乃至于理论体系，但所有的理论加起来都不能等同于这种事物。就像将所有视角看到的庐山景观叠加和拼接起来，还是不能够得出一个真正的庐山。庄子曾经用浑沌之死，来形容这种分析方法的致命之处。浑沌不经意间就被杀死，如何将事物置于足够辽阔的背景和深邃的层次上来加以全然把握，让轻易被杀死的浑沌复活过来，是一个极其困难的问题。

第三，任何事物发生变化，都是有条件缘起的，条件本身还有条件，缘起之外还有缘起，追究起来重重不尽，其中有的缘起还是随机的，随着时空迁移变化的。出于成本的考虑与现实条件的限制，我们不可能等到穷尽所有缘起，才对事物做出判断。因此，对缘起的追溯总是有限的，为了推演事物建立起来的因果函数关系中的项，也是有限的，不足于完全地把握事情变化的方向，做出无限与绝对的判断。必须随时跟踪观察各种变数，应机做出综合权衡与掂量，不然就会导致偏颇。但做到这样，需要支付的成本很高，不是人们都乐意承担的。因此，人习惯于以有限的依据，做出无限的判断。

第四，在价值判断上，人通常都有各自的情感取向，而这种情感取向与人的利益诉求，以及利益背后的欲望需求，有着深刻的关联。由此建立起来的个人立场根深蒂固，很难进行移动与切换，势必在视野上形成死角与盲区。而且，由于私我立场，人们对事物及其变化形态有着特定的祈求与期待，人们的心绪往往也被裹挟进来，陷于是非善恶美丑的分别与喜怒哀乐等各种偏颇的情感波动之中，失去了宁静致远、感而遂通的澄明，很难做出缜密而公允的研判，过激的作为也就无法避免。

所谓中庸之道，就是要将人们从各种偏颇乃至偏激的观念和情感中解救出来，消除各种遮蔽，回归心性的本位，获得一种澄明的心态，于宁静而感通的境界里，全面、中肯、恰如其分地领悟事物变化的玄机。作为中庸思维的载体，《易经》就是研判事物变化微妙玄机的典籍。"夫《易》，圣人之所以极深而研几也。唯深也，故能通天下之志；唯几也，故能成天下之务；唯神也，故不疾而速，不行而至。"（《周易·系辞上》）人们相信，通达易理的人，能够获得一种传神的悟性。"几者，动之微，吉凶之先见者也。君子见几而作，不俟终日。"（《周易·系辞上》）"几"是事物微妙难测的变化，"研几"和下面提到的"中权"，是人恰如其分做出判断的前提，运用中庸之道的一种功夫。"知几其神乎"，善于研几的人，临事会有传神的智慧应变。而"研几"，是一种可以心领神会而不可言传的心地功夫。

（2）中悬的立场与整体的动态权量

作为一种方法论，中庸之道并没有直接给出一个必然正确的绝对判断，而是力图消除立场观点与情绪反应的偏颇，因为只有在避开各种偏颇导致的遮蔽之后，合乎整体实际的判断才会显现出来，了然于心。与中庸之道相对立的，是各种偏执的观念和偏激的情绪，以及由此导致的对全局的遮蔽。因此，从某种角度来说，中庸之道，就是去执之道、无执之道。荀子对此有这样的表述："圣人知心术之患，见蔽塞之祸，故无欲无恶，无始无终，无近无远，无博无浅，无古无今，兼陈万物而中县（悬）衡焉。是故众异不得相蔽以乱其伦也。"（《荀子·解蔽》）对自身情欲好恶有所执着，对初始与终结、远与近、博与浅、古与今等任何一端有所偏倚，并在上面建立立场，都必然导致遮蔽与蒙昧的发生。要想不给遮蔽提供机会，就必须保持立场的中立和心态的平衡，也就是一种没有立场固执的状态。这种状态，荀子称之为"中县（悬）"。在这种状态中，人的立场是悬着的，不落在任何执着点上，不偏倚于任何方面。因此，可以以任意视角来透视事物，将死角与盲区减少到最低值数。

如前所述，立场决定着人的视角，视角决定着人的视野，任何视角都有与之对应的视野，也有与之对应的盲区。习惯于站在各自立场上的人，如果不自动腾挪立场、切换视角，其盲区将趋于扩大化，而且无法被照亮。"中县（悬）"的立场保持着腾挪的机动性，可以切换视角，以获得不同而更为开阔的视野。在这种状态下，人们才能清除先入为主的立场固执和观念坚持带来的局限，寻找各种立场观念的兼容性，发现公与婆各自在理与不在理的地方，解纷挫锐，化解彼此之间的矛盾，达到谅解、互惠与共享。如何将因立场视角不同产生的差异观念相互通约；如何将不同的利益诉求加以调和，达成彼此能够接受的共识，是学术问题，更是实践问题。

首先，中庸之道对人的立场进行清理，让其从原来的一隅走出，不再为各自狭隘的视野所限，陷于蒙蔽的状态。中庸的方法，可以说是一种没有立场的立场，它采取的是整体立场和全然视角。中庸之道的"中"，不是在所有偏见中和稀泥，走一条中间路线。对于"中"，同样是不能偏执的。孟子曾经警示："子莫执中，执中为近之。执中无权，犹执一也。所恶执一者，为其贼道也，举一而废百也。"（《孟子·尽心上》）执着于中间，也是一种执着，同样导致遮蔽，最终的结果还是"举一而废百"。

其次，在获得更多视角与视野之后，仅仅将它们叠拼起来，简单相加，还不能获得中肯的判断，因为这些视角与视野之间存在着很大的歧异，必须在转换中找到通约性，将其贯通起来，才能走出顾此失彼、忽左忽右的状态，这乃是中庸之道的要义所在。儒家用一个"权"字或"中权"一词来表述这一意旨。"权"带有权衡和权宜的意思，是在参照各种可能性之后审时度势，对事物整体的衡量与把握。孔子把"中权"视为一种很高的智慧："可与共学，未可与适道；可与适道，未可与立；可与立，未可与权。"（《论语·子罕篇第九》）这种智慧就是要寻找各种立场观念的通融点，周到地领悟事物，公允地处理事情，达到均衡和谐的效应。

将所有盲人摸到的侧面拼贴起来，还是得不出一个活生生的象；将横看、侧看、远看、近看的图景拼凑起来，还是得不出一个完整的庐山；将人体的五脏六腑乃至筋骨组织彻底解剖之后，还是不能全然地认识生命的机理。整体可能大于部分之和，也可能小于部分之和。必须在广大与精微之间加以贯通，把将所有局部要素耦合起来的玄机参透，才能够真正把握事物的各种可能性。牵一发而动全身，在社会治理和制度设置中，一种举措的推行，一项政策的

穷尽人性的可能——中国古典人文主义叙述

出台，都要考虑到社会各阶层利益关系的消长，社会秩序的和谐稳定，社会心理的承受能力，乃至实施过程可能出现的变异，等等，进行综合权衡，不能因为顾及某一方面而不及其余，陷于顾此失彼的境地。

中庸之道的核心在于全然与公允，它说出的是一种道，而不是一种理。理是线性推演的，指向一个结论，一个终极判断。理与理之间常常相互对抗，相互否决，势不两立，企图逾越各自的有效范围一统天下，成为一种绝对化的独断。正是因此，理的论说只能是作为矫枉过正的权宜方便，不能成为最终依止的究竟。道是一个理域，是众多理的融会贯通与共同成立，是各种因缘的和合协同，也是一种了然于心的悟性，它让各种理在其在理的范围之内和分寸之上成立，并恰如其分地发生作用。中庸之道只是去除各种简单和偏颇倾向，即荀子所说的"解蔽"，而不追求与错误相悖反的正确，因为如果一个方向是错误的，并不意味着与之相反的方向必然正确。孔子曾经指出："不得中行而与之，必也狂狷乎！"（《论语·子路篇第十三》）没有领悟中庸心法的，难免会成为一个狂狷之徒、极端分子，攻其一点不及其余。

再次，"君子而时中"，中庸之道意味着在恰当的地点、恰当的时间，以恰当的方式，去恰当地做某种事情。这种情形如同海上行船，虽然有了设定的目标，但在航行过程中，方向盘不能总是一劳永逸地指向所要抵达的港口，而必须保持机动，根据复杂的水文、气候和交通情况的变化应机权宜。然而，要在动态过程中，去机动把握不过之亦无不及的恰到好处的分寸感，是十分困难的事情。在精英决策中，相对容易实现，在群众性的运动，特别是狂风骤雨一般的革命运动中，激进的口号往往容易调动人的情绪，拥有众多的追随者，中庸之道只能拿来收拾残局。在社会的时尚潮流中，经常可见的是从一种偏颇到另一种偏颇，以一种极端来纠正另一种极端，永远行走在错误和纠正错误的途中，从南墙到北墙，从一个夜晚进入另一个夜晚，难怪孔子认为，只有圣人才能够真正掌握中庸之道。

中庸之道的殊胜之处，尤其表现在处理涉及复杂利益关系问题上，作为主导者能否超越自身狭隘的立场和私我利益的桎梏，做到廓然公允，至为重要。在平天下的国际事务中，如果各国都奉行本国利益优先的原则，千方百计把多边关系变成单边关系，最后的结果只能诉诸暴力，以雷霆一怒来定天下了。

（3）用中与养中

中庸之道不仅能应用于外治的范畴，同时也是一种修身的心法。它在外治方面的应用，被称为"用中"；在内修方面的运用，则被称为"养中"。儒家将没有情绪偏颇和杂念扰攘的心态称为"中"，或曰"中正"，在这种状态下，人的心才能与自性冥合，归于"自诚明"的状态。而且，只有在"养中"方面有相当造诣的人，才能得心应手地"用中"，缜密有效地处理社会生活中发生的种种事情，随机应对各种可能的变化。不能"养中"而善于"用中"者，未之有也。

由于个我的嗜欲与对本位利益的计较，以及在价值取向上先入为主的坚持，人的心态并没有向所有的可能性同等开放，内心始终忙碌于趋骛与拒避，并随着事物变化翻腾激荡，如浑水浊浪，难以平复，回归于纯净无邪的本心，获得内在的澄澈。"身有所忿懥，则不得其正；有所恐惧，则不得其正；有所好乐，则不得其正；有所忧患，则不得其正。"（《大学》第八章）这种不得其正的自扰状态，不仅遮蔽了人心深处的天机，蒙昧人的性灵，泯灭先天的明德，也伤害到人生命内部的良性循环，危及身心的存在状况。

中和心法，分为"未发"与"已发"两段："喜怒哀乐之未发，谓之中；发而皆中节，谓之和。"情绪与意气尚未兴起，心里清清明明的状态，属于"中"的范畴；情绪和意气已经兴起发作，但还能节制有度，不至于泛滥失态的情形，仍属于"和"的范畴。

在"中"的状态下，人的心回归于性的本体，静而生定，定而发慧，其中的神明也得到涵养，能够进入感而遂通的境界："易无思也，无为也，寂然不动，感而遂通天下之故。"（《周易·系辞上》）这个时节，人可以"复其见天地之心"，穷神知化，获得"至诚如神"直觉的智慧，让人更为深入地体察事物变化的玄机妙理。

在"和"的状态下，人在行为起用中能够摆脱各种偏激情感的困扰，获得一种从容淡定的风度，在各种事务活动之中游刃有余，从心所欲不逾矩，并有水流物生的意趣和鱼跃鸢飞的气象。"古之人，莫不于喜怒哀乐之未发而养于中，莫不于喜怒哀乐之欲发而执此中。所谓存心养性，所谓闲邪存诚，皆所以养此中也。"（黎立武，《中庸指归》，《文渊阁四库全书》第二〇〇册，第715页）深得中庸心法的人，将养中与用中的功夫打成一片，把涵养性体和启发心用结合起来，就能开辟出殊胜的生存境界。

"养中""守中"的名相，不仅见于儒家，也遍见于《老子》《墨子》《韩非子》等诸子的著述。表述的都是一种心性还原的入门功夫。在儒家而言，是在"喜怒哀乐之未发"前的境界里存诚持敬，即孟子所说"良知"；在道家而言，是"致虚极，守静笃。万物并作，吾以观复。夫物芸芸，各复归其根"（《老子》第十六章）。这种还原功夫次第深入下去，会带来想象不到的变化，改变人的存在状态，成就超凡出俗的人格气象。这方面的内容，详见于本书第四章。

（4）儒者的中庸与佛家的中道

如上所述，中庸之道就是不偏不倚、恰如其分地接受与应对事物的方法。所谓的偏倚，说到底就是人心的执着，体现在立场观念与情感上面。只要消除心中的偏执，"上不荡于虚无，下不局于器用；惟变所适，惟义所在"（阮逸《中说序》），就能把握中庸之道。在消除心的执着这一点上，儒家的中庸之道与佛家的中道颇为相通。在佛家看来，正是因为人心对各种现象与名相的执着，才陷于无明之中，无法实证如其本来的实相。只有在心无挂碍亦无所得的状况下，才可获得无上菩提。

佛陀初转法轮的时候，说的是苦、集、灭、道"四圣谛"。按照这一叙事，娑婆世界的众生，出于内心的无明与贪痴，执着于五蕴幻化的我相与法相，以及由此构成的现象世界，因此陷入生老病死和烦恼污秽的六道轮回之中。佛的教法是让人通过正道的修持，认清"诸行无常，诸法无我"的实相，消除内心的无明，舍离对因缘和合而成的现象界的执着，证入脱离烦恼与超越生灭的涅槃境地。

佛陀亲证的经验，对于常人而言是超验的，因此无法以言语来托出。对于那些还在求证路上的行者，疑惑的产生自然不可避免。《杂尼迦耶·无记说集》里，有人问佛陀：到底是有我，还是无我？佛陀始终保持沉默。事后，他对阿难解释：如果我回答说有我，那就站在"有常说"的一边；如果我回答说无我，那就站在"断灭说"的一边。两种回答都会给他们提供执着的对象，从而加深他们的困惑。（郭良鋆著，《佛陀和原始佛教思想》，第189页，中国社会科学出版社，1997年）不仅是有我还是无我的问题，包括涅槃的境地，到底是存在还是不再存在，是在生死的此岸还是在生死的彼岸，也是无法在人们的经验范围内找出对应物来加以解释的，只能交由个体在实证中加以体证，而在实证过程不同阶段获得的经验又参差不同，这就留下了相当大的争论空间。

佛陀灭化之后，没有了人们共同信任的师尊来作答，争论的空间变得愈来愈大。进入部派佛教时期，各个派别之间对教义理解的分歧就相当显著了。关于我、法、涅槃的实际，各个派别或执着于"有"的一端，或执着于"无"的一端；或执着于"断"的一端，或执着于"常"的一端。而"无"一旦被执着，也就成为人心中的一种"有"，一种障碍之物。大乘佛教兴起后，针对小乘佛教各派偏执一端的情况，般若空宗以一切现象当体即空，如梦幻泡影，无实性可得，来扫荡人心虚妄的偏执。般若经中，最能体现般若智慧的，是这样的句式"说……，即非……，是名……"。如《金刚般若波罗蜜经》里"佛说般若波罗蜜，即非般若波罗蜜，是名般若波罗蜜"，"如来说三十二相，即是非相，是名三十二相"等。这是一种随说随扫、不落言筌的表达方式，让人在透过言语去领悟事物时，避免对语词概念执着而受限。然而，般若宗在扫荡执念的同时，也难免招致对作为扫帚的"空"的执着。就在这种状况下，出现了以龙树为代表的大乘中观学派。

中观的方法不是在有与无、常与断、生死与涅槃之间寻找中间点，而是要如实地体证本来如此的实际。因此，它被称为"中道真实观法"："复次，迦叶，真实观者，谓不观色有常无常，亦不观痛想行识有常无常，是谓中道真实观法。复次，迦叶，云何为真实观诸法？谓不观地有常无常，亦不观水火风界有常无常，是谓中道真实观法。复次，迦叶，有常是一边，无常为二边，此二中间无色，不可见亦不可得，是谓中道真实观法。有我是一边，无我为二边，此二中间无色，不可见亦不可得，是谓中道真实观法。"（《佛说摩诃衍宝严经》）这种体证真如实际的观法，其意义在于让人从二元对立的概念逻辑中挣脱出来，还原无所执着亦无所得的本心。

《中论》一书中，龙树把通常为人们所执着的现象，归纳为四对名相：生灭、常断、一异、来出。在他看来，把这些对立范畴的某一端当真，将其视为有实性的存在，都是一种"边见"，障碍人们对本来如此之实际的领悟。为此，必须遣除对这些名相以及相应现象的执着，并让人从意识分别与概念游戏中超脱出来。《中论》开宗明义："不生亦不灭，不常亦不断，不一亦不异，不来亦不出。"真如实际不在生与灭、常与断、一与异、来与出这些二元对立的概念的任何一边。它不是生，但也不意味着就是灭；它并非恒常持存，但也不意味着就是彻底断绝。在这些相反相成的对待关系中，你打捞不到终极的真谛。因为这些名相所指称的现象，包括我相与法相，都属于缘起法，是依待特定的因缘关系而成立的，当然也随着这种关系的离散而湮没。在某种能所（能观与所观）对待关系中呈现的现象，在另一种能所对待关系中会变得面目全非，甚至湮没不显，如同幻化一般，因此，所有现象都没有独立不变自性。众生正是因为执着于特定因缘化现的我相与法相，才陷入无法解脱的轮回之中。中观的方法，不是要在现象丛生的世界找出一种真相来，也不是要在现象世界之外，找到一种与现象无关的真相，而是要勘破现象的迷幻，看清现象的真正原委并活在其中。

缘起的含义是因缘和合而成，分内缘起和外缘起二种。外缘起是指事物现象之间的因果关系，这种关系属于世间法的范畴，为科学所研究；内缘起是指事物现象在能所对待关系中的显现及与此相关的有情生命的生灭流转，"十二因缘说"便属于内缘起的范畴。自在无为的状态下，真如法性冥然无相。现象的显现，包括我相与法相，都是因为某种能观与所观之对待关系的建立。在"十二因

穷尽人性的可能——中国古典人文主义叙述

缘说"里，佛陀讲述了现象世界呈现的缘起链条："缘无明故有行，缘行故有识，缘识故有名色，缘名色故有六处，缘六处故有触，缘触故有受，缘受故有爱，缘爱故有取，缘取故有有，缘有故有生，缘生故有老、死、忧愁、哀伤、痛苦、烦恼和不安。由此生成一切苦蕴。这就是苦集圣谛。"（《增一尼迦耶》，转引自郭良鋆著，《佛陀和原始佛教思想》，第135页，中国社会科学出版社，1997年）缘起现象是在某种对待关系中建立起来的，因此被称为有为法。生灭、常断、一异、来出的变化，是这个界面的常态。原始佛教告诉人们，这个生生灭灭的现象世界，其实是由色、受、想、行、识五蕴建构起来的，追究到底就是"唯心所造"，因此是一种无自性的幻化，在它之外，还有一个本真的法界，没有生灭与烦恼苦患。只有扫除对现象世界的痴迷与执着，才能从这个迷局中出离，悟入没有缘起生灭和轮回苦患的涅槃境地。在传法的初期，针对尚未获得般若智慧的人们，这种将现象与真如、轮回与涅槃区分开来的二元叙事十分必要，不然就无法说清道明，但也为新的执着埋下了伏笔。

万法唯心，现象与真如、轮回与涅槃，其实皆系于一心。正如《楞严经》所说的，人的色身和山河、虚空、大地，"咸是妙明真心中物"（《楞严经》卷二）。心生种种法生，当人心对五蕴建构的现象起意当真，他就沉溺在这个现象的世界中；心灭种种法灭，当人绝诸缘起，不于现象起心意，五蕴建构的世界就会呈现出虚幻的实质，他就能进入真如本体的涅槃境界。"观自在菩萨，行深般若波罗蜜多时，照见五蕴皆空，度一切苦厄。"就像《般若波罗蜜多心经》里说的，在般若智慧的观照中，"色不异空，空不异色，色即是空，空即是色"，现象与真如、轮回与涅槃不二，皆不可得。在这个意义上，世间法与出世间法也就通而为一，人也就不用在现象之外去寻找真如，在轮回之外去寻找涅槃了。

中道的关键，就在于勘破现象与名相的迷阵，跳出各种意识分别的"边见"，如实地观照真实的法性。"'中'是一切事物的本来面貌，或原本状态。这'原本状态'，就是没有经过人为改造、添加、减少任何成分的自然状态。"（多识·洛桑图丹琼排著，《佛理精华缘起礼赞》，第28页，四川民族出版社，2000年）中道的心法便是如其本来，恰如其分，不偏不颇，而不是在各种边见之间折中调和，取一个平均值。显而易见，儒家的中庸之道和佛家的中道，都是不排中的思维，与普通逻辑的原理相违。但同为消除边见与偏执的心法，儒家中庸之道所要扫除的，是人心对某种特定现象的执着，避免现象与现象的交相遮蔽，使人不能全然地把握事物的整体，做出恰如其分的判断与处置；佛家的中道所要扫除的，是人心对整个现象界的执着，让心获得对一切随缘而起的有为法的全然超越。儒家中庸之道所要获得的，是权衡、审度与运筹世间事物的智慧；佛教的中道所要认证的是现象的真如本体，并将现象与真如、世间法与出世间法通达圆融起来，于世间出世间。"佛法，不出生灭的现象界与寂灭的涅槃界。这二者的联系，就是中道缘起法。"（释印顺著，《印顺法师佛学著作全集》第五卷，第38页，中华书局，2009年）

佛家的中道，除了体现在生灭、常断、一异、来出这些"边见"的扫除，更充分地体现在对真俗二谛的圆通。"诸佛依二谛，为众生说法，一以世俗谛，二第一义谛。"（龙树《中论》）佛通过二种义理为众生说法：一是关于世间事物现象缘起变化的义理，被称为世俗谛，属于凡夫俗子日常经验和常识范围；二是诸佛菩萨亲证的超凡入圣的境地，被称为第一义谛，也称胜义谛、真谛。二者合称真俗二谛。普罗众生无法看清幻化的实质，把现象世界形形色色的事物视为客观实有；小乘佛行人在现象世界之外求证不生不灭的涅槃空境，以出离轮回之苦；大乘佛法则在证入涅槃之后不住涅槃，反身将涅槃与生灭二者加以融会，在缘起之中体证空性，不离纷繁现象又能锲入真如，不离轮回又能安住涅槃，实现了真俗二谛的贯通，将世间法与出世间法打成一片。这是真正意义上的中道，也是大乘之所以被称为大乘的地方。

大乘菩萨道，是中道精神的体现。《维摩诘经》对"菩萨行"有这样的阐述："在于生死，不为污行，住于涅槃，不永灭度，是菩萨行。非凡夫行，非贤圣行，是菩萨行。非垢行，非净行，是菩萨行。虽过魔行，而现降众魔，是菩萨行。……虽行三界，而不坏法性，是菩萨行。虽行于空，而植众德本，是菩萨行。虽行无相，而度众生，是菩萨行。"这种行履，将在小乘行人看来是对立排斥的两个极端，无碍地统摄到了一起。如此将相反的两极通而为一的法门，也被称为"不二法门"。《维摩诘经·入不二法门品》中，诸菩萨对"不二法门"做了相当充分的表达："生灭为二。法本不生，今则无灭，得此无生法忍，是为入不二法门"；"有漏、无漏为二。若得诸法等，则不起漏不漏想，不著于相，亦不住无相，是为入不二法门"；"有为、无为为二。若离一切数，则心如虚空，以清净慧无所碍者，是为入不二法门"；"世间、出世间为二。世间性空，即是出世间。于其中不入、不出、不溢、不散，是为入不二法门"；"生死、涅槃为二。若见生死性，则无生死，无缚无解，不然不灭，如是解者，是为入不二法门"；"我、无我为二。我尚不可得，非我何可得？见我实性者，不复起二，是为入不二法门"；"明、无明为二。无明实性即是明，明亦不可取，离一切数，于其中平等无二者，是为入不二法门"；"乐涅槃、不乐世间为二。若不乐涅槃、不厌世间，则无有二，所以者何？若有缚，则有解，若本无缚，其谁求解？无缚无解，则无乐厌，是为入不二法门"。

将看起来相互矛盾对立与排斥的法，糅合通融于无所得的心中，无障碍地加以运用与践行，是大乘佛法中道的高妙所在。中观与般若是大乘佛法的根本智慧，或许是因为早就有了与之相通的中庸之道，国人领悟大乘佛教的中道心法较为容易，因此，华夏大地成为大乘佛法弘扬光大的国度。

第四章

人性与天道的贯通

——儒道释三家的内修功夫

修道之谓教，将潜在于性命深处的明德，像矿藏那样开掘出来，显化成一种精神人格的内涵与造诣，是儒家教育的目的。这种人格的进学，如何深刻改变人的存在品质，而不仅仅停留在嘴皮上夸夸其谈的观念说教，甚至是自欺欺人的幌子，乃是修身所面临的严重问题。如前所述，关于开显明德，尽心知性，完成从常人、凡夫到君子、圣人、真人转化的课程，被称为大学。在古典人文思想中，大学的进学不是只限于知识的学习，掌握一些可以说道的义理，而是有一整套能够进入心性深处的内证功夫。通过这套功夫的修习，可以变化气质，在潜意识乃至无意识层面净化心地，改变比江山还要难移的人的本性。功夫是中国古典文化的一个重要部分。在印度，除了亲证真如法性佛教，婆罗门教等也有超越小我、成就大我，进入梵我合一境界的修证体系，但在西方文化中，似乎看不到如此体系严密的内容。

1. 儒家：明德的开显

（1）反身而诚

如前所述，"人心惟危，道心惟微"。人心通常是岌岌不安的，道心则微妙玄通。儒家修行的心法，就是要将人心转化为道心，使其愈来愈趋于精深微妙，并且在起心动念之前的灵明境界里体认心的体性，并在情绪念头启动之后的"中节"中来加以保任，使其须臾也不离失。

人心之所以"惟危"，在于心总是指向某种事物，被所指向的现象吸纳与牵引，并随之在利害得失间晃荡起来，陷于颠扑之中，不得安宁。晃荡之心已经偏离本位，不得其正。要想让晃荡平复下来，归于"惟精惟一"的本体，进入澄明之境，就必须将心的意向，从所投注的对象撤回到心之本身。也就是说，从对象性的"乐于物"的状态，转向无对象性和无条件性的自乐。这就是后世儒者一直都在探寻的"孔颜乐处"，儒家安身立命的所在，也是儒家修身功夫下手的地方。当年，程颢、程颐到南安向周敦颐求学时，周茂叔便"每令寻颜子、仲尼乐处，所乐何事"（《二程遗书》卷二上）。

关于性与天命，孔子虽然心存敬畏，但轻易不与人谈及，而是提出了"毋意、毋必、毋固、毋我"等去除内心执着的"四毋"和"非礼勿视、非礼勿听、非礼勿言、非礼勿动"等如同戒律的"四勿"，作为道德的劝言与忠告。然终其一生，孔子在精神人格上都保持着生长的态势，并在知天达命之后，最终进入"从心所欲不逾矩"的境界，如同天马行空不离地，完成作为儒者的性命修养。有关修身的方法，散见于他的片言只语，为后人提供了发挥的余地。在《论语·雍也篇第六》里，孔子这样赞叹得意弟子颜回的修养：

"贤哉，回也！一箪食，一瓢饮，在陋巷，人不堪其忧，回也不改其乐。"这让人想到鲁哀公六年，孔子周游列国，困于陈蔡之间，他的队伍已经绝粮断炊，师徒脸上泛起青黄的菜色，有的甚至已经病倒在榻，当时的情景，就差天塌下来了，眼前没有任何可以引以为乐的事情，但作为主要责任人的孔子，依然"弦歌不衰"。显然，他之所乐不在于生存的境遇，不在于身外之物，而在于无所得而自得的自性。也就是说，他不乐于贫富贵贱、寿夭穷通，而是乐无所乐，可见其心性的自足与超迈。为一颗无依无傍、无牵无挂的赤子之心而歌颂，是孔子修身的最高造诣。

孔门修身的心法，在子思与孟子身上得到了较为系统的阐发。心从乐于外物向乐于自性的反转，将总是习惯性指向事物的对象性的心，还原于无所指向的自得自足的状态。这种转向被孟子表述为："反身而诚，乐莫大焉。"此无所向往、自得自怡的心，也是《大学》里所讲的未被情绪与观念扰攘的"正心"。在儒者看来，心在喜怒哀乐交集与是非善恶沸腾的情况下，就会偏离本来的正位："身有所忿懥，则不得其正；有所恐惧，则不得其正；有所好乐，则不得其正；有所忧患，则不得其正。"（《大学》第八章）只有在情绪波澜未兴，或心猿意马已经消停的情况下，心复归于体性，并与之冥合，这才是"正"的状态。将关注的焦点从所觉知的现象，回退到能觉知的心，复归于心的体性。这种正心功夫，近似于庄子的"以心复心"。正心功夫深入下去，就可以像道家所描述的那样离形去知，超越感官的见闻觉知："心不在焉，视而不见，听而不闻，食而不知其味，此谓修身在正其心。"（《大学》第八章）这种功夫次第，心已经从感官层面脱落，进入超越见闻之性的幽玄境地，性命之中含藏的明德，也就在这个时节得以披露。

心由偏转正，回归原位，与性冥合，表里一如，这种"不自欺"的状态叫作"反身而诚",简称"反诚"。儒者极其重视人心性之诚,心用与性体不相违逆的一如状态,被称为"至诚"。这种状态趋近于人性与天道的结合部:"性与天道合一存乎诚。"(张载《正蒙·诚明》)此时,潜在的明德便会开显出来,将人的存在照亮,使人由诚而明,进入澄明之境。"至诚如神",儒者就在这种诚而又正的状态下来存心,省察研几,于定中起观,涵养"宁静致远、感而遂通"的神明,练就威武不屈,贫贱不移,富贵不淫的定力,养成"塞乎天地之间"的浩然之气和以不变应万变、应机权宜的智慧。他们在各种行为活动之中,都要惺惺照料这颗虚灵不昧的正心,保持诚明的状态,不可须臾离失,这就是所谓"必有事焉"。

(2)格除遮蔽之物

错杂缭乱的感官现象,有可能遮蔽本心;心里偏执的事物与观念,也会窒闭天命之性。因此,在回归心的正位之后,对心中遮障之物的清理,成为修身所要面临的课题。如何清除使心变得晦暗不明、拥堵不通的异物,进入畅达与澄明的境界,将天命赐予人性的内涵与品德开显出来,以尽心知性,成为重要的功课。在《大学》里,这段净化心性的功夫,被表述为"格物致知"。

收入《礼记》中的《大学》一文,很有可能是个残篇。其中关于正心、诚意、齐家、治国等目,皆有展开与演绎,但格物、致知两目却只是一语带过。朱熹认为"盖释格物、致知之义,而今亡矣",他于是依据程颐的解释做了补缀:"所谓致知在格物者,言欲致吾之知,在即物而穷其理也。盖人心之灵莫不有知,而天下之物莫不有理,惟于理有未穷,故其知有不尽也。是以大学始教,必使学者即凡天下之物,莫不因其已知之理而益穷之,以求至乎其极。至于用力之久,而一旦豁然贯通焉,则众物之表里精粗无不到,而吾心之全体大用无不明矣。此谓物格。此谓知之至也。"（朱熹《四书集注》）程朱二人将"格"理解为"即物"，即接触事物；"知"解释为"理"；"格物致知"就解释为"即物而穷其理"，接触事物，以穷尽其中的道理知识。然而，"格"是一个多义词，《尚书·周书》的"格其非心"，《论语》的"有耻且格"，《孟子》的"惟大人为能格君心之非"，其中的"格"，都有去除、清理的意思。而格物致知的"知"，应该是"智"，属于一种内在的功能属性，而不是一种遵循线性思维的知识与伦理。格物的结果，使心性开明，智慧升发，而非增长知识。程朱理学对格物致知的读解，将内修的功德变成了外治的手段，把人间约定的伦理纲常，当成天命的原旨，有将澄澈的智慧凝固为僵硬教条的倾向。

明儒王阳明按照程朱的说法去格物，连续七天全神贯注观察竹子的形态，致使神气消耗，终于格出病来，才幡然醒悟：格物功夫所格者，乃心中之物，即心中偏执与遮障之物，包括无端的妄念与不良的情绪积累。正是这些遮障之物，障碍了心性的通畅，遮蔽了明德的光辉。而所谓致知，其实就是孟子所说的"良知"。按照程朱的解读，格物致知的知，是知识之知；按照王阳明的解读，格物致知的知，是不思而得的良知，应该称作"智"。良知其实是明德的一种内容。格物的意义，如同荀子所说的"解蔽"，改变人内心"蔽于一曲，暗于大理"的晦暗不明的状态，从而恢复心性的自明。

格物所要格除的心中之物，是何等事物？这是个问题。原则上，所有遮蔽心性，导致明德不能充分开显的事物，包括内心执持的偏狭的立场、观念，都在格除清理之列。孔子强调的"毋意、毋必、毋固、毋我"，就是要格除人狭隘的个我立场与主观臆断。孟子则重视人心理上有昧良知天性的东西，他曾经指出："行有不慊于心，则馁矣。"（《孟子·公孙丑上》）人的行为有不快于心者，做了违心、伤心、亏心的事情，就会内生愧怍纠结，导致气馁，心里不能通明透亮。耿耿于襟怀之间，使心性不能通达流畅，使天命之性的光辉不能充分透出的遮蔽与窒障之物，包括愧疚、伤痛、情结、心理疾病、人格障碍和各种偏狭的观念与情绪等，都是格物致知所要格除的异物。古贤特别重视心中没有芥蒂与块垒的通达状态。俯仰之间，对天对地对人皆无愧怍，这是圣人必具的人格气象。为了避免心中出现遮障之物，儒者时常三省其身，"非礼勿视，非礼勿听，非礼勿言，非礼勿动"，不做违背良知与仁义的事情，在内心留下违逆和滞碍。颜回就是其中的典型。

接触外部事物，与之发生互动关系，是获得客观知识的途径；格除心中之物，是清理内心的障碍与垃圾；获得自性澄明，是开显明德智慧的方法。从修身而言，是格物致智，格除心中之物至关重要；从治国平天下来说，是格物致知，与身外之物交道，获得客观知识则为必需。因此，对于"格物致知"的两种理解，分别作为内修与外治的方法可以互补，但作为修身的功课，应当理解为消除心中的遮蔽之物，开显明德本智。

（3）心、性、命的还原

在孟子看来，人的心通常都处于亡失的状态，因此，修身的第一步是"求其放心而已矣"，将亡失的心找回来，放回自己肚子里，让其归于原位。但是，找到一度亡失的正心，从蔽于物的暗昧，进入喜怒哀乐未发、是非分别念头未起的自明状态，仅仅是儒家修身的开始。到了这里，天命赋予人的明德只是初露端倪，还没有充分开显出来。如何才能深入进去，穷尽天命赋予人性的底蕴，孟子提出了他修身功夫的第二步：尽心知性。这是在"反身而诚"之后的下一步进修功夫，也是"反求诸己"的实际内容："尽其心者，知其性也。知其性，则知天矣。存其心，养其性，所以事天也。夭寿不贰，修身以俟之，所以立命也。"(《孟子·尽心上》)能发明本心并将其穷尽者，便可领悟自身禀赋的本性；领悟自身禀赋的本性，便能够明白天命的意涵。存养灵明的本心与自性，也就相当于侍奉至高无上的天道了。

显然，这里表述的，已不只是"以心复心"，而是进一步的"以心复性"，将心还原于性体，将性还原于天命，实现人性与天命合一的过程。还原属于减法，其过程属于无为法的范畴，无法通过人为造作的加法得以实现，只能"必有事焉而勿正，心勿忘，勿助长也"，在保持觉性清明的同时，对之不加整治，在既不亡失也不助长的状态中，如同守夜人一样，等待天命的降临与明德的显化，获得不学而能的良能，不虑而知的良知，最终在人性与天道的交汇处安身立命。孔子自述四十不惑，孟子自谓"四十岁不动心"。四十岁之后，孟夫子就时刻安住在"未发之中"，来涵养自己的灵性生命与浩然之气。

（4）内圣之学的传续

孔子殁后，其思想体系并未在某一个后学身上得到完整的传承。"曾子注重内省之学，传授子思《大学》《中庸》两篇，就是这一派学说的精华，后来开出孟子；有子之学，像是重形式，言动都似圣人。子夏、子游、子张，和他同调，都注重外观的礼乐，一部《礼记》，多半是这一派的记述。"（梁启超著，《孔子与儒家哲学》，第88页，中华书局，2016年）子夏是个吝啬之人，对大学之道不得要义，却对进退应对之礼十分郑重，与人交往，礼仪恭敬有加。一次，孔子有事出门，正好外面下雨，有人说子夏那里有伞，作为老师的他还不好意思去借。在孔子看来，"仁"是"礼"的前提，不以心性修养为基础，一味执着于礼仪形式，儒学就从大学之道堕落成小学之术。因此，他生前曾经警醒子夏："女为君子儒，毋为小人儒！"劝他勤修君子圣人之道，不要沦为只会替人操持仪轨、办理红白喜事的职业儒者。但这种警示似乎起不到应有的效用，以至于到了战国时代，荀子还是把子夏一脉的儒学称为贱儒："正其衣冠，齐其颜色，嗛然而终日不言，是子夏氏之贱儒也。"(《荀子·非十二子篇》) 然而，子夏高寿，传说活了一百多岁，因其弟子众多，影响极大，所以，梁启超说：汉以后的儒学，简直可称为子夏氏之儒了。于是乎，孟子离世之后，儒家内圣之学的心法便渐渐式微，以至于失传，只有作为外王之学的某些部分，也就是礼仪纲常仍然流行于世。直到汉代，董仲舒糅合阴阳家的天人感应论与儒家外学中的伦理纲常，为汉武帝的统治服务，儒学于是从民间思想变成官方统治性的意识形态，但这已经不是完整的儒学了。从此之后，儒家将修身成圣方面的学问功夫，几乎完全拱手让位于道家和后来的佛家。

魏晋时期，儒道互补、外儒内道的局面形成，儒者多以道术修身，并以儒为进，以道为退，达则以儒兼治天下，穷则以道独善其身。嵇康、阮籍、陶渊明就是其中的代表。到了唐代前期，基本上还是这种状态，只是到了中晚唐，佛教地位进一步提升，成为内学的主流，渐渐占据优势地位，引起以主流正统自居的儒家的危机感，而国家安全、领土完整、民族存亡方面忧患重重的情况，更呼唤士大夫入世进取的精神。于是，就有韩愈等出来辟佛。进入宋代，张载、二程等儒者，在出入道家与佛教之后，重新回到先秦原儒那里，汲取源头活水，继往圣绝学以开太平，融汇道、释二家，深化内修功夫境界，演绎出以修身为主体的新儒学。内圣之学在宋朝达到了一个新的高峰。刻于北宋开宝四年的《开宝大藏经》与刻于唐代开元年间的《开元道藏》，跟儒家的"四书五经"一起，构成了中华文化的宝库。在宋朝，就整个文化系统而言，儒道释已经成为中国文化的三条主脉，三家纵横合流、相互激荡的波澜壮阔的局面已经形成。从这个时代起，一个中华的士子，都要兼具以上三家的学养，否则，就不是完整意义上的中国人。

2. 道家：离形去知同于大通

（1）老子：推开玄牝之门

修身是由身而心、由心而性的还原，因此，对于常人而言，首先都有一个转身的问题。先秦儒家"反身而诚"，以开显明德，领受天命的赋予，但在明德与天命如何在人性这里得以呈现的方面，却是语焉未详。显然，在这个方向上，道家比儒家走得更远些。

在老子那里，生命存在的最高意义在于成道，求道是从"三生万物"到"有生于无"的回退，在人而言，则是从由感官意识到心性的还原，他称之为"归根复命"。这与后来儒典里表述的"穷理尽性以至于命"，旨意十分相近，但老子的心地功夫更加细腻，加入了丰富的内容："载营魄抱一，能无离乎？专气致柔，能如婴儿乎？涤除玄鉴，能无疵乎？爱民治国，能无为乎？天门开阖，能为雌乎？明白四达，能无知乎？生之畜之。生而不有，为而不恃，长而不宰，是谓'玄德'。"（《老子》第十章）

通过设问的方式，老子层层托出功夫次第：将气血魂魄合凝一体，不要有须臾的分离；然后，心气相依，如初生婴儿那样以微细的胎息吐纳柔和之气；涤洗内心的污垢与尘埃，扫除念虑烦扰，使内观直觉如明镜一般无有丝毫瑕疵；尽管你抱有家国的情怀与责任，但也要保持着无欲无为的心境；在无为境界，贯通天地灵妙之门会洞然敞开，但你依然要保持顺应的心态；尽管心里明明白白，洞若观火，但不要举意造作，照旧是一副无知无为的样子。在这种境界中存养功德，成就事物；功成身退，成就了也不将其据为己有，不把它视为自身了不起的能耐，更不企图把持、宰治这些事物。就这样，在玄之又玄的道体中得以造化，而造化的功德，就称为"玄德"。

按照道家路线，人是通过心性的还原去求道的，脱离心性求道只会越求越远。因此归根复命的过程，同时也就是归心复性的过程。这个过程遵循"损之又损"的减法，它不是要造出一个原本没有的奇迹，而是要回退到不能再回退的原点，领取性命本来就有的家底。作为心法，加法是有为法，减法是无为法，有为与无为的分别，在于心里是否举意追求和造作。加法让人心里不断建构，减法则不断拆解去除，釜底抽薪，复归于无物，达到心无所得。在老子的著作中，用了"反""复""归"等词来表述这种还原功夫。老子的减法，集中体现在以下几个方面。

从"为目"到"为腹"的观复

道乃万物生化的母体，因此道门被称为"玄牝之门"。"玄"是幽深难测的意思，在道家的语境中，用以表达形而上的视域，也就是超越日常经验的范畴，因为人的感官知觉及显意识探测不到，故被名之为"玄"。日常经验与超验之间，也就是形而下与形而上的视域之间，存在着一道边界，穿越这道边界的门，被称为"玄牝之门"，简称"玄门"。比起人的经验范围，超验的领域极其深邃旷远，因此玄门是可以不断向后推移的，也可以说它是一道重门，玄门之后还有玄门，于是就有"玄之又玄"和"重玄"的表述。

玄牝之门是超验与经验转换的边际线和临界点，门的背后不是空空如也，而是蕴藏着重重不尽的奥妙，因此，玄牝之门也叫作"众妙之门"。这扇门不在世界上的任何地方，而在人内心隐秘的深处，心意识的后台，因此求道不需要跋涉千山万水去寻觅，而是要悄悄地推开心意识的后门，然后重重深入，回归心性的本体，将幽暗的后台变成了前台，从而将超验转换为经验。

"五色令人目盲，五音令人耳聋，五味令人口爽，驰骋畋猎令人心发狂，难得之货令人行妨。是以圣人为腹不为目。故去彼取此。"（《老子》第十二章）障碍人进入"玄牝之门"的，首先是自身感官意识形态的局限。存在显现于感官及显意识的部分，只是冰山出水的一角，更多的部分已经沉入视之不见、听之不闻、搏之不得的幽玄之中，形而上的领域远比形而下更为深广。"天地缊缊，万物化醇"的道，更是"玄之又玄"。感官意识可以辨识到事物现象显著的改变，却体会不到道体微妙玄通的运化："视之不见，名曰'夷'；听之不闻，名曰'希'；搏之不得，名曰'微'。此三者不可致诘，故混而为一。其上不皦，其下不昧。绳绳兮不可名，复归于无物。是谓无状之状，无物之象，是谓'惚恍'。"（《老子》第十四章）感官及意识前台的纷繁现象，缭乱了心性的安宁与清明，使人陷于蒙昧与狂乱的境地。倘若将感官及显意识变现的形而下的现象视为存在的全部，势必堵塞通过形而上之道的视域，使人的存在搁浅。要想成为圣明之人，就必须从意识的前台转向意识的后台，从感官的视域转向心性的视域，从有物之象转向无物之象，即所谓从"为目"转向"为腹"，突破感官感觉的阀限，进入腹心里潜意识、无意识的深处，打开超越日常经验的玄牝之门，领悟背后的众妙与其中不死的谷神。玄牝之门背后的众妙已经超越意识，因此，也无法用意识建构的话语系统来加以描述，只能通过对感官意识阀限的超越才得以实证。

涤除玄鉴，浊以静之徐清

"玄鉴"一词最早见于《老子》，用于指称深层意识的内观直觉，属于道家功夫中十分关键的内容。现代心理学认为，人的意识除了显意识，还有潜意识和无意识的区域。在道家看来，显意识背后的潜意识与无意识区域"玄之又玄"，最终通向天地万物浑然同归的道体。在常人那里，这道门是关闭或堵塞着的，要想体悟道体的奥妙与幽玄，并且从中获得改变自身人格内涵的功德，就必须打通这条隐秘而深邃的门道，使潜意识、无意识的内容显化为显意识的内容。要实现这种超越，就必须在幽暗的潜意识视域起观玄鉴，渐渐深入无意识的区域，最终达到"与道玄同"的境地，实现人天隐秘的合一。

《老子》开门见山，说到了两种不同的观照："无，名天地之始；有，名万物之母。故常无，欲以观其妙；常有，欲以观其徼。此两者，同出而异名，同谓之玄。玄之又玄，众妙之门。"一种是置心于无可名状、"杳兮冥兮"的境界之中来观察道体的微妙；一种是置心于寻常日用、可以名状的境界之中来观察道体的显现，在有与无、幽与明之间见微知著。其实，有与无都是相对于感官意识而言的，感官能够感知的就被称为有，感官感知不到的就被称为无。追溯起来，有无二相都同归于玄之又玄的道，而对于玄之又玄境界的直观体察，即所谓"玄鉴"。

进入玄鉴，首先必须屏蔽感官的功能，在《老子》第五十二与五十六章，都有"塞其兑，闭其门"的表述，意思是缄默其口，关闭耳目等感官的前台，让心退入后台，然后进入虚极静笃的状态，涵养精神的能量，并从中起观内视："致虚极，守静笃，万物并作，吾以观复。夫物芸芸，各复归其根。归根曰静，是谓复命。复命曰常，知常曰明。"（《老子》第十六章）这其中，老子特别强调内心的还虚与入静。还虚能够养神，使内心涵蓄足够丰沛的能量，作为内观的资粮；入静则可以让内心平复下来，"浊以静之徐清"，令心境澄澈，提高内观的清晰度。此外，老子还用了"观复"一词，来表达玄鉴的功能，观是在虚静至极之中保持觉知与体察，复是还原、回归。整个意思是，在内观之中让心渐次回归生命的根源，领悟天道赋命于人的真常本性，获得内在的澄明。

玄鉴所要达成的意义，在于次第推开玄牝之门，一再将超验的视域转换为经验的视域，将形而上的存在转化为形而下的现象。

挫锐解纷，消除对物我的居有

从潜意识到无意识区域的玄鉴，既是一个向内"观复"还原的过程，同时也是一个不断"涤除"遮蔽与障碍的过程。倘若停留在显意识层面，通过观念的改变与更新，是无法转移比江山更难改变的人性的。只有深入潜意识与无意识的区域，才能触及人心性里的沉淀与障碍，从而加以清除与转化。内观的玄鉴并不是一开始就处于自明的状态，需要对其中遮障的事物加以清理、扫除，使深层心意识得到净化。这就需要"挫其锐，解其纷"，磨去内心的张妄，化解其中纠缠不清的情结和先入为主的思绪与观念，使"玄鉴"达到"无疵"的程度，澄澈而又空明："湛兮，似或存。"（《老子》第四章）

挫锐解纷，和光同尘，是老子"与道玄同"的功夫。这段功夫不仅依靠座上的玄鉴，还需要在行为实践中通过智慧的解悟来完成。其中最需要破除的是二元对立的思维模式和绝对主义的价值取向，消除对各种事物与观念的执着。在老子的著述中，使用了相对主义的方法，来解构二元对立的思维模式，消除人们在事相之上的偏执之心。他指出，人对事物的判断，都是在相互依待的语境中形成的："天下皆知美之为美，斯恶已；皆知善之为善，斯不善已。有无相生，难易相成，长短相形，高下相倾，音声相和，前后相随，恒也。"（《老子》第二章）因此，长短、是非、善恶、美丑等让人争论不休的观念，其实是随语境关系转移，不存在绝对的意义。为道之人，应当从这种思维模式的桎梏中解放出来，消除由于态度的固执僵持带来的偏激与困扰，避免内心成为各种意见对立冲突的战场，搁浅于波浪翻腾的滩头，扰乱本性的清澈。这也是为道日损之减法中不可或缺的内容。老子以相对主义来化解观念执着的方法，在庄子那里得到尽致的发挥，演绎成著名的"齐物论"。

损减之法中有一个很重要的内容，那就是化解居有之心及强化个我的倾向。一般而言，人都自觉不自觉地陷于自我的膨胀，扩张自我的边界，而这个自我恰恰是为道者所要超越的障碍。因为，正是由于自我的设定及其边界的构筑，人与万物才有了边界，不能通而为一，同归于道的化境。老子一再强调，为道之人要处弱守雌，"心善渊"。像水一样居于低回之处，保持内心的谦卑与深邃；像水一样随处赋形，没有我相的固执；像水一样善利万物而不争，"不敢为天下先"，是他的三大法宝之一。在《老子》第二十八章里，这种劝诫更加周详："知其雄，守其雌，为天下溪。为天下溪，常德不离，复归于婴儿。知其白，守其黑，为天下式。为天下式，常德不忒，复归于无极。知其荣，守其辱，为天下谷。为天下谷，常德乃足，复归于朴。"心的渊深，如同无底的空谷，可以涵容天下的一切遭遇与变故，消解所有的歧异与纷争，归于宁静致远的澄明。

在老子那里，自我减损的姿态最终指向无我："是以圣人后其身而身先，外其身而身存。以其无私，故能成其私。"（《老子》第七章）正是因为没有了私我立场的保留，才能突破自我的禁锢，成就与天地打成一片的人格气象。他提出，在社会生活中，人要"为无为，事无事，味无味"（《老子》第六十三章），以无为的态度来作为，以了事的态度来做事，随时体味虚玄之中的妙有，玩味无味当中的滋味。

真正的无我，实质上就是无所居有，不拥有任何东西，因此也不为任何东西所拥有——"万物归焉而不为主"，任何知见之上都不能自是，任何事物之上都不能自居，时刻保持心无所得的境界："生而弗有，为而弗恃，功成而弗居。夫唯弗居，是以不去。"（《老子》第二章）这种无所得而自得的心，正是"玄德"的精义所在："生而不有，为而不恃，长而不宰，是谓'玄德'。"（《老子》第五十一章）

凭借无所居有的心，人才能穿越玄牝之门，复归于无物，复归于无极，安身立命于无何有之乡，与道之妙体熔于一炉，成就不生不灭的谷神，并在天地的根源处起用，于无为之中无所不为："谷神不死，是谓'玄牝'。玄牝之门，是谓天地根。绵绵若存，用之不勤。"（《老子》第六章）在老子看来，道的体性接近于水，起作用的是一种类似于负压的原理：损有余而补不足。推开玄牝之门，置身于道的源头，谷神之水源源不断，用之不竭，奉献越多，得到的就越多。

老子留下的著述，被命名为《道德经》，道与德是其学说中最为重要的范畴。道指的是宇宙万物在幽玄无极处通而为一的总根源，德则是人与事物在道体造化中得到的成就，内化为自身属性的内涵。"德"与"得"相通，从外边得到某种事物，通常称为"得"；在内里得到某种造诣，则称为"德"。"德"是一种自得，是无所得而自得。老子将"道"来勉强命名天地万物的母体，人作为万物中的一种，其身份属于"子"的辈分。道家的内修功夫，就是以子寻母，穿越"玄牝之门"，领悟其中无法言说的众妙，投入母体怀抱的过程："天下有始，以为天下母。既得其母，以知其子；既知其子，复守其母。没身不殆。"（《老子》第五十二章）投身母体怀抱之后，时时刻刻不离造化的母体，就可以与道玄同，获得玄德的成就，生活在不死的"谷神"里，从而"没身不殆"，没有了烦恼与忧惧。人在道体之中获得了造化，就称作"得道"。得道之后，天道与人道合二为一，天道成为人道的内涵，在人道里头就可以实现和完成天道。

（2）庄子：独与天地精神相往来

丧己于物的悲哀

先秦诸子中，于修身讲得最详尽者是庄子，其次才是孟子。在庄子看来，人性的升越是人生的第一要务，他想要过的是一种出尘脱俗、无牵无累的生活，像鲲鹏一样水击三千，扶摇直上九万里，绝云气，负青天，御飞龙，逍遥游乎四海之外冥冥无形的天界，"体尽无穷，而游无朕"。在这种境界中生活的人被称为至人，也就是把人做到极致、实现了人性最高可能性的人，与儒家的圣人意思相近："圣人，人伦之至也。"在庄子眼里，常人不过是婆娑灌木林里跳腾嘶喊的蜩鸠，不仅格局小得可怜，而且处于一种丧失自性的迷惘与沉溺状态，十分悲哀。

对于常人的沉沦状态，庄子有诸多描述："一受其成形，不亡以待尽。与物相刃相靡，其行尽如驰而莫之能止，不亦悲乎？终身役役而不见其成功，苶然疲役而不知其所归，可不哀邪！人谓之不死，奚益！其形化，其心与之然，可不谓大哀乎？人之生也，固若是芒乎？"（《庄子·齐物论》）人一旦获得形体，便与各种事物磋磨磕碰，日夜疲惫操劳，终生受其奴役驱使，停也停不下来，直至断送自己的性命。人生是一种迷惘和疲惫的存在。

人的迷失，体现在"以身为殉""以物易性"的情形："天下莫不以物易其性矣。小人则以身殉利；士则以身殉名；大夫则以身殉家；圣人则以身殉天下。故此数子者，事业不同，名声异号，其于伤性以身为殉，一也。……天下尽殉也：彼其所殉仁义也，则俗谓之君子；其所殉货财也，则俗谓之小人。其殉一也，则有君子焉，有小人焉。"（《庄子·骈拇》）人们把自己肉体与心性作为手段，趋之若鹜地去追逐非本己的身外之物，以为这是利于自己、照顾生命的最好方式。尽管芸芸众生身份境遇不同，但在将自己身家性命殉丧于外物这一点上，却表现出惊人的一致，即便是江洋大盗盗跖和视权力如敝帚的伯夷之间，也没有实质性的区别。盗跖和伯夷，一个为了君子的洁名，一个为了物质利益，但他们都为了异己之物残生伤性，其行为的自残性质相同。就像两个亡羊的牧羊人，尽管一个是因为沉迷嬉戏，一个是因为痴迷读书，但在亡羊这件事情上面，他们并没有什么实质性的不同。庄子之所以发出深深的悲叹，是因为看到这种自残自伤的行为具有普世性，如同排山倒海、汹涌澎湃的浪潮，裹挟着不由自主的人们。

在庄子的进一步分析里，这种"以身为殉""以物易性"的行为，其实质是人将自己的心性依附、归属于外部事物，并且浸淫其中，为其所控制，从而丧失了本性的自在与自明："且夫属其性乎仁义者，虽通如曾、史，非吾所谓臧也；属其性于五味，虽通如俞儿，非吾所谓臧也；属其性乎五声，虽通如师旷，非吾所谓聪也；属其性乎五色，虽通如离朱，非吾所谓明也。吾所谓臧者，非所谓仁义之谓也，臧于其德而已矣；吾所谓臧者，非所谓仁义之谓也，任其性命之情而已矣；吾所谓聪者，非谓其闻彼也，自闻而已矣；吾所谓明者，非谓其见彼也，自见而已矣。夫不自见而见彼，不自得而得彼者，是得人之得而不自得其得者也，适人之适而不自适其适者也。夫适人之适而不自适其适，虽盗跖与伯夷，是同为淫僻也。"(《庄子·骈拇》)庄子用"属其性于某物"，来表述人对自己性命的出卖、转让与断送，这段话语，堪称对人性异化、物化和非人性化的最精辟、最见血的表达。

"盈耆欲，长好恶，则性命之情病矣。"(《庄子·徐无鬼》)有的人贪着于五味，有的人贪着于五声，有的人贪着于五色，有的人贪着于仁义礼智，将性命之情依附并且归属于这些现象与名相，缠绕其间，随之流荡漂泊，耗散生命的精气神，遮蔽自己的心性，使之暗淡下去，无法获得自性的清明。庄子的这种阐释，与后来传入中土的佛教不谋而合。在佛教的义理中，正是对色声香味触法等现象与法相的执着，导致了人自性的迷失，陷于颠倒梦想的幻境。这种把性命之情归属于外物的人，庄子称之为本末倒置之民："丧己于物，失性于俗者，谓之倒置之民。"(《庄子·缮性》)

在儒道佛三种文化的视野里，将心性归属于外物，浸淫成难于迁移的癖好和习气，都是极为错误的安身立命方式。庄子指出，这种"淫僻"是人身上可怕的魔邪："自三代以下者，匈匈焉终以赏罚为事，彼何暇安其性命之情哉！而且说明邪，是淫于色也；说聪邪，是淫于声也；说仁邪，是乱于德也；说义邪，是悖于理也；说礼邪，是相于技也；说乐邪，是相于淫也；说圣邪，是相于艺也；说知邪，是相于疵也。天下将安其性命之情，之八者，存可也，亡可也。天下将不安其性命之情，之八者，乃始脔卷狯囊而乱天下也。"(《庄子·在宥》)由于被这种邪魔所劫持，人的性命之情不得其正，天下的不安与混乱也由此而来。反者道之动，为道的方式，就是对这种沉沦状态的反动与拯救，来了一个一百八十度的转身："性修反德，德至同于初。"(《庄子·天地》)

尊生贵命，"全性保真，不以物累形"，警惕人性的物化，人本为物本所侵蚀，抵御丧己于物的倾向，是道家人文精神的集中体现。"名与身孰亲？身与货孰多？"（《老子》第四十四章）老子力图通过这样的追问来唤醒人们，阻止人本向物本的委身。

性命之情的归属

安身立命的问题，在庄子这里，被表达为性命之情的安放。将性命之情归属于色声香味触法等，是常人们追求短暂慰藉与瞬息快乐的方式。修身，就是对这种方式的拨乱反正，从乐于物的状态回到自乐乐天的状态。《庄子·至乐》一章，有对人生所乐为何的探问："天下有至乐无有哉？有可以活身者无有哉？今奚为奚据？奚避奚处？奚就奚去？奚乐奚恶？"性命之情的安放，展开来说就是：人生在世应当何为？以什么作为生存的依据？应当避开什么？安住何处？应当趋近什么？远离什么？应当喜悦什么？厌恶什么？

从庄子的角度看，人们往往是"身安厚味美服好色音声"等，而这种人生取向恰恰是烦恼与痛苦的根源："夫天下之所尊者，富贵寿善也；所乐者，身安厚味美服好色音声也；所下者，贫贱夭恶也；所苦者，身不得安逸，口不得厚味，形不得美服，目不得好色，耳不得音声。若不得者，则大忧以惧，其为形也亦愚哉！夫富者，苦身疾作，多积财而不得尽用，其为形也亦外矣！夫贵者，夜以继日，思虑善否，其为形也亦疏矣！人之生也，与忧俱生。寿者惛惛，久忧不死，何苦也！其为形也亦远矣！"这种乐于外物的人生趣味，也能带来些许的慰藉与愉悦，但也给人带来永无宁日的隐患，让人终生处于不安与扰攘之中。因此，在庄子眼里，这种世俗之乐并不是纯真无邪的"至乐"，而是一种"大苦"："今俗之所为与其所乐，吾又未知乐之果乐邪？果不乐邪？吾观夫俗之所乐，举群趣者，誙誙然如将不得已，而皆曰乐者，吾未之乐也，亦未之不乐也。果有乐无有哉？吾以无为诚乐矣，又俗之所大苦也。故曰：

'至乐无乐，至誉无誉。'"（《庄子·至乐》）纯真的至乐是无对象性的，不是乐于何物，而是乐无所乐，或者说，乐于无邪的赤子之心。其乐处不在任何事物上面，而在于心性本来具足的内蕴。

《庄子·让王》一章，虚拟了孔子困于陈蔡之间时依然弦歌不断的情景："子路曰：'如此者可谓穷矣！'孔子曰：'是何言也！君子通于道之谓通，穷于道之谓穷。今丘抱仁义之道以遭乱世之患，其何穷之为！故内省而不穷于道，临难而不失其德，天寒既至，霜雪既降，吾是以知松柏之茂也。陈蔡之隘，于丘其幸乎！'孔子削然反琴而弦歌，子路扢然执干而舞。子贡曰：'吾不知天之高也，地之下也。'古之得道者，穷亦乐，通亦乐。所乐非穷通也，道德于此，则穷通为寒暑风雨之序矣。故许由娱于颍阳而共伯得乎共首。"得道者的乐处，不在于所处境遇的变化，而在于自己心性是否与道贯通："内省而不穷于道，临难而不失其德。"只要心性与道贯通，人生就没有穷途末路。即便身处乱世，即便失去了所拥有的一切，即便明天末日降临，只要"不穷于道"，就可以不改其乐，这是庄子对于"孔颜乐处"所做的阐释。

从属其性于某物的状态，向心无所属而自属的状态过渡，是一个由感官意识向内心自性的还原。庄子将这种还原功夫表述为："以目视目，以耳听耳，以心复心。"（《庄子·徐无鬼》）眼睛的关注从所看到的形形色色脱落开来，返回能够看到形形色色的眼跟视觉本身；耳朵的关注从所听到的声音动静脱落开来，返回能够听到声音动静的耳跟听觉本身；心灵的关注从感知的事物现象脱落开来，返回能够感知事物现象的心性本身，还原本来具有的澄明与清澈。一旦心性豁然澄明，窈冥虚玄中的玄德便会开显涌现，而人便可"离形去知，同于大通"，领悟其中的众妙。在此，庄子对追求感官知觉的愉悦与清晰的倾向加以警醒："故目之于明也殆，耳之于聪也殆，心之于殉也殆，凡能其于府也殆，殆之成也不给改。祸之长也兹萃，其反也缘功，其果也待久。而人以为己宝，不亦悲乎！"（《庄子·徐无鬼》）

从"心斋"到"吾丧我"

由感官意识现象还原到心的觉知，是"以心复心"的第一步，接下来的功夫，则是复心于性，即从心的觉知还原到与道贯通的天命之性。由于其中的境界玄之又玄，因此，这种还原具有更高的难度，而且也不是一次性完成的。在这个领域，先秦儒家的功夫是于喜怒哀乐未发之中存养省察，但道家不管是老子还是庄子，都有更为深入的探究。《庄子》中就有许多关于座上功夫的叙事：

> 南郭子綦隐机而坐，仰天而嘘，荅焉似丧其耦。颜成子游立侍乎前，曰："何居乎？形固可使如槁木，而心固可使如死灰乎？今之隐机者，非昔之隐机者也？"子綦曰："偃，不亦善乎，而问之也！今者吾丧我，汝知之乎？女闻人籁而未闻地籁，女闻地籁而未闻天籁夫！"（《庄子·齐物论》）

在心的层面，首先要突破的是显意识层面分别、算计的机巧之心。在生活中，人们就是运用这种伶俐的"机心"，来加以演算和趋利避害的。世间的各种计和局，也都是由机心谋划布设出来的，但从"修身以道"的方向来看，机心却是一种极大的障碍。机关算尽者难以入道，因为，机心狡黠多动，矫揉造作，让人心神不宁，无法存养性灵，披露天机。"有机事者必有机心。机心存于胸中，则纯白不备；纯白不备，则神生不定；神生不定者，道之所不载也。"（《庄子·天地》）倘若无法超越机心，破除胸中城府，也就不可能突出自我壁垒，进入玄牝之门，在玄鉴中窥探绵绵若存的天地之根。在道家功夫里，对机心的超越通常是在座上来完成的。《庄子》先后四次出现过"隐机而坐"或"隐机"，人们通常解释为靠着桌几静坐，其实，将其解释为机心销落，归于虚寂，更符合庄子功夫理论。《知北游》中"神农隐几，阖户昼瞑"，说的就是这种状态。

"无思无虑始知道"，机心消泯之后，人便进入一种忘我状态，逾越感知意识的边界，获得不同于日常经验的体验，在玄鉴直觉中闻到了与"人籁"不同的"天籁"。庄子把忘我状态描述为"吾丧我"，"吾"是指人本真的自己，"我"则是人的自我意识及其所认同的我相。人的自我意识及其所认同的我相，都是在社会化过程中建构起来的有为之物，而非天命赋予的赤诚本性，或天道予以人性的造化。"我"是有形象的个体，与他人和事物之间存在着边界与防线。内修成圣之道，最大的关隘就是对自我的突破与超越。只有突破自我边界的禁锢之后，才有可能与道玄同，在根源上与万物通而为一。

"吾丧我"和"丧己于物"，字面上看起来十分相近，但内在的意思完全相反。后者是人将自性依附、归属于色声香味触法等现象缘构的事物之上，耗散性命的精华，是极其可悲的事情；前者指的是，人褪去意识及其建构起来的自我形象的笼罩，将"丧己于物"的颠倒过程颠倒过来，还原本来的自性，或者说是找回自己的本来面目。

"隐机而坐"的功夫，庄子也称之为"心斋"，是一个至虚极、守静笃，逐渐深入的过程。《人间世》借孔子之名，做出这样的描述："若一志，无听之以耳，而听之以心；无听之以心，而听之以气。听止于耳，心止于符。气也者，虚而待物者也。唯道集虚。虚者，心斋也。"心斋的功夫要点在于关闭感官意识，消泯机心，使之熄灭如同死灰，然后进入窈冥虚无之境："至道之精，窈窈冥冥；至道之极，昏昏默默。无视无听，抱神以静，形将自正。心静必清，无劳女形，无摇女精，乃可以长生。目无所见，耳无所闻，心无所知，女神将守形，形乃长生。慎女内，闭女外，多知为败。我为女遂于大明之上矣，至彼至阳之原也；为女入于窈冥之门矣，至彼至阴之原也。天地有官，阴阳有藏。慎守女身，物将自壮。"（《庄子·在宥》）

"心斋"的功夫若是成熟，人便渐渐进入"坐忘"的状态。《大宗师》借颜回之名，对"坐忘"做出这样的解释："堕肢体，黜聪明，离形去知，同于大通，此谓坐忘。"在《在宥》里则有更加详细的描述："堕尔形体，吐尔聪明，伦与物忘，大同乎涬溟。解心释神，莫然无魂。万物云云，各复其根，各复其根而不知。浑浑沌沌，终身不离。若彼知之，乃是离之。无问其名，无窥其情，物固自生。"这种情形，可以视为是对"吾丧我"的具体描述。当心的回退能够还原到天地万物的根源处，人便能"解心释神""离形去知"，然后穿越生灭之门，汇入道流，"同于大通"，实现人性与天道的贯通，领取天命赐予人性的玄德。就像一个孩儿回到母体的怀抱，在这里脱胎换骨，获得新生，成为无己无待的真人、神人、至人。因此，"吾丧我"是自我的一种蜕变，或者说是脱胎换骨，它既是自我的丧亡，也是无我之真我的诞生。

游心于物之初

转身之后的层层回退，杳兮冥兮，最终追溯到了万物的源头、天地造化的大熔炉里，传说中的真人、圣人，就是将性命安立于此，不为现象界缤纷的事物所累："浮游乎万物之祖。物物而不物于物，则胡可得而累邪！此神农、黄帝之法则也。"（《庄子·山木》）逍遥在造化源头活水里的人，"喜怒哀乐不入于胸次"，自性的受用甘之如饴，美不胜收："夫得是至美至乐也。得至美而游乎

至乐，谓之至人。"（《庄子·田子方》）

到了"有生于无"的地方，人便进入无为境地，刻意的修行也就可以消停，不修自修："至人之于德也，不修而物不能离焉。若天之自高，地之自厚，日月之自明，夫何修焉！"（《庄子·田子方》）说得更具体一点，就是："若夫不刻意而高，无仁义而修，无功名而治，无江海而闲，不导引而寿，无不忘也，无不有也。澹然无极而众美从之。此天地之道，圣人之德也。"（《庄子·刻意》）在这个无何有之乡，一中拥有一切，任何一个事物都具足天地间的大美："夫大备矣，莫若天地。然奚求焉，而大备矣！知大备者，无求，无失，无弃，不以物易己也。反己而不穷，循古而不摩，大人之诚！"（《庄子·徐无鬼》）性命之情也脱离病态，得到了全然的安放，"无为也而后安其性命之情"（《庄子·在宥》）。这或许就是儒家所说的"万物皆备于我"的"止于至善"的境地。

对于"游于物之初"的逍遥状态，《列御寇》和《天下》二篇分别做了相当充分的描述："饱食而敖游，泛若不系之舟，虚而敖游者也"，"彼至人者，归精神乎无始，而甘冥乎无何有之乡"；"独与天地精神往来，而不敖倪于万物。不遣是非，以与世俗处。其书虽瑰玮，而连犿无伤也。其辞虽参差，而諔诡可观。彼其充实，不可以已。上与造物者游，而下与外死生、无终始者为友。其于本也，弘大而辟，深闳而肆；其于宗也，可谓稠适而上遂矣。虽然，其应于化而解于物也"。这是一种无为而无不为的境界，在这里，人已经与造物结伴同行，与不生不灭者同流，超越了时间的范畴，进入玄妙的"天门"里面："有乎生，有乎死，有乎出，有乎入，入出而无见其形，是谓天门。天门者，无有也，万物出乎无有。有不能以有为有，必出乎无有，而无有一无有。圣人藏乎是。"（《庄子·庚桑楚》）所谓的圣人、至人，就是将性命安放于无处安放的

穷尽人性的可能——中国古典人文主义叙述

地方，藏身在不生不灭的"天门"后面。和老子一样，庄子追求的，其实是超越生死，无毁无成，与道玄同的精神生命，并非后世养生家所说的延长肉身形骸寿命："无古今，而后能入于不死不生。杀生者不死，生生者不生。其为物，无不将也，无不迎也，无不毁也，无不成也。"（《庄子·大宗师》）这种趣向，与追求超越生灭之真如法性的佛家相投，因此道家一开始就能够与佛家相对接。老子的"无为而无不为"，庄子的"物物而不物于物"，也与大乘佛教于世间出世间，轮回与涅槃不二的精神意旨不谋而合。

由心斋而进入坐忘，穿越感官知觉与显意识；由坐忘而进入"吾丧我"，突破自我的边界，与万物打成一片，同归于无何有之地；然后，与造物主同游于物之初，与天地精神相往来。这是庄子给人们描述的修真功夫程序，也是由常人成为至人的路径。

（3）性命双修的钟吕丹法

道家的心斋，包含有儒家存养的功夫，但道家心斋往往在座上完成；儒家存养功夫则是在行动中，以"持敬"方式来实现，是一种入世的修法。比起儒家的存心养气，道家的心斋走得更为幽深。在心物一元的前提下，心性的修为总是伴随着深层心理能量的转化、存蓄与升华。作为儒家内修功夫的代表性人物，孟子在尽心的同时，尤为注重身心能量的涵养，公开声称自己善养浩然之气。在当时的语境中，气指的正是非物质形态的精微能量，迥异于通常所说的力气。

《庄子》中，也不时提到气的话题，但庄子更重视"神"的存养。比起物质形态，气是精微的能量；比起气来，神又是更加玄妙也更难于探测的灵能。进入心性的层面愈深，愈接近心物一元，其能量就愈加幽微，无法用言语来描述。气和神都要通过心性功夫来涵养，孟子以不动心养气，庄子以虚静之心养神。心性之中的神养足了，就能生起智慧光明："宇泰定者，发乎天光。发乎天光者，人见其人。人有修者，乃今有恒；有恒者，人舍之，天助之。人之所舍，谓之天民；天之所助，谓之天子。"（《庄子·庚桑楚》）

　　儒家以心志专一来养气，道家养神，对座上功夫要求更高，也更加具体——既要做到心不散乱，没有情绪动荡；心还不能与各种现象交接，更不能自相违逆，以保持心地的纯粹与精神的内守："故心不忧乐，德之至也；一而不变，静之至也；无所于忤，虚之至也；不与物交，惔之至也；无所于逆，粹之至也。故曰，形劳而不休则弊，精用而不已则劳，劳则竭。水之性不杂则清，莫动则平；郁闭而不流，亦不能清，天德之象也。故曰，纯粹而不杂，静一而不变，惔而无为，动而以天行，此养神之道也。……纯素之道，惟神是守。守而勿失，与神为一。一之精通，合于天伦。野语有之曰：'众人重利，廉士重名，贤士尚志，圣人贵精。'故素也者，谓其无所与杂也；纯也者，谓其不亏其神也。能体纯素，谓之真人。"（《庄子·刻意》）所谓真人、神人，都是精神能量涵养、净化与提纯，达到"纯素"程度的结果。

　　《易传》被认为是儒家的著作，其实融入了诸多道家的思想，体现了汉代之后儒道的合流。关于神，书中有相当丰富的阐述："易无思也，无为也，寂然不动，感而遂通天下之故。非天下之至神，其孰能与于此？"养成浩然之气，塞乎天地之间，能让人拥有豪雄的气概与超迈的气象；"神而明之，存乎其人"，养足神灵，使人心体光明，拥有直觉的智慧和不测之用，能够"穷神知化"，获得"不疾而速，不行而至"的妙用。到了宋代之后，儒家对存神功夫也十分重视。养气与炼神，是先秦修身功夫中颇为重要的内容，后来演化成后世道家性命双修的内丹法门。

汉代，中国的思想形态发生了两大转折：一是武帝时期"罢黜百家，独尊儒术"，将不地道、不纯粹的儒学上升为统治性的国家意识形态；一是道家思想从一种求真的学术，披上神秘的外衣，演变成一种制度性的宗教，通过封神，建立了一个等级森严的天国。所不同的是，成为国家意识形态之后，儒学外王之学兴盛，以"仁"为核心的内圣之学几至失传，讲究伦理纲常的"小人儒"大行其道，愈来愈严密，成为规训人们行为的社会治理手段；但演成宗教神学披上神秘外衣之后，道家内圣的修身法门仍然得以保留，成为一种内丹功夫，而"像帝之先"、非人格的"道"，依旧是一切神仙得以成就的依据，所有的神仙皆因得道而成，这使道教区别于以人格神作为最高存在的一神教。

秦汉之际，方术盛行，人们迷信通过药物，特别是特殊矿物炼成的丹药，能够获得长生不老。连掌握最高权力者，也对这种方术执迷不悟，误丧了身家性命。道家真正的功夫是内丹法，即通过养气与炼神的结合，进行性命的修炼。它以人体为炉灶，以身体中精、气、神为药物，加以反复转化提炼，来改变人身体与心性的状况。这种功夫一直都在深山老林秘密传承，东汉魏伯阳的《周易参同契》中，有"金来归性初，乃得称还丹"的说法。然正式阐述内丹法理的，则是隋代的罗浮山道士苏元朗。到了唐代，钟离权、吕洞宾开显的内丹功夫，体系已经相当完整，成为后世丹法的基本内容。宋代以后，道教内丹派形成南北二宗，南宗以张伯端为祖师，北宗以王重阳为祖师。明清以后，道教内丹派又出现了中派、西派、东派、张三丰派、伍柳派等。虽然各派功法设置有所差异，但都主张性命双修，而且基本上沿着炼精化气、炼气化神、炼神还虚三个步骤演进。

道家惯用的方法论，是不直接在宏观层面对事物加以强硬的改造，而深入事物的微观层面，在潜移默化中转化事物的整体形态。这种出神入化、以微观来改变宏观的"为道"方法，可以贯彻到生活的各个领域，包括养生与医道。就拿中医来说，它通常不从形体器官上面下手，不以剜肉割疮的办法来治疗疾病，而是通过更深层次的能量循环迁移来消除身体的病变。具体说来，就是通过"气"的精微运化，来改变形体器质上出现的症候。"气"是由心来调配的，藏于心中的"神"，则是更加精微的能量，其作用能够"变化气质"。因此，在中医的生命图像中，比起形体层面横向展开的五脏六腑，超越形体的五运六气、三魂七魄，是尤其值得关注的内容，它们是生命更为纵深的内涵。身体层面的诸多病变，追溯起来，根源都在微观层面的暗耗、失衡和淤堵；生命品质的改造与提升，也必须从这个根源处来入手。但是，这些微观层面的内涵，微妙玄通，超越常人感官的阈限，也无法通过对一具死尸的解剖得以了知。比起中医，内丹功夫更为深沉，它是通过精气神的蓄养和转化，来对人的身家性命进行改造的。好的中医，往往都是道医，而修道有成的人，自然通达生命运化的机理。

"性命"一词，原本指天命赋予人性的内涵，其中的"命"指的是"天命"，即所谓天道赋予人的属性。隋唐以后，道教的丹法中，"性"所表述的仍然是人的心性，即人的精神性存在，但"命"所表述的则是人的身体性存在，"性命"也就成了人身、心、性三维的统称，即所谓身家性命是也。对于丹家而言，在微观层面，命可以还原为精气："何者为性命？人之一身，至精至粹，至尊至贵，莫越精气神三者。"（陈致虚《金丹大要·上药三品说》）丹家对人性命的修炼，就是从精、气、神三种要素着手。精藏于五脏六腑，氤氲其中，人形体生命的维持，赖于精的分泌与滋养；而生命内部循环的动力，又赖于气机的运化；生命形而上的层面，也就是心性的拓展与提升，则赖于神的涵养。在丹家的认识中，精与气属于命的范畴，神则属于性的范畴："性则神也，命则精与气也。"（陆西星《玄肤论·性命论》）"何谓之性？元始真如，一灵炯炯是也。何谓之命？先天至精，一气氤氲是也。"（《性命圭旨·性命说》）

在人的存在里，性与命叠加交集，因此，道家的修身功夫，也包含有修命与修性两个部分。道教南派祖师张伯端指出："道家以命宗立教，故详言命而略言性；释氏以性宗立教，故详言性而略言命。"（赵道一《历世真仙体道通鉴》卷四十九）佛家以明心见性为教法的主旨，因此多讨论心性的问题，少涉及身体气脉；道家以长生久视为圭臬，因此讨论身体气脉较心性更为详尽。尽管详略不同，但总体而言，道家各个门派，都还是以"性命双修"为旨归。注重修命忽视修性，或注重修性蔑视修命，都是一种偏差。"只修性，不修命，此是修行第一病。只修祖性不修丹，万劫阴灵难入圣。达命宗，迷祖性，恰似鉴容无宝镜。寿同天地一愚夫，权握家财无主柄。"（吕洞宾《敲爻歌》）

钟离权、吕洞宾传授的丹法，是一种渐修功夫，进修次第分为三关：初关是炼精化气，中关是炼气化神，上关是炼神还虚。鉴于常人对生命的无知与滥用，体内的精气神三元（或曰三宝）往往处于耗散与亏损的状态，需要加以修复与填补，扭转精气神失守乃至枯竭的态势，因此在三关前面加上一个"筑基"的阶段。筑基的功夫包括清心静坐，意守丹田，待元气充沛，气机发动之后，在"勿忘勿助"中，引其运行任督及奇经八脉等微循环的隐秘通道，达到全身脉络通畅，"精满不思淫，气满不思食，神满不思睡"的状态。"筑基任务有二种：一为保持现在精炁状况，二为补足过去亏损，达到精足气满神旺三全的境界，这一阶段功法才算完成。"（宋张伯端撰、王沐浅解，《悟真篇浅解》，第262页，中华书局，1997

年）这其中至为关键的是，将精气神从耗散状态，改为内守与存养状态，使之不漏，在量上不断存蓄，作为提炼的资粮。

炼精化气属于修命功夫，是在精满不思淫的条件下，通过深入的凝神内观与胎息吐纳，将精转化为气。这样提炼出来的气，已不是口鼻呼吸的气，而是精气合成的"炁"。当气充沛到一定火候的时候，则进入炼气化神的阶段。炼气化神的功夫，在性命交关处入手，以心神含摄气，将气化归神内，加以转化提炼。当神的提炼到了一定火候的时候，便可进入炼神还虚阶段，透过无方无所、无形无象的玄关，或者说"玄牝之门"，在寂静无为之中涵养性灵。炼精化气、炼气化神两个阶段的功夫属于有为法，炼神还虚纯属性功，是无为法，不做转化，只是全然还原清虚空寂的本源。炼神还虚是丹法的最高功法，用的时间最久，被称为九年关，借喻达摩面壁九年的典故。与佛合流之后，道家往往借用佛家的义理来阐释炼神还虚的意旨。

道家丹法既追求生命的时间长度，更追求生命的精神高度。内丹修炼的整个过程，讲的都是实证功夫，少有怪力乱神的宗教色彩。上中下三关，循序渐进，由低到高，由浅入深，有得窍、炼己、和合、得药、脱胎等诸多步骤，讲究心意运用的火候与时间节点，功夫进修颇为烦琐。但其要领在于，将身体的精华能量从精的形态转化为气的形态，然后将气的形态转化为神的形态，使人的身体脱胎换骨，人的心性出神入化，集灵为神，返本归根，还虚合道，羽化登仙，与天地精神相往来。

道教各宗的功夫修证，最终都同归于还虚合道，只是在性命修炼的功夫次第上，不同的门派有不一样的设置与安排。王重阳开创的道教北宗主张先性后命："主者是性，宾者是命"（《重阳授丹阳二十四丹诀》）；"应识命在性中，只以见性为主"（王常月《碧苑坛经》）；丘处机真人说"吾宗惟贵见性，而水火配合其次也"（《长春祖师语录》）。张伯端创立的南宗主张先命后性："命之不存，性将焉存？"也许是侧重有所不同，南宗祖师寿命大都较北宗祖师要长出许多。元朝末年，陈致虚将南北两宗合并，丹法也逐渐合流。到了明代，道教行人在南北功法贯通的基础上，融会佛禅与儒家修身功夫，最终形成了三教合一的内丹法（宋张伯端撰、王沐浅解，《悟真篇浅解》，第298页，中华书局，1997年）。

道家内丹功夫包含命功与性功，命功被认为是道家所独有，体现了道家对人身体性存在的尊重与珍惜。这种珍重与西方近代人文主义截然不同，后者对人身体性存在的注重，体现在激励人肉身欲望的膨胀，并赞叹满足欲望的合理性，其结果并不指向身体的健康与品质的提升，而是对身体的过度消费与滥用，甚至演变成一种糟践，把身体当作一枚橙子来挤榨其中的液汁。在道家看来，把生命的精华耗散于欲望的消费之上，将其置于羸弱、病痛、枯竭、夭折的境地，是对生命根基的毁坏，是对生命尊严的践踏，是对生命价值的埋汰。

道家内丹学说，对人身体的精微能量及其流通网络，有着极其细致的认识，其功夫在维护身体康健、矫正身体使用过程中出现的偏差、转化身体素质等方面卓有成效。道家丹法是中医的重要基础，丹法的意义在于生命的养正，中医的意义在于身体的纠偏。二者的合璧，大大强化了中国古典人文主义的人文性，在维护生命的良性循环，提升生命存在的质量，追求生命长度与高度等方面，发挥了巨大的作用。在尊生惜命这一人文精神上，似乎没有哪一种文化堪与道家文化比伦。

3. 佛家：直指心源 见性解脱

（1）自性净土与他性净土

佛教自汉代传入，用了近千年的时间融入中国文化。开始与其对接的是道家的思想。鸠摩罗什等经师对佛典的翻译，运用了不少老庄和玄学的话语。道家的义理已经玄之又玄，佛家更有甚之，在超验的方向上，走得愈加玄远，三界六道三十三天，法界缘起重重不尽，大大超出了人们感官意识形态的边界。但佛道两家皆相信，人通过自身心性的提升，能够成就神圣人格，消除人生的苦患。在对生命超越性的追求上，彼此旨趣相投。早先引进的小乘佛教安般守意禅法，心息相依，与道家吐纳功夫也颇为接近。因此，佛教最初是作为一种"道术"被引进的，归属于玄学的范畴。"印度佛教传入中国，初在汉时依附中国道术而为'佛道'。后至魏晋，般若学流行，开始又依附于玄学而为'佛玄'。至东晋，有般若学六家七宗，仍用玄学思想来了解佛教般若学。"（《孔子文化奖学术精粹丛书·汤一介卷》，第227页，华夏出版社，2015年）

与儒家和道家一样，佛家认为，神圣人格并不是一种非人的存在，而恰恰是人性的完成，神格与人格之间并不存在不可逾越的鸿沟。在人性的深处，潜藏着成就神圣人格的依据。这种依据，在道家看来是与道通而为一的玄德；在儒家看来是天道赋命于人的明德；在佛家看来则是不生不灭的真如法性，或者说佛性，是每一个人都具足的，不欠不余。只要将这种依据开显出来，将其从一种可能性变为现实形态，便可完成人性位格的提升。

关于真如法性的修证，佛家广开方便，所谓四万八千法门，其实是法无定法之谓。因此，佛家经典卷帙浩繁，在传入中土的过程中，依据不同经典开显的法门，形成了不同的宗派与传承脉系。隋唐五代，佛教在中国的发展达到了鼎盛，其标志就是先后出现了净土宗、天台宗、禅宗、三论宗、华严宗、唯识宗、密宗、律宗等诸多派别，修证的功夫门道也各有不同。

在诸多功夫法门中，有凭借自力，通过个人的证悟获得成就的，也有凭借他力加持获得心性超越与往生净土的。前者以禅宗为代表，后者以净土宗为代表。天台、三论、华严、唯识及密宗诸宗，皆以自力为主。东晋慧远等人开创的净土宗法门，以《阿弥陀经》《无量寿经》等经典为依据，通过个人德行上的"众善奉行"与功德回向和以至诚深切之心绵密持诵佛号真言，不断消除业障，净化心性，最终在佛力的牵引下获得心性的救度，超越生死轮回，跨入极乐国土。这个法门被认为是普适大众修证的"易行道"。

当初，属于"难行道"、凭借自力为主的法门，基本上都沿用来自印度如来禅的修法，以禅定的次第功夫拾级而上，使内观的玄鉴不断深化，直达一真法界，获得彼岸功德。天台宗的六妙止观法门，华严宗的法界观与三重门观，唯识宗在六妙法门之上的五重唯识观，都是在禅定玄鉴之中渐次观修，进入重重不可思议境界，去证取空性中的无上正等正觉。道家的还原功夫，亲证的是虚无之中的妙有，以此来改变自身的性命。佛家对真如法性的还原，要亲证的是无一物可得的空性，并在空性中开显出不可思议的智慧。

佛教在传播过程中，逐渐积累了浩繁的经典，形成了一套严谨的仪轨制度，建构了庄严而烦琐的法相体系。行人若是对这些文字、仪轨与法相体系心生执着而有所得，就会缠绕其中，忘失了解脱出离的初衷。六祖慧能开创的祖师禅，力图斩断对法相体系的执着，还原释迦牟尼佛直指人心的法意。

（2）以人的本来面目为神祇的宗教

早期佛教被称为小乘佛教。它以苦、集、灭、道四圣谛为基本教义，强调人间的苦患，人为了超脱苦患走入丛林，通过戒、定、慧"三学"和"八正道"（八种正确的思维和行动方法）的修习以自度，超越六道轮回，进入涅槃境界，证得须陀洹、斯陀含、阿那含、阿罗汉四种果位。纪元前后兴起的大乘佛教，具有更加宏大的悲心与愿力，不仅要自度，而且要救渡一切罪苦众生脱离苦海。因此，大乘佛教放弃早期佛教对生活方式的执守，不强调出家入林，直面人间的苦难，并将其视为修行的功课，行人除了"三学""八正道"外，更要修习布施、持戒、忍辱、精进、禅定、智慧"六度"和布施、爱语、利行、同事"四摄"在内的"菩萨行"。在将佛教的道场从丛林扩大到整个人天世界的同时，大乘佛教打破小乘佛教对佛法本身的执着和拘泥，在人法俱空、心无所住的前提下，广开方便之门，将世间法甚至其他教法的内容纳入自身的修行体系，融会贯通，实现法无定法、法即非法、非法法也，一切法皆是佛法的活泼泼的无碍境界，可谓气象大焉。在大乘佛法传播的地方，当地的文化风俗与宗教中的诸多做法都被信手拈来，加以应机善巧设置之后，成为它的前行与加行。在自觉觉他、普度众生的过程中，行者更能够积累功德，超越个我的执着，次第获得性灵的成就，最终功德圆满，究竟成佛，以自己的心性建立起新的佛国净土。

佛教由小乘到大乘的转型升级，是人类历史上一大宗教改革，而改革之后的佛教，不仅气象宏大，而且走出丛林，与人间生活打成一片。作为大乘菩萨的典范，维摩诘就是一个在家人，而且是世俗生活中一个如鱼得水的成功人士。据《维摩诘经》讲述，他是古印度毗舍离地方的一个富翁，家有万贯，奴婢成群，在一般人看来完全是个凡夫俗子。但他潜修密行，对境无心，于相离相，于世间出世间，不于三界起心意，亲证平等法性，获大成就。在全然放下我执与法执之后，佛法实现了与世间法的无缝衔接，人可以同时获得社会成就与法性成就，即所谓人成佛成。

大乘佛法的革命，传说是由龙树菩萨发起的，但这种佛法在偏于内圣的印度文化的土壤里，还是不能持久，最终转而流向中国，并在中国开花结果，欣欣向荣。将这场宗教革命进行到底的，是被称为禅宗六祖的慧能。

禅宗的源头，追溯到释迦牟尼在灵鹫山顶上的拈花一笑，在无言中以心传心，将无上法印赋予弟子摩诃迦叶。据说，这种不立文字的心地法门，秘密传承至二十八代之后，由菩提达摩带到中土。禅宗以《金刚经》《文殊般若经》《楞伽经》为依据，专注天命之性之"本来面目"的取证。在开山祖师达摩时代，十分注重面壁静坐功夫，四祖道信与五祖弘忍倡导的"东山法门"，与净土宗一样重视念诵佛号真言的功德，直到六祖慧能才形成了具有中国特质的禅法。可以说，禅是最具大乘气象的佛教。

在禅者看来，佛陀的出离是心性的出离，而不是身体的出家；佛的解脱是心无挂碍，而不是心外得法；佛的净土是自性净土，而不是远在缥缈天外的国度。"若起真正般若观照，一刹那间，妄念俱灭。若识自性，一悟即至佛地。"（《坛经·般若品第二》）佛说一切法，为有一切心。我无一切心，何用一切法。所有一切法门法相的设置，都应当指向心的解脱，否则就可能在心上添加新的锁链。

六祖慧能传播的禅法，是在不思善，不思恶，前念已落，后念未起的当下，悟入明明白白、赤赤条条、谁都拘拿不住的自性。而这个自性，正是"本来无一物"的空性，不属性于任何事物现象之上，一切烦恼尘埃都沾染不了。禅法是一种活法，在传承过程中，衍生出参话头，问"念佛者谁？""什么是佛祖西来意？"等具体的方便，师徒之间常常以"转机锋"的对话，甚至棒喝等方式来传心印心，破除对一切法相与非法相的执念，扫荡心性上的所有建立，还原一颗无所依傍也无一物可得的心和本来具足的自性，认清赤裸裸的"本来面目"。这种对执着的破除是那样彻底，包括佛法与佛相都不能例外，淋漓酣畅到了呵佛骂祖、非经毁行的地步。

16世纪的西方，路德与加尔文等人发起的宗教改革，让信徒无须通过教会组织体制，以内心的信仰直接与上帝遭遇，获得赦免与救赎。有些学者认为，中国历史上没有出现过宗教改革，是一种极大的缺失与遗憾。这是一种误解。慧能对如来禅法的改造，既是对大乘佛法变革的完成，也是佛教中国化过程中发生的一场新的革命，远远早于基督教的新教革新。这场革命的意义体现在以下三个方面。

一是将对神性的信仰转换为对人性的信仰，将他性净土转换为自性净土。佛法的修证，不是在人身上追加更多的东西，让人成为一个令人敬畏的他者，成为非本己的神明，而是帮助人剥离因为心的执着而附加于自心的东西，发明本己的自性，让人在更本真、更完满的程度上成其为人。只要证得"本来无一物，何处惹尘埃"的灵明空性，人便可当下解脱，立地成佛，随其心净则佛土净。佛法的修证，不是让人离开当下的生存，千山万水去投奔一个神奇的国度。人若能皈依自身的真如法性，领悟本来清净的妙性，你所在的地方，即便是五浊恶世也是极乐净土，不需要到西方东方去寻觅与投奔。禅宗不以神仙佛祖为宗，而是以心性为宗，因此被称为心宗。它以心性为宗教的最高范畴，以人的本来面目为信仰的神祇。当一种宗教以人的本心自性（即所谓人的本来面目）为供奉的最高神祇，以人性的亲证与完成为最高教义时，它已经脱变为一种人文主义。禅宗可以说是人文主义的最高形态，是真正去宗教化的宗教，给人的存在带来的，是究竟意义的解放与自由。

二是将神圣生活与人间烟火的世俗生活结合到一起，将出世间法与世间法融会贯通，在实践的意义上向人们申明：一切法皆是佛法。只要作为行为主体的人悟得菩提自性，他所做的一切事情都是法事。与讲究阶梯次第的如来禅不同，祖师禅超言绝相，越过佛教经典浩繁的文字相和庄严的丛林制度仪轨，用锋利的般若智慧剔除一切意识的建构，扫荡所有繁复的设置，直取一颗活活泼泼而又无所执着的本心。在禅者看来，若是心无挂碍，心中无一法可得，一切法皆是佛法；若是心生执念，心有所得，一切法皆是非法，皆是障碍累赘，包括佛法也是如此。只要对境无心，不于三界万象起心作意，世间的各种事务都是解脱之道。青青翠竹尽是法身，郁郁黄花无非般若。倘若识自本心，挑水砍柴，洒扫应对，皆为妙道，世间法即是出世间法。佛法在世间，不离世间觉，烟火人间处处皆可是道场，见性成道并不非要披挂袈裟念珠，遁入山林，枯坐洞穴，深入四禅八定，在齐家治国平天下的各种俗事之中，都可以去实践完成："若欲修行，在家亦得，不由在寺。"（《坛经·疑问品第三》）到六祖慧能这样的境界，人间烟火的生活与神圣的生活完全重叠在一起，实现无缝对接，出家还俗都是一回事，缁衣也可以脱下来，穿什么吃什么行什么也都无关宏旨。

三是扫除对佛法自身的执着。佛法是为了帮助人认清自性而造设的，八万四千法门是为不同根器的人设立的方便之门，是帮助人渡过沉沦溺水的船筏，而人之所以沉沦，是因为自心对种种事物产生执着，浸淫其中而不能自持。包括对佛法的执着，也将成为自性沉沦的原因。因此，对于教诲人们消除执着的佛法本身，也不能生起偏执之情，包括佛教的经典和丛林制度。佛法所要揭示的真如本性是无相的，佛经是为了传播佛法建立起来的文字体系，而一切文字都是意识层面构造的名相，人一旦陷入语法逻辑的分别与推演之中，就与自性愈来愈远。至于丛林制度，只是历史过程中形成的一种古老的修行方式，并不是成就神圣人格的唯一途径。倘若置身这套制度中的人对自身的角色生起执情，就成为一种深刻的业障。各种宗教都力图扫除人们对世间事物的贪念，却在不知不觉中强化了人们对其教法的执念。对此，禅者十分警觉，他不仅要扫除对事相、我相的执着，更要扫除对扫除执着的佛法自身的执着。扫帚是为扫除一切垃圾造设的，但扫帚本身也可能会成为一种垃圾。

佛教原本是一种出世的教法，带有浓郁的山林气息，对国家治理不做主张，迫切关怀解脱生死的终极问题，其对中国文化的丰富，也集中体现在修身成圣的方向。进入中土之后，佛教渐渐褪去了印度文化的许多印记与特质，吸纳了儒家人伦方面的内容，不再回避人世间的责任与事务，扩大了出世间法与世间法的兼容性，于世间出世间，在此岸登彼岸。只要人明心见性，认清自己被遮蔽的本来面目，人间烟火的生活就是圣洁的生活。到了禅宗六祖慧能这里，佛法基本上完成了中国化的进程，源自印度文化的过于决绝的出世情怀，以及数千年丛林制度所设置的种种法相，得到了充分的弱化与消解。作为内圣之学的一种，佛教也因此与治理社会的外王之学兼容，为儒家与道家文化所汲取，成为中国文化有机的组成部分。

慧能在9世纪发起的宗教改革，比马丁·路德等人发动西方新教改革要早七八百年之久，而大乘佛法对小乘佛法的变革，则是早上了一千五百年的时间。

第五章
从单向度到多向度的建构
—— 中华文化人格的演进

  文化之于人的意义，犹如土壤之于植物生长。人总是在某种文化背景的同化下，通过汲取其中的有机成分，来颐养自己的性情，构建自己的人格，开展自己的灵魂生命。一种文化成熟与否，某种程度上体现在它能够涵养、构建出什么样的人格，使之有效地应对自然环境与社会生活的变迁，成就不同的事业，活出非凡的人格气象与精神境界来，让人在更充分的意义上成其为人，而不仅仅是游牧在地面上的肉食动物。出类拔萃的人格，被称为圣贤，散发着人性的光辉，体现着人类的尊严与高贵。

  在漫长的历史过程中，中华文化的格局总在迁移变化，并在不同的阶段，演进成了不同的文化人格。在那些具有相当造诣的人格背后，隐含着文化的龙脉。尽管隔着时空的遥邈，圣贤人物之间依然存在着隐秘的精神传承。比起以物格形态承载与传承的文化，以人格形态来承载与传承的文化，意涵更加丰满，也更有生命力与感染力，为人们所效法与追随。综观数千年历史，中华文化人格的演进，经历了三个不同的段落。

1. 先秦：单向度的文化人格

（1）相互排异的百家

秦之前的历史时期，特别是春秋战国时代，是中华文化创生的阶段。延续了多个世纪的周王朝分崩离析，各个诸侯国都在竞争之中谋求生存与崛起的出路；个体生命也在历史的夹缝中探寻安立的方式，完成在天地间作为人的天职。人们的智慧得到了从未有过的激发，各种思想如泉流喷涌流溢，众说纷纭的流派相互激荡，形成澎湃之势，蔚为大观，呈现出多元并存的文化格局。

这个百家争鸣的时期，也被称为"子学时代"。各派思想都在建立山头，竖立旗帜，忙于申明彼此不同的意见主张，划清派际之间的分界线，批驳乃至嘲讽与自己悖逆的思想潮流。即便是从道家分离出去的法家，也渐渐摈弃了天地之道，沉迷于法术刑名，蜕变成入世甚深的新的派别。尽管各家学说持论不同，但皆"持之有故，其言之成理，足以欺惑愚众"（《荀子·非十二子》），彼此一时都无法说服对方，也不愿意被对方所说服。甚至，各派的思想家们"皆以其有为不可加矣"（《庄子·天下》），都以为自己的思想已经达到登峰造极、无以复加的境地。因此，各家之间展开了旷日持久的争论，彼此抨击对方的错谬与偏颇，以证明自家学说的合理与雄辩。尽管诸子之间并非没有相互借鉴与取长补短，但尚未达到兼容并蓄、融会贯通的时候，其对立与排异，大大超出了认同与吸纳。

庄子《天下》篇，荀子《非十二子》篇和《解蔽》篇，对当时各派的思想皆有所评述。在庄子眼里，有真人方可有真言，除了自己承接的老子、关尹是"古之博大真人哉"，有着令人叹服的真知灼见，其他人的思想皆有不周与荒谬之处："天下大乱，贤圣不明，道德不一。天下多得一察焉以自好。譬如耳目鼻口，皆有所

穷尽人性的可能——中国古典人文主义叙述

明，不能相通；犹百家众技也，皆有所长，时有所用。虽然，不该不遍，一曲之士也。判天地之美，析万物之理，察古人之全。寡能备于天地之美，称神明之容。是故内圣外王之道，暗而不明，郁而不发，天下之人各为其所欲焉以自为方。悲夫，百家往而不反，必不合矣！后世之学者，不幸不见天地之纯，古人之大体。道术将为天下裂。"（《庄子·天下》）因为立场视角的限制，各家各派，只窥见天地万物的某一个侧面、某一个层次、某一个局部，不能从内里贯穿，通达透彻，完备地领悟天地之大美，全然地把握内圣外王之道，并加以灵活变通地运用，只能将局部范围内成立的义理推而广之，或将天地之道归结为某一个片面的义理。这些顾此失彼、以偏概全、道理不能周遍的人，被他称为"一曲之士"。

荀子自认为是当时最清醒的人，在他看来，除了他信奉的孔子，"群天下英杰而告之以大古，教之以至顺"（《荀子·非十二子》），其余各家学说，皆暗于大理，蔽于一曲："墨子蔽于用而不知文。宋子蔽于欲而不知得。慎子蔽于法而不知贤。申子蔽于势而不知知。惠子蔽于辞而不知实。庄子蔽于天而不知人。……此数具者，皆道之一隅也。夫道者，体常而尽变，一隅不足以举之。曲知之人，观于道之一隅，而未之能识也，故以为足而饰之，内以自乱，外以惑人，上以蔽下，下以蔽上，此蔽塞之祸也。"（《荀子·解蔽》）这些喧嚣一时的学说，均不能完整地把握道体，应对各种可能的变化，反而"欺惑愚众"。显然，荀子对各派思想的批判更为偏激，就连同为儒家体系内的子思、孟轲的思想，在荀子看来也是一种罪孽与流毒。

在百家争鸣的学术浪潮中，各家学说都不同程度上受到了来自他家的诘难，而墨家、道家与法家对儒家抨击与嘲讽尤为激烈。儒者的不信神明、厚葬薄生、爱有差等，都受到墨家批斥；儒家温和的德治理念，成了法家激烈攻击的靶子；儒家用于规范行为的礼教，也受到来自道家的嘲讽，让其为时下虚伪的道德风尚背黑锅："大道废，有仁义；智慧出，有大伪；六亲不和，有孝慈"（《老子》第十八章）；"夫礼者，忠信之薄，而乱之首"（《老子》第三十八章）。庄子更是常常拿儒家的先师孔子当玩笑开。

这一历史阶段，在多元并存的文化格局中，各家各派都处于相互排异与贬损的状态，人们都是依据自己信奉的学派，来建构自己的文化人格，所吸纳的思想文化资源往往都是单一的，由此造就的人格，也多是单向度的人格：道家即是道家，儒家即是儒家，法家即是法家，墨家即是墨家，文化人格十分鲜明，人格内涵相当单纯，呈现出来的辨识度也毫不含糊。各派的代表人物如此，不是代表人物但忠于某派理念的士人，也大抵如此。屈原、李斯就是其中的典型。多元文化结构与单向度文化人格共存，是这个时期最为显著的特征。

（2）儒家典型人格：屈原

虽然生活在相对偏远的南方，屈原（约前340—约前278）却是一个纯正的儒家士子；他是中国诗歌的开山鼻祖，但其最重要的身份却是三闾大夫。《离骚》是他的诗歌代表作，更是他个人的精神自传。从他的生平和这本诗传里，可以清晰地看出，屈原是在儒家文化的浸润中成长起来的。他十分重视个人品格的修养，并且陶醉于自身德性的芬芳之中。作为儒者，他的修养不仅仅为了独善其身，而且是为了民生与家国命运的改变。

"帝高阳之苗裔兮，朕皇考曰伯庸"，"纷吾既有此内美兮，又重之以修能"（《离骚》）。屈原为自己贵族的出身倍感自豪，但更重视自己心性的修为。为了将世间的美德荟萃于一身，使自己成为精神意义上的美人，他"制芰荷以为衣兮，集芙蓉以为裳"，朝夕不停地采撷江离、辟芷、秋兰等"香草"，来披挂在自己身上，将馥郁的芬芳内化为自己的情操。他不与世俗同流合污，勤于洗濯内心的污秽，以保持高洁的精神相貌。在世人面前，他戴着巍峨的高冠，长长的佩剑也打造得光芒闪耀："高余冠之岌岌兮，长余佩之陆离。"世人为权威、财货与虚名骄傲，他只为自己士子的品质自豪。唯一使他感到不安的，只有岁月匆匆流逝，不给他足够的时光来完成自己人生的使命，但他内心的决绝丝毫没有动摇："亦余心之所善兮，虽九死其犹未悔。"只要投身于自己所向往的事业，死多少次他都心甘情愿，即便遭到肢解也在所不惜："虽体解吾犹未变兮，岂余心之可惩。"

　　前321年，秦军进犯楚境，十九岁的屈原带领家乡的青年，灵活地使用游击战术，有力地打击敌人，因而声名大作，之后被楚怀王任命为县丞。不满三年，明于治乱，娴于辞令的他，升任左徒，跻身于大夫之列，参与讨论社稷大事，出使他国，接待宾客，深得怀王的信赖。然而，正当他要革除弊制，大展宏图，推行先王之道，想象自己像一匹骏马疾驰飞奔，给追随者们带路的时候，却受到同僚的嫉妒和外敌的离间："众女嫉余之蛾眉兮，谣诼谓余以善淫。"改革触动了旧贵族的利益，也给他带来无尽的麻烦，他被罢去左徒之职，逐出权力的中心，流放到了汉北地区。此时，楚怀王竟然起用秦国派来的纵横家张仪为相国，并轻信秦国的欺诈，以空许的商於之地换取楚国与齐国的绝交，将国家卷入毫无胜算且无休无止的战争之中。他苦苦的进谏无人听信，只能在《楚辞》悲怆的曲调中排遣心中积聚的情愫："袅袅兮秋风，洞庭波兮木叶下。"

　　与秦国的战争失败之后，屈原得到重新启用，但他发现，此时，自己置身的政治环境已经十分恶劣。《离骚》里有这样的感慨：

"惟夫党人之偷乐兮,路幽昧以险隘。岂余身之惮殃兮,恐皇舆之败绩!""虽萎绝其亦何伤兮,哀众芳之芜秽。众皆竞进以贪婪兮,凭不厌乎求索。羌内恕己以量人兮,各兴心而嫉妒。忽驰骛以追逐兮,非余心之所急。"在"世溷浊而不分兮,好蔽美而嫉妒"的官场形势下,他很快又被怀王疏远了。面对江河日下的国家态势和日益深重的民生疾苦,他空怀一腔抱负而无所作为,只能仰天长叹:"长太息以掩涕兮,哀民生之多艰。"孤独中的抑郁,更是让他无法忍受,生命也变得难以持续:"怀朕情而不发兮,余焉能忍而与此终古?"他要辅助的楚怀王,在国家治理上昏庸无能,竟然像头野猪那样一而再地钻进秦人的圈套。

公元前229年,秦军再度进攻楚国,掠夺了八座城池,要求怀王亲到武关谈判。屈原苦苦进谏,千万不可进入这个虎狼之国,但慑于秦人淫威,怀王还是前往,最终被劫往咸阳,并客死异国。新王上位后,屈原很快就被免去三闾大夫之职,放逐到江南阴湿之地。也就在这时候,秦军开始了新的大规模进攻,一举踏平十五座城池,砍下了五万颗人头。流放途中的屈原,看不到任何希望,感到昔日的芳草已经枯槁,失去了曾经沁人的芬芳:"兰芷变而不芳兮,荃蕙化而为茅。何昔日之芳草兮,今直为此萧艾也?"身上宝贵的玉佩,委弃在沼泽淤泥之中:"惟兹佩之可贵兮,委厥美而历兹。"但他仍然不愿意放弃自己的操行,与人们同流合污:"委厥美以从俗兮,苟得列乎众芳。"入世太深,缺少道家超脱精神的屈原,实在承受不了不断复加的家国苦难。但在治国平天下的方向上,他的人生不能进又不能退,既不能兼治,又无法独善,陷入了穷途末路,想找个安身之地却又不知所止。进退失据,没有回旋之地的他,只好用自己的生命为家国殉葬,完成孟子舍生取义的精神,并留下一首供后人咏叹千年的挽歌。前278年,秦将白起攻下了楚国都城郢都，楚顷襄王与王公贵族狼狈出逃。目睹国破家亡的屈原，将自己沉重的躯体投入汨罗江中。临终前，唯一让他感到欣慰的是，自己的道德品质，如同天上的月亮丝毫没有亏损："唯昭质其犹未亏。"

屈原的人格是单向度的人格，虽然亦以修身为本，但修身的目的却是投身社会，带有强烈的入世倾向，缺少道家的出世情怀。即便在儒家的体系里，他也缺少孔子"思无邪"与"咏而归"的人生旨趣，一头扎进治国平天下的事业里。因此，他能够消化的生存经验十分有限，在应对社会人生的跌宕变化之中，一旦面临逆境，济世的抱负付诸东流，这种人格就会出现转不动或是失灵的状况，而杀身舍命也就成了保全仁者人格最后的方式。

（3）法家典型人格：李斯

法家是从道家分化出来的，但到后来，法家人物醉心于政治生活里的法、术、势，把天地之道都抛到一边了。从创始人慎到开始，法家便特别迷信权势地位的力量，而轻蔑人格的感化作用。慎到自称"吾以此知势位之足恃，而贤智之不足慕也"，还说："贤智未足以服众，而势位足以诎贤者也。"（转引自《韩非子·难势》）他反对儒家与墨家的尚贤精神，主张"君立则贤者不尊"，将人格与权威对立起来，视人格影响力为政治权力的敌人。因此，同为道家出身的庄子批判慎氏"笑天下之尚贤也"，荀子也指责慎到"蔽于法而不知贤"。法家全神关注国家霸权的争夺与社会秩序的稳定，崇尚严刑酷法，重视权位上的趋炎附势，喜欢玩弄韬略谋术，忽略甚至无视人格的高贵与完善，对修身之事不以为然。因此，法家人物的精神人格往往乏善可陈，少有道德君子，多有阴险狡诈酷虐之徒，李斯（？—前208）与商鞅就是他们当中的典型。诸葛亮曾经指出：商鞅长于理法，不可以从教化。

李斯还是楚国上蔡一名小吏的时候，就为自己的前途打起了算盘。上厕所时，看见粪坑里的老鼠模样猥琐狼狈，见到人和狗就张皇逃窜。官府粮仓里的老鼠却迥然不同，吃起粟米来从容淡定，不慌不忙。同为鼠类，因境遇不同，生存状态竟然有如此大的差别，这让李斯想到了慎到的名论：龙蛇只有凭借云雾才能飞腾，一旦云消雾散，它们失去凭借，就会掉落地上，跟蚯蚓没有什么区别。发了一番感慨之后，李斯决意辞职不干，离开家乡，到齐国去拜当时享有盛名的荀子为师，学习帝王之术，并成为韩国公子韩非的同学。

学有所成之后，经过一番权衡，李斯来到了西边的秦国，做了宰相吕不韦的门客。崭露头角之后，他有机会接近雄视天下的秦始皇，并不时向其进言献策，称秦国统一天下的时机已经降临，大王千万不可错过；还提出了一系列离间各国君臣的计策，因此得到了秦始皇的重用，被提拔为长史。按照李斯运筹，秦王派人持金玉去各国秘密行贿，离间六国的君臣。此举收到了令秦王喜出望外的效应，李斯于是又被封为客卿。

秦王一统天下的勃勃野心，引起六国当政者的惶恐，纷纷派奸细来到秦国做宾客。朝堂上议论鼎沸，秦王于是下了逐客令。在驱逐之列的李斯，斗胆向秦始皇上了一道著名的奏疏《谏逐客书》，雄辩滔滔地陈述外国士子为秦国发展做出的贡献。杀伐果断的秦始皇，最终还是收回成命，对李斯重用有加，采纳他的诸多建议，推行了一系列改革与强国战略，并将战国七雄中最是弱小的韩国，作为最先吞噬的小鱼。

韩国公子韩非意识到家国命运危在旦夕，多次向父王进谏，希望能够按自己认准的法家路线变法图强，但始终都得不到采纳。孤独与悲愤之中，他写下了《孤愤》《五蠹》《说难》等十余万言著作，成为法家思想的集大成者。刻有这些文字的竹简流传到诸国，秦王嬴政读了《孤愤》《五蠹》之后，大为感慨："嗟乎！寡人得见此人与之游，死不恨矣。"于是便问李斯，文章乃谁所为？李斯说，这是自己同学韩非的论著。为了得到韩非本人，始皇立即下令攻打韩国。泰山压顶之下，韩王只好安排韩非出使秦国，其实是将其子送货上门。嬴政见到韩非十分兴奋，却迟迟未加信用。这其中自然有同窗李斯的原因。韩非的到来，让自惭弗如的李斯心生嫉恨，担心这位同学不久将取代自己的地位，欲将其挤出权力核心。精通谋术的他，开始在这位同学身上用计。

或许是出于家国情怀，韩非上书劝谏始皇先讨伐赵国，暂缓攻韩。李斯逮住这件事情，联络同党给嬴政进言："韩非，韩之诸公子也。今王欲并诸侯，非终为韩不为秦，此人之情也。今王不用，久留而归之，此自遗患也，不如以过法诛之。"(《史记·老子韩非列传》)信奉法家思想的秦王采信了他们的说辞，将韩非打入牢狱问审。李斯乘机派人给韩非送去了毒药，让其自行了断。某日，嬴政忽然想起狱中的韩非，甚是后悔，便下令立即赦免，然而得到的禀报是：韩非已经自尽。李斯可谓杀人不见血。

同学韩非死后，李斯在嬴政身边的地位愈加重要，他辅助秦王征服六国，统一天下，以郡县制取代分封制，在全国范围内统一文字、货币、度量衡和车辆轨距等，成就了秦人的霸业，立下了不可磨灭的历史功勋。他自己也成为人中龙凤，从一介布衣摇身变成位极人臣的帝国宰相，不仅昔日茅坑里的老鼠进入了官仓，烂泥里的蚯蚓也成了出没云中的飞龙，实现了作为法家人物的最高理想。

前210年，秦始皇巡游时候暴卒沙丘，宦官赵高与李斯合谋发动"沙丘之变"，篡改始皇传位诏书，废公子扶苏而立胡亥为秦二世，变异社稷神器。然而，胡亥上台之后，为了修好阿房宫，大量征发徭役，激起了底层社会的不满，动摇了国家的根基。李斯同右丞相冯去疾等人联名上疏，劝谏胡亥，反遭逮捕入狱。赵高借机诬告李斯与其子李由谋反。酷刑之下，李斯被迫承认，于前208年7月被腰斩于咸阳，还夷灭三族，与为秦国崛起建立丰功的法家巨子商鞅，落了同一个下场。

行刑当天，李斯与二儿子李由一起被推上法场，他回头对儿子说："为父真想像当年那样，和你一同牵着黄犬，到上蔡东门外的野地里去追逐狡兔啊，可现在已经做不到了。"父子于是相视而哭，这就是历史上著名的"黄犬之叹"。一年之后，以法家思想立国，以韬略谋术取天下，缺少德治基础的秦王朝也宣告覆灭。

尽管追溯起来，法家思想可以归源于老子开创的道家，但他们背离老子"治大国如烹小鲜"的理念，更不在意什么玄德的亲证，为人做事往往无所不用其极。为了获取外治方向上的成就和个人的功名富贵，牺牲人格乃至性命也在所不惜。虽然在霸业的建立与个人地位的飞黄腾达方面，有一定的作为，但在人格完善、人性升华方面一败涂地。以人性堕落与人格腐败来成就治平事业，在儒者看来是本末倒置，是斯文扫地的现象。由阴险狡诈之人组成的社会，无异于群魔乱舞的人间地狱。

2. 汉魏：二元互补的双向度人格

（1）儒道互补结构的形成

秦帝国崩溃之后，进入休养生息的汉代，焚书坑儒等反人文运动终于收场，为皇权霸业所伤的文化元气得以喘息。各派思想相互排异与否决的势头也衰减下来，进入相互吸纳与充补的阶段。兼容

穷尽人性的可能——中国古典人文主义叙述

并蓄的求同倾向，取代了标新立异的势能。各家思想都呈现出一种杂家化的趋向，出现了许许多多带有杂糅特性的著作，如刘向主编的《说苑》、淮南王刘安主编的《淮南子》。即便是被认为是某一家的著述，也渗透了诸家的思想。如被视为是儒家著述的《易传》，就融入了诸多道家的理念。董仲舒的《春秋繁露》将阴阳家的思想引入了儒学，与轻德性而重礼仪的"小人儒"结合成一个体系，并在汉武帝御用下，上升为国家意识形态；道家巨著《抱朴子》，在外篇里更是大量阐述了儒家治国平天下的内容。"汉武帝虽然主张'罢黜百家，独尊儒术'，但此时的儒家已多吸收黄老、阴阳、法家诸家思想，且宣帝则以'王霸杂用'为治。"（汤一介，《论儒、释、道'三教归一'问题》，引自张广保、杨浩主编，《儒释道三教关系研究论文选粹》，第50页，华夏出版社，2016年）

　　对于这种道非道、儒非儒的杂家化流向，有的学者如劳思光等，做出了颇为激烈的批判，认为："汉代知识分子于儒则不解孔孟之本旨，于道则不解老庄之精义……此实由于秦火之后，各家典籍散佚，学统断绝，故先秦各家学说之本旨，皆每不能为汉人所了解。"〔劳思光著，《新编中国哲学史》（二卷），第91页，广西师范大学出版社，2005年〕"盖两汉学风，愈到后期，即愈有打乱一切思想立场之趋势，儒道混杂已非一日，玄谈之士在此风气影响下，对儒道之态度常欠明朗。"（同上，第122页）然而，从儒道并立到儒道合流，融会互补，这是历史的进步和必然，于中华文化的发展意义积极，不应该加以谴责。

　　汉代的意识形态，经历的崇道与尊儒的两个阶段，因此，在杂家化的思潮中，仍然可以看出，儒学与道学是当时学术的主流，在总体上形成儒道二元互补的结构，差别只是以儒补道，还是以道补儒的问题。在这种背景下，儒道二元互补的双向度文化人格，成为一种普遍的存在。

（2）双向度人格的几个标本

扬雄与葛洪

弃世近三百年之后，屈原终于等来了自己的精神追随者，此人就是汉代文学家兼思想家扬雄（前53—18）。自小喜欢辞赋的扬雄，远慕司马相如，更景仰才情远在相如之上的屈原，对屈原大夫怀高才而不遇明主，"卷薜芷与若蕙兮，临湘渊而投之"，"违灵氛而不从兮，反湛身于江皋"的遭遇，予以深切的同情。读着《离骚》等遗世之作，扬雄"悲其文，读之未尝不流涕也"。模仿《离骚》，他创作了《广骚》《怀沙》等文赋，与屈原大夫隔空对话，还专门写了一篇《反离骚》的辞赋，自岷山投入滚滚长江之中，表示对屈子的深情祭奠。不过，尽管认同屈原身上儒者的家国情怀，但他却不赞同其以死明志的方式："以为君子得时则大行，不得时龙蛇，遇不遇命也，何必湛身哉？"他是一个兼具道家精神素养的儒者。

扬雄祖上为了避仇溯江而上，在岷山之阳的坡上以农桑为业。五世单传，到了扬雄时"家产不过十金，乏无儋石之储"，一家人"离俗独处，左邻崇山，右接旷野，邻垣乞儿，终贫且窭"。但扬雄处之"晏如"，"不汲汲于富贵，不戚戚于贫贱，不修廉隅以微名当世"（《汉书·扬雄传》），唯一的嗜好就是阅读圣哲的著述。

扬雄年轻时就提着十条腊肉，到横山拜道家隐者严君平为师，终日浸淫于《老子》《庄子》和《周易》之中，达八年之久，养成了淡泊荣利、以道为乐的性情。尽管如此，他也没有把自己变成一个纯粹的道人，而是"博览无所不见"，并返道归儒。在他看来，孔子才是最大的圣人，离开舟船就无法渡过江河，离开五经就不能通达大道。他声称："仲尼之道犹四渎也，经营中国，终入大海；

他人之道者，西北之流也，纲纪夷貉，或入于沱，或沦于汉。"（扬雄《法言·君子》）他还深深感慨，孔子死后，圣道的传承受到了堵塞，不得通畅，慨然以扫除"塞路者"为自己的使命。

以辞赋蜚声文坛之后，四十多岁的扬雄来到京师，在老乡的引介下得到皇帝的召见，获得黄门侍郎的职位，成了汉成帝身边的文学侍从。他常以辞赋讽谏皇帝，批判弊政，以素其位而行之的方式，恪尽自己的职责。在最高权力拥有者那里，扬雄的劝谏很少能发挥作用，二十年间职位也未曾升迁，但他仍泰然处之。晚年，他自觉文赋乃童子雕虫篆刻，壮夫不为，转向道家哲学的研究，在贫寒淡泊的生活中，沽酒独酌，参悟天地奥妙，完成君子人格并陶醉其中，撰述了《法言》《太玄》等著作，将源于老子之道的"玄"作为最高范畴，建构宇宙生成的图式。韩愈赞他是"大纯而小疵"的"圣人之徒"。司马光更是尊他为孔子之后，超荀越孟的一代"大儒"。他的身上，体现着儒道互补的文化人格。这种双向度的二元人格，自汉代至晋唐，成了一种普遍的文化现象。

如果说扬雄的文化性格是以儒为主，以道为辅，那么后来的葛洪（约281—341），则是以道为体，以儒为用。葛洪比扬雄晚出生二百多年，家世颇为显赫，但十三岁那年，父亲在邵陵太守任上忽然弃世，家道因此中落，陷于饥寒窘迫之中。葛洪像农夫一样进入田间地头劳作，并以砍柴所得来换取纸笔，有时候甚至用柴火来写字，直到糊成一片。十六岁起，他开始读《孝经》《论语》《诗》《易》等儒家经典，广泛涉猎史书与百家之论，常常吟读抄写直至深夜。在自叙里，葛洪自称性情迟钝粗野，相貌丑陋，但不顾影自怜或加以掩饰。房屋漏雨，衣衫褴褛，鞋帽破烂，他也不觉得羞耻。对于市井斗鸡博弈等活动，他"了不目盼"，认为这些玩法使人"心热于中，颜愁于外，名之为乐，而实煎悴"。

葛洪不喜交际攀附，时常闭门不出，寡言少话，不得其人，终日默然。有一次，在他乡遇见两个故知，彼此对视了许久，都没说一句话。但为了自己喜欢的方术，他不惮险远寻访隐者高人，一度师从道人郑隐学习丹法，得到了特别的栽培，还练就了一些弓箭与刀剑功夫，善使单刀双戟，人文造诣外儒内道。

晋惠帝太安年间，石冰作乱，二十一岁的葛洪，应吴兴太守之召，出任将兵都尉。他登高振臂，招募数百人的兵马参加讨伐。在作战中，他治军极为严明。一次，攻破强盗的一个据点，那里钱币布帛堆积如山，珠宝珍玩撒得遍地都是，各路将领皆放任士兵抢夺财物，只有葛洪统领的队伍，保持整齐的队列。一有拾取财物者，当即斩首示众。接下来，埋伏在周边的强盗突然发起反扑，各路军队陷入惊慌与混乱之中，伤亡惨重，只有葛洪的军队严阵以待，最终挽回了败局。战场上，葛洪个人的表现也十分英勇，在被包围的危急关头，曾以弓箭射杀二贼一马，逃离险境。骚乱平定之后，葛洪被授予伏波将军的威名，但他认为"讨贼以救桑梓，劳不足录"，将封赏财物分赐给部属与贫民。在从集市上买肉沽酒犒劳将士之后，他便功成身退，径往洛阳，搜求异书秘籍以充实自己的学养。

"八王之乱"发生后，葛洪离开中原，到广州刺史嵇含帐下任参军。嵇含被仇人杀害之后，他滞留南方多年，跟南海太守鲍靓修习养生术，还与鲍靓的女儿成婚，对各路入幕加盟的邀请概不应接。历经世变的他，深感："隆隆者绝，赫赫者灭，有若春华，须臾凋落。得之不喜，失之安悲？"不如修道养性，自我完成："在我而已，不由于人焉。"（《抱朴子外篇·自叙》，中华书局，1991年）原想遁入山林清修，但山中时有来人造访，且不便拒绝。自觉道不在山林，于是返回家乡，关起门来独善其身，所有礼请邀约皆不应承，一任蒺藜在屋檐下疯长，野草没过了台阶，连主人自己也要拔去藤萝才能出门，推开野草才可以进屋。然吊丧他人父母，问候贫苦病患之人，葛洪却是一定要到场。就这样，他以市井生活为道场，来修养自己的德性，心行之细密令人感叹。

葛洪认为，即使对于圣人而言，了解别人也是件困难的事情。浮杂之交，口合神离，非但无益，反而有损。人不能断绝一切交往，但在往来中要尽可能做到真心相处，不能以自己的长处与别人的短处摩挲消耗。每次和别人交谈，他都将话题尽可能控制在对方的知识视野之内。与有学之士辩论，只求能对彼此有所启发，不极力追求究竟的对错，弄得对方尴尬难堪，没有回旋的余地。至于那些无法与人说清楚的事情，就以自己不知道为由推辞，免得浪费唇舌。葛洪不喜欢麻烦官府大员，但为了救助蒙受冤枉的朋友，也不得不与当权者交涉。自家粮食费用匮乏，或急需药物来配齐方剂时，他会向朋友发出呼声。得到人家的接济，他也不客气辞让。受人的帮助，他总是日后慢慢随缘报答，让人感觉不到。街坊邻居有时送来酒菜问候，他的答谢也不在当时。他不喜欢以物易物、投桃报李的感觉。当然，如果不是一类人，他就不随便接受人家的馈赠。家里的食物如果有了十天以上的储备，他便会拿出一些来接济困窘的人；倘若所剩不足，也不勉强割舍，“不为皎皎之细行，不治察察之小廉”（《抱朴子外篇·自叙》，中华书局，1991年）。

葛洪不谈论别人的过失与隐私，即便童仆有丢面子的事情，也不拿来当玩笑开。在推辞不过的情况下，谈论人事也只是说出好的方面。对于那些贪婪残暴昏乱愚昧之辈，就以不熟悉不了解来作答。即便是对同姓子弟的评价，也交由宗族长老。在他看来，人最了解的是自己，但我等对于自己也难以论断，更何况是别人呢。然而，对于谋取不正当利益的人，葛洪却是相当憎恶。那些掌握话语权，靠举荐他人来获取酬劳的人，那些拥有地位权势，收取贿赂与不义之财，制造社会不公，冤屈民众，欺凌无辜弱者的人，那些在官府之间奔走钻营，钓取名誉地位的人，葛洪概不交往，曾经交往的也割席断交。因此，他居住的小巷极少有车马的辙印，院子里随便就可以抓到麻雀，几案和席子上积满了灰尘。他曾有过这样的独白：我对荣华富贵的前途从不期待，只是心安理得地生活在境遇之中。吃粗杂的食物照常觉得甘美，居住茅屋与华堂一样觉得快乐。权贵之家，近在咫尺他也不去逢迎；深通道义之人，千山万水也一定去造访。

东晋开国之后，携衣冠家族南渡的晋元帝司马睿，追认葛洪十几年前的战功，赐给他关内侯的爵位，以句容地方二百户作为食邑。葛洪上书坚辞，但正好遇新的条律颁行，朝廷的诏令一概不得推拒。考虑到中原地面贼寇猖獗，天下尚未太平，国家需要赏罚分明的律法来收拾河山，维护朝廷的权威，他于是收回个人的想法，恭顺地接受了皇帝的任命。

咸和初年，司徒王导召葛洪出任一个州的主簿，再转为司徒掾，迁谘议参军，还有人推荐他担任国史编修、散骑常侍等职，葛洪皆固辞不受，反而请求出任交趾地方的一个县令。因为与他资历声望不相应，皇帝未应允他的请求。葛洪对此做出解释："我并非沽名钓誉，而是因为那个地方有丹砂可供修炼。"皇帝这才准许。途经广州，刺史邓岳告诉他，他辖区内的罗浮山是神仙洞府，秦代安期生就是在此服食九节菖蒲羽化升天的，并表示愿供他炼丹的原料。葛洪于是中止行程，隐居罗浮山炼丹著述，兼以行医讲学，泽被一方，并留下了《抱朴子》《金匮药方》《肘后备急方》等流传后世的著作。其间，邓岳曾想请他出任东莞太守，但还是遭到拒绝。多年以后的一天，邓岳收到了葛洪的来信，称自己即将远行寻师，并且立刻就要启程。当邓岳慌忙赶到罗浮山时，葛洪已经在端坐中入化，如同熟睡一般，看起来面色如生，身体柔软，只是没有了呼吸。入殓时身轻如鸿，人们因此相信他是尸解升仙了。他完成了内道外儒的人格建构，既不负家国社会，也不负自己的身家性命。

《抱朴子》内篇二十卷，外篇五十二卷。"其《内篇》言神仙方药、鬼怪变化、养生延年、禳邪却祸之事，属道家；《外篇》言人间得失，世事臧否，属儒家。"（《抱朴子外篇·自叙》，中华书局，1991年）这是一部儒道合璧的巨著，体现了葛洪神仙养生为内，儒术应世为外的主张。书中指出："欲求长生者，必欲积善立功，慈心于物，恕己及人，仁逮昆虫，乐人之吉，愍人之苦，周人之急，救人之穷，手不伤生，口不劝祸，见人之得如己之得，见人之失如己之失，不自贵，不自誉，不嫉妒胜己，不佞谄阴贼，如此乃为有德，受福于天，所作必成，求仙可冀也。"想要修炼成仙，不能一味地遁入山林，远离尘嚣，还必须投身齐家治国平天下的事务，以忠孝仁信为本修炼德行，积累功德福报。因此，"上士得道于三军，中士得道于都市，下士得道于山林"。对于庄子的避世倾向和"狭细忠贞，贬毁仁义"，嘲讽礼教的言论，他也予以批判与矫枉。

从东汉灭亡到隋朝统一天下，中国经历了数百年的乱世，治国平天下的道路变得十分艰难，穷达进退之间，如屈原那样单向度的人格，应对起来极不容易。因此，儒道二元的双向度人格，成为这个历史段落里颇为普遍的范式。以道独善，以儒兼治，穷则独善其身，达则兼治天下，成为士人们安身立命的方式。"竹林七贤"这个群体和后来的陶渊明，是这个时代的典型人格。他们当中，最具代表性的要数阮籍、嵇康与陶渊明。他们的人格，体现为儒道的二重性，也带有某种程度的精神分裂，儒家与道家的思想资源，在国人的文化人格中尚未实现有机的统一。

阮籍与陶渊明

人们一般把阮籍与嵇康、何晏、王弼、向秀、郭象一起，列入魏晋玄学的代表人物，而把玄学视为道家的一种新的形态。其实，这些人物都在不同程度上带着儒家的色彩，甚至可以说，儒家才是他们的底色。而作为道家，他们全都没有先秦道家的功夫造诣与精神境界，也没有像时代相近的葛洪那样访道求真，只不过是安身立命的方面借用了道家的思想资源。他们当中的一些人，其实终生都在儒与道、入世与出世之间徘徊彷徨，人格的结构并不稳定，有的甚至处于一种撕裂的状态。

阮籍（210—263）出身于官宦之家，父亲曾任魏国的丞相掾。自年少时起，他就潜心研习儒道各家的典籍，"或闭户读书，累月不出；或登临山水，经日忘归"；还学得一手好剑术，挥舞起来"英风截云霓，超世发奇声。挥剑临沙漠，饮马九野垧"（《咏怀诗》其六十一）。在内心深处，阮籍其实早已发起治国安邦的强烈愿心。他曾经登上当年刘邦与项羽交战的广武山，面对沟壑纵横的古战场深深感慨：时无英雄，遂使竖子成名！言下之意是，倘若自己生逢其时，就没有刘邦项羽他们什么事儿了。

以盖世英雄自任的阮籍，很难屈尊于鼠辈之下，他内心的桀骜难以掩抑。然而，"魏晋之际，天下多故，名士少有全者"。在当时动荡的政局中，治平的道路布满了荆棘与叵测的陷阱，政治风险极高，庙堂之下煞气森森，权力核心地带的生存，如同刀刃上的舞蹈，稍不留神就会断送身家性命。对于这种危殆的时局，阮籍心存警觉，曾多次以力不能胜或身体欠佳为由，回绝让他任职的檄召。曹爽辅政时，请他出任参军，但他称病辞谢。一年之后，司马懿发动政变，人们都佩服他有先见之明。

正始十年（249年），杀死曹爽之后，司马懿独专朝政，又接连杀了何晏、邓飏、夏侯玄等名士，还株连了不少人，致使朝廷之上人人自危。阮籍政治上原本同情曹魏，对司马氏集团心存排斥，却不敢有任何表示，惧于淫威，还不得不在朝中任职求存，从从事中郎一路做到散骑常侍，被封为关内侯。然而，"繁华有憔悴，堂上生荆杞"（《咏怀诗》其三），不安与恐惧始终萦系于胸，他曾暗自感叹："一身不自保，何况恋妻子。"（同上）在朝为官，给他带来足够丰厚的利禄，但这些利禄都不是白给的，随之而来还有不测的患祸和内心的煎熬："黄金百镒尽，资用常苦多。北临太行道，失路将如何？"（《咏怀诗》其五）"膏火自煎熬，多财为患害。布衣可终身，宠禄岂足赖。"（《咏怀诗》其六）他恨自己生不逢时，盼望着清明时势的出现，来展示自己的不世之才："安期步天路，松子与世违。焉得凌霄翼，飘摇登云湄。"（《咏怀诗》其四十）

正始年间，阮籍与嵇康、山涛、刘伶、王戎、向秀、阮咸等七子，以酒助兴，共为"竹林之游"。山水之间无拘无束的交流，给他留下美好的回忆，但短暂相聚之后，众人便像竹林中的叶子一样随风飘散了。此后，他内心的孤独与焦虑无人可以分担："独坐空堂上，谁可与欢者？"（《咏怀诗》其十七）

在《咏怀诗》里，他把自己心态描写得十分真切："一日复一夕，一夕复一朝。颜色改平常，精神自损消。胸中怀汤火，变化故相招。万事无穷极，知谋苦不饶。但恐须臾间，魂气随风飘。终身履薄冰，谁知我心焦。"（《咏怀诗》其三十三）"一日复一朝，一昏复一晨。容色改平常，精神自飘沦。临觞多哀楚，思我故时人。对酒不能言，凄怆怀酸辛。愿耕东皋阳，谁与守其真。愁苦在一时，高行伤微身。曲直何所为，龙蛇为我邻。"（《咏怀诗》其三十四）与龙蛇为邻的他，终日如履薄冰，随时都可能步何晏、邓飏的后尘，鲜血喷溅，成为刀下的冤魂。在这种情况下，他不得不寻找一条退路，而这条退路也只能在自己的内心寻找，因为现实之中已经无路可逃了。

因此，当狼子野心路人皆知的司马昭想要与他联姻时，内心无措的阮籍只好求助于酒，一连六十天酩酊大醉，使提亲一事不了了之。而当那个擅长告密，后来把嵇康送上断头台的钟会，多次来试探他对时局的看法时，他也是将自己灌醉，拿酒来打掩护，似乎除此下策就没有别的办法了。听说步兵营厨房善于酿酒，而且已经储存了三百斛之多，便请求出任不执兵权的步兵校尉，让人觉得他对杯中之物的喜好远胜于权柄，也避免在司马昭的大将军府与狼共舞。尽管伪装得如此巧妙，他的内心并未全然释怀，因为与他一起玩弄法术的，可都是些高智商的对手。于是，有时他会独自驾车出城，不择道路地策马狂奔，直至无路可走时，就如丧考妣地放声痛哭一场，释放内心的恐惧与忧愤，倒空之后才落寞地返回。在山间野外，他有时会禁不住像找不到食物的狼一样，发出长长的啸声。时至今日，开封城附近还留有后人为他建立的啸台。

在这种处境下，儒家的思想已经不够用了，必须借助道家的资源，才可以让自己的生存得以持续。为了避免像何晏那样死于他人之手，或是像屈原那样死于自己之手，阮籍浸淫在老子与庄子的文字当中，玩味其中幽微的意思，写下了《通老论》《达庄论》与《大人先生传》等玄妙的文章，仿佛就是老庄二子的流水知音。然而，他并没有老庄那样致虚极，守静笃，去做玄鉴与心斋的功夫，窥探众妙之门背后的奥秘，只是把道家思想当作一种解药来服用，就像把酒当成慰藉之物，来排解内心抑郁的情愫，治疗外人看不见的深深的内伤。他在文字上的发挥，是对自己情结的开解，与老庄的原旨还有相当的距离，更谈不上独与天地精神相往来。他所描绘的"与造物同体，天地并生，逍遥浮世，与道俱成，变化散聚，不常其形"（阮籍《大人先生传》）的"大人先生"形象，只不过是思维的模拟与想象力的塑造，并非真实的精神人格。

一日，阮籍正在与人下棋，忽然传来母亲逝世的消息。对手请求中止棋局，阮籍却非要杀出个胜负不可。过后，竟一口气喝下一斗酒，放声苦吼，吐出几升红艳的血。母亲下葬前，他又吃掉一只小蒸猪，灌了二斗酒，才去与母亲诀别，之后大哭一声，再吐出几升血来。谁都不知道，他的抑郁有多深，他的内心其实一直在流血。阮家旁边有个酒店，店主是个靓丽的小媳妇。阮籍常和王戎到店里吃酒，醉了就若无其事地躺在小妇人身旁睡去。一户人家的女儿青春美貌，尚未出嫁就夭折了，阮籍与其非亲非故，竟跑到人家灵堂上痛哭一场。香消玉殒固然可惜，但阮籍的伤悲恐怕另有隐情。一次，他的嫂子回娘家，阮籍不仅为其钱行，还特地送她上路。针对旁人的非议，阮籍声称："礼法难道是为我辈设的吗？"这些越名教而任自然的举动，表现出他性情的率真，但与庄子鼓盆而歌，以天地为棺椁、以万物为陪葬的意旨相去尚远。他度过的每一个夜晚，其实都惊心动魄："夜中不能寐，起坐弹鸣琴。薄帷鉴明月，清风吹我襟。孤鸿号外野，翔鸟鸣北林。徘徊将何见？忧思独伤心。"（《咏怀诗》其一）从数量可观的咏怀诗可以看出，外表看来如此放达超脱的他，内心的忧患其实难以为人理解。实际上，他活得很苦，倘若没有道家思想与那些劣酒，他的生命便无法获得安慰。正是有了老庄话语的开解，他在穷途末路之处仍有回旋余地。

景元四年（263年）十月，司马昭加封晋公，位相国。路人皆知，这其实是施篡位的关键一步。按照规矩程序，由傀儡皇帝曹奂下诏加封晋爵，司马昭假意谦让，公卿大臣一同"劝进"。步兵校尉阮籍受命执笔写《劝进表》，表示拥戴。阮籍故技重演，企图以"沉醉忘作"来搪塞，但到了交稿时间，朝臣上门催促时，他知道已经躲不过去，只好提起醉笔，在旁人的扶持下一挥而就，墨迹酣畅淋漓，被叹为神笔，不愧为魏晋才子。这件违心的事情，一定让他感到莫大的屈辱，就在写了《劝进表》后的一个多月，五十三岁的阮籍就离开了人世。

正如清末诗人黄节指出的，"嗣宗（阮籍的字）实一纯粹之儒家也，内怀悲天悯人之心，然遭时不可为之世，于是乃混迹老庄，以玄虚恬淡，深自韬晦，盖所谓有托而逃焉者也，非嗣宗之初心"。尽管浸淫道学多年，阮籍本色上仍然是个儒者，其人格儒里道表，以儒立身，以道解怀。本有济世大愿的他，身处难以转身的困境，无法施展平生抱负，少年时磨炼的那把锋利的宝剑，始终都没有出鞘的机会，只好兼修道学，以老庄思想和诗酒自我抚慰，就像他在诗中表述的那样："独有延年术，可以慰我心。"（《咏怀诗》其十）由于现实的窘迫，他出世的心情变得强烈起来，常常想象着自己像一只玄鹤飞入九霄云天："云间有玄鹤，抗志扬哀声。一飞冲青天，旷世不再鸣。岂与鹑鷃游，连翩戏中庭。"（《咏怀诗》其二十一）在他的人格内部，儒家与道家的精神处在一种相互消解的状态，还不能实现水乳交融，因此，某种程度上存在着人格分裂的症候。这种症候可以视为中华文化人格演进过程的一种过渡形态。历代士人在社会进取途中遭遇挫折与险阻的时刻，无不得益于道家智慧资源的援助。他们当中的很多人，都在步阮籍与陶渊明的后尘。

魏晋时代，陶渊明（？—427）算是另一个双向度人格的典型范例。他出生在一个曾经显赫过的家族，到了父亲这一代开始没落。八岁时父亲弃世，日子就更不如从前。他"自幼修习儒家经典，爱闲静，念善事，抱孤念，爱丘山，有猛志，不同流俗"（袁行霈撰，《陶渊明集笺注》，第848页，中华书局，2003年）。熟读六经的他，一度"猛志逸四海，骞翮思远翥"（《杂诗》），但兴趣却与志向违逆，"少无适俗韵，性本爱丘山"，喜欢无拘无束的山野生活，是一个放旷任性的人。夏天到来的时候，躺在北边的窗户下，凉风从竹林间吹来，便令他陶醉无比，起都起不来身，还"自谓是羲皇上人"。玄学流行的年代，道家思想的熏养也强化了他这种性情。他的身上，同时具有儒家与道家两种修养。

像那个时代的士子一样，陶渊明二十多岁开始游宦，既是要施展儒者的抱负，也是为自己谋求生存的道路。毕竟，凉风虽爽，人不能总是在北窗下躺着。然而，一旦走入等级森严、规矩繁复的仕途，他就觉得浑身不自在，没有在北窗下那么舒坦了。于是，几次任职都半途而废，无疾而终。二十九岁时，他出任江州祭酒。管理州学教育应该是件单纯的事情，不会遇到阮籍在朝堂上的险恶境况，但没过多久，他便觉得无法适应，卷起铺盖辞职还乡。后来，州里又召他做主簿，他宁愿选择在家里赋闲写诗。为了生计他不得不下地耕田，弄得一身都是泥涂，还把身子骨儿整出病症来。这样的日子不可持续，于是又只好重新出仕。

隆安二年（398年），渊明进入桓玄幕府当差。两年后奉使前往都城，回来的路上，在一个叫作规林的地方为大风阻隔，写下了伤感的诗句："江山岂不险，归子念前涂。凯风负我心，戢枻守穷湖。"（《庚子岁五月中从都还阻风于规林》）表达了对仕途的畏惧与回归家园的渴望。一年之后，母亲过世，他在家丁忧三年。年届四旬的他，怀着"四十无闻，斯不足畏"的心态，打起精神，应召出任镇军将军刘裕的参军。可内心仍在仕途与山林之间徘徊："目倦川途异，心念山泽居。"（《始作镇军参军经曲阿作》）改任建威将军刘敬宣的参军后，陶渊明对职守之内的事情也不上心，他还是寻思着以诗歌写作来解决隐居的用度，因此也就很难干下去了。

义熙元年（405年）八月，渊明最后一次出仕，任彭泽县令。之所以愿意担任这个职务，一是因为"余家贫，耕植不足以自给。幼稚盈室，瓶无储粟，生生所资，未见其术"；二是因为"心惮远役，彭泽去家百里，公田之利，足以为酒"。刚上任，他便想将县里的公田全部种上酿酒用的黏稻，因妻儿苦苦哀求，才改为粳稻与黏稻各种一半。虽然平日里生活十分拮据，但他还照样做不来奉承上级的事情。一次，郡上派督邮来县里，尽管督邮级别不比他高，县吏还是告知他应当整顿衣冠出迎，这让他感到屈辱："我岂能为五斗米，向乡里小儿折腰！"于是，深感"质性自然，非矫厉所得。饥冻虽切，违己交病"（《归去来兮辞》）的他，任职不过八十多天时，便解官挂印而去，"引壶觞以自酌，眄庭柯以怡颜。倚南窗以寄傲，审容膝之易安"（同上），像是从牢笼里逃脱出来的囚犯。

或许是诗赋带来的名气，九年之后，朝廷召他为著作郎。尽管此前家中曾经失火，宅院全被焚毁，不得不搬迁；尽管对于读书人来说，著作郎已经是个相当对口的职位了，但陶渊明还是称病坚拒不出。从此，他谢绝外缘，过起连鞋都不穿的"泥腿子"生活："种豆南山下，草盛豆苗稀。晨兴理荒秽，带月荷锄归。道狭草木长，夕露沾我衣。衣沾不足惜，但使愿无违。"（《归园田居》其三）他把田园生活过得诗情画意。闲暇之余，便徜徉于山水之间，或"采菊东篱下，悠然见南山"，或"登东皋以舒啸，临清流而赋诗"。当然，在他的生活里最不能缺少的，是天色黄昏时的一壶小酒。做一个"醉人"，"聊乘化以归尽，乐夫天命复奚疑"，是他人生的最高向往与最终成就。临终时最大的遗憾还是"但恨在世时，饮酒不得足"。

"富贵非吾愿，帝乡不可期。"陶渊明既无意于世间的功名利禄之进取，也无意于趋附天国帝乡的生活，像魏晋时期许多名士与道士那样炼丹修仙，追求长生不死，只是"纵浪大化中，不喜亦不惧。应尽便须尽，无复独多虑"（陶渊明《神释》）。他把自己抛入命运的水流，无拘无束地生活在当下的境遇里，以酒浆为丹药，以熏醉为仙境，消受生命本身具有的况味与意趣，然后与时俱化，不问由来，也不问所终，将人皆恐惧的死亡视为"永归本宅"。尽管"环堵萧然，不蔽风日；短褐穿结，箪瓢屡空"，仍然处之晏如，安然自得，并以诗赋为之庆祝歌颂。

从道家的角度看，陶渊明还达不到"物物而不物于物""无为而无不为"的境界，因此还为物所累。置身于官僚体系，在等级森严、规矩繁多的政治环境中，他处处格格不入，时时感到浑身不自在，更无法在社会事务中实现其"猛志逸四海，骞翮思远翥"的少年情怀，在治平和改善民生方面有所贡献。因为身段不能伸屈自如，连换取齐家所需"五斗米"的事都做不来。这表明，他在挫其锐、和其光、同其尘等方面，还有很多功课未能完成，不拘我相、随物赋形的水性也尚未成就。但在魏晋动荡不安的乱局中，人们为了追逐福禄功名折腰丧志的世态下，在"实迷途其未远"之际，他大声地发出"田园将芜胡不归？"的追问，并以个人决绝的选择，唤醒人们对生命家园的深情回望，这在中华文化的历史进路中，是一件意义深远的事件。千百年来，他的文字影响了一代又一代的士子，给那些在入世进取途中受挫负伤的心灵以无限的抚慰，使他们不至于进退失据，走投无路。包括李白、苏东坡在内的诗人，都在不同程度上得到了陶渊明的精神支援。在某种意义上可以说，中国文化中的家园意象，是陶渊明营造出来的。

当然，在陶渊明的人格中，儒家与道家的思想呈现一种并列的状态，二者尚未水乳交融。当儒家的资源已经失效，不足以支撑自己的人生时，道家的资源便开始启用，并全面取而代之。如果说阮籍骨子里是个儒家，那么陶渊明从骨子里就是一个道家，后天儒学的浸染并没有从根本上改变他的人格原型。

元嘉四年（427年），一个名叫檀道济的高官前去看望陶渊明，还送去了一些熏干的肉，并劝他再度出仕，但还是被拒绝了，肉干也没有收下。也就是这一年，陶渊明殁于南山之下。"生事不曾问，肯愧家中妇。"（王维《偶然作》）因为齐家之事未能尽到全责，他的内心还是有愧于自己的妻儿。据说，临终前，他曾经向自己的儿子表达了作为一个父亲的深深歉疚。

儒学与道学，两种思想看起来有诸多悖反，要相反相成地结合在一个统一的人格里，自如无碍地切换运用，是一件高难的事情。从阮籍与陶渊明身上可以看出，在那个时代，儒道二元人格的组构与完成，实在并非易事。

李白与李泌

几乎可以这么说，每一个成就卓著的文化生产者背后，都流淌着一条乃至多条气息蒸腾的文脉。直到盛唐时期，儒道释三家仍然呈现一种并存的状态，三家合一的局面尚未形成。李唐王朝奉老子李耳为先祖，历代最高统治者中，多有信奉道家者，但也有像太宗李世民与女皇武则天这样的佛教信仰者。得益于皇权的护佑，道佛二家在唐代相当兴盛。佛教更是派别林立，净土、华严、天台、唯识、禅宗等诸宗，遍布南北丛林。在这种文化格局中，读书人往往是杂食动物，对各种文化资源都有所咀嚼与汲取，但也有各自的立场抉择，因此形成不同类型的文化人格。受家庭影响，王维很早就成为一个佛教居士，并以大成就者维摩诘为自己命名，他的诗歌，将佛家清净空灵的境界表达得十分唯美，堪称千古绝唱。白居易年轻时怀有兼济天下的志向，历经沧桑之后，晚年成了居士，以佛教

穷尽人性的可能——中国古典人文主义叙述

独善其身，体现一种儒释兼修的人格。

李白、杜甫堪称盛唐文学的两座高峰，对后世文化人格的生成具有很强的熏养作用。二人皆兼具儒家与道家文化素养，但二者各有偏颇。李白人格中道家的成分更多，而杜甫尽管对道释二家有所点染，但却是相当纯粹的儒者。

一般认为，李白（701—762）出生在西域碎叶城（今吉尔吉斯斯坦境内），具有不完全的汉族血统。父亲李客称，其家族谱牒在迁往蜀地时已经遗失，但他们的确是汉代李广将军的子孙。成人后的李白，一直都宣扬自己是李唐宗室的族亲，辈分比当朝的唐玄宗还高出两代。这是无法考据的，但李白坚持此说，表明他对身份名位的看重，并非真正超然物外之人。比当朝皇帝辈分高出两代，也不是一种明媚的说法。据说，李白在十岁左右时，已经遍览诸子百家，对儒学的礼教颇有抵触，却十分喜欢庄子的思想，渴望像翅翼如垂天之云的鲲鹏，怒飞于九天之上："大鹏一日同风起，扶摇直上九万里。假令风歇时下来，犹能簸却沧溟水。"（《上李邕》）年轻的李白，还曾经在寺院里跟和尚学习过剑术，传说他曾经杀过人，才不得不躲进庙里（哈金著，《通天之路——李白传》，第19页，北京出版集团，2020年）。"三杯弄宝刀，杀人如剪草"，"托身白刃里，杀人红尘中"，这些诗句都流露出了他身上的剑侠之气。他也标榜自己"虽长不满七尺，而心雄万夫"，直到老年还相信自己剑术难敌，想请缨上沙场一试锋芒，平天下之心始终不死。以此看来，尽管涉猎三家思想，但李白与佛有缘无分，于道浅尝辄止，最终的归宿还是儒家。他有着投身庙堂建功立业的强烈取向，发心"奋其智能，愿为辅弼，使寰区大定，海县清一"，但源自道家的任性率真，让他无法忍受社会场上通行的名教礼数。他蔑视等级服从的制度要求，而且还不明白这其中存在着的矛盾，使得他的人生成为一盘死棋。盛唐国运昌盛，多少士人都渴望以功名显世。"仰天大笑出门去，我辈岂是蓬蒿人"，以不世之才自居的李白，实在耐不住人生的寂寞，他不可阻挡的入世情怀，可以借《关山月》一诗来形容："明月出天山，苍茫云海间。长风几万里，吹度玉门关。"

李白人格中的矛盾，在于他渴望入世建功立业的同时，沉迷道家的神仙之术，向往无拘无绊的方外生活。他曾经进山拜访过居住在岩洞里的隐士赵蕤，学习炼制外丹的技术。这个异人"养奇禽千计，呼皆就掌取食，了无惊猜"（《上安州裴长史书》），让李白羡慕不已；他曾经拜访当时道教界很有影响的人物司马承祯，对方称赞他"有仙风道骨，可与神游八极之表"，让他自我感觉飘然；他还去过一个寺院，与和尚们生活了几个月的时间，甚至与一些朋友在山东隐居三年，被称为"竹溪六逸"。在探究了生活的各种可能性之后，李白徘徊于富贵功名与得道成仙之间，渐渐形成了自己的人生规划：先在世间施展奇才，建立丰功伟绩，然后功成名遂身退，绝尘而去，遁入山林，一飞冲天，成为玉皇大帝的座上客。于是，他越过峨眉剑阁，向权力中心的长安进发。

在唐代，普通士子进入权力体系的门路，一是科举考试，一是权贵推荐。李白走的是后面一条，他通过关系谒见一些重要人物，或是干脆直接向他们致信，以所谓"干谒"的方式毛遂自荐。他曾经拜谒宰相张说，也通过道友的介绍去接近笃信道教的玉真公主，还为玄宗皇帝献上《明堂赋》《大猎赋》，展示自己引以为傲的文采，但"长漂"多年，千金散尽，直到四十岁上，都没有获得任何职位的任命，始知仕途实在比蜀道还难。

天宝元年（742年），经玉真公主和太子宾客贺知章的交相举荐，玄宗皇帝御览了李白的诗赋，十分激赏，于是召其进宫。李白觐见时，玄宗从龙辇上下来迎接，还"以七宝床赐食，御手调羹

穷尽人性的可能——中国古典人文主义叙述

以饭之"。李白随即进入翰林院担任奉供，陪侍在皇帝身边，过起"幸陪鸾辇出鸿都，身骑青龙天马驹。王公大人借颜色，金章紫绶来相趋"（《驾去温泉后赠杨山人》）的日子。

自认为有管仲之才，能够像姜太公、诸葛亮那样安邦治国的李白，以为接近权力核心，就会"天生我材必有用"，实现自己欲济苍生的宏大抱负。然而，实际的情况并非如此。一方面，皇帝只是将他当作身边的弄臣，为自己与贵妃的生活撰写些溢美文字，歌颂他治下大唐盛世的丰功伟业，这与李白的期待相去太远；另一方面，李白多年养成的越名教而任自然的性格，嗜酒如命的生活方式，与朝堂上等级森严、尊卑有序的政治生活大相径庭。他缺少成为一个行政官员应有的准备与素养。"天子呼来不上船"，让皇帝的贴身侍从高力士为其脱靴，这些行止更无法为体制内的人们所容忍。尽管写下"云想衣裳花想容，春风拂槛露华浓""一枝红艳露凝香，云雨巫山枉断肠"等一些华美的词章，被谱成曲子到处传唱，但一年零几个月后，也就是天宝三年（744年），李白还是被唐玄宗"赐金放还"，回到自己原来的生活里。在李白看来，这不是自己有什么不对，而是遭人嫉恨与诬陷的结果："君王虽爱蛾眉好，无奈宫中妒杀人。"（《玉壶吟》）

带着深深的失意与惆怅，李白四出漫游，在东都洛阳遇到了杜甫，相约秋天到梁宋访道求仙。之后，李白到齐州（今山东济南一带）紫极宫接受道士高如贵授予的道箓，正式成为一名道士。访道途中，他写下了《梦游天姥吟留别》，描绘想象中迷幻的仙境，"霓为衣兮风为马，云之君兮纷纷而来下。虎鼓瑟兮鸾回车，仙之人兮列如麻"，并以道家的思想来消释内心的块垒："古来万事东流水。别君去兮何时还？且放白鹿青崖间，须行即骑访名山。安能摧眉折腰事权贵，使我不得开心颜！"

虽然已经被授予道箓，但李白并没有像一个真正的道士那样，去静坐炼丹，只是把道家思想作为慰藉与疗伤的药物。年逾五旬的他，仍然期待着东山再起，在世俗尘埃之地有所作为："东山高卧时起来，欲济苍生未应晚。"（《梁园吟》）安史之乱爆发后，与妻子避乱于庐山的李白，应邀加入了永王李璘的阵营，写下了组诗《永王东巡歌》壮其行色，以为这是"终与安社稷，功成去五湖"的最后机会，可以"南风一扫胡尘静，西入长安到日边"。没承想，两个月后，永王因为不归服已经登基的哥哥李亨而被征剿，并最终兵败身死。李白也因此入狱，所幸在郭子仪等人的救助下，才得以免死，被判罪流放夜郎（今贵州桐梓）。

原本以为，凭借自己的天赋异禀，可以"出则以平交王侯，遁则以俯视巢许"（《送烟子元演隐仙城山序》）的李白，最终的结果是"富贵与神仙，蹉跎成两失"（《长歌行》）。但一生徘徊于儒道之间的李白，还是在纸上留下了不朽的文字。而他在诗歌上的巨大成就，得益于对儒道二家资源的汲取与消化。他属于以儒为进、以道为退的人格类型，最终以道为人生的归宿："我本楚狂人，凤歌笑孔丘。手持绿玉杖，朝别黄鹤楼。……早服还丹无世情，琴心三叠道初成。遥见仙人彩云里，手把芙蓉朝玉京。先期汗漫九垓上，愿接卢敖游太清。"（《庐山谣寄卢侍御虚舟》）而另一个与他交相辉映的诗人杜甫，则始终站在儒家的立场上，将乱世时代的家国情怀，演绎到了淋漓尽致的境地。

在唐代，儒家与道家的精神资源，通达圆融地整合到一个人格里的情况，充分体现在一个人身上。这个人名字叫作李泌（722—789）。

开元十六年（728年），唐玄宗召集对佛、道、儒三家有造诣的学人，在宫中相互诘问对答。有个叫员俶的九岁孩儿语出惊人，让在座的人全都折服。玄宗问他："小孩子中，跟你差不多的还有吗？"得到的答复是："我舅舅的儿子李泌。"玄宗立即命人召李泌入宫。一番问难之后，众人皆惊为神童，玄宗更是欢喜，称"是子精神，要大于身"，当即赏赐了五匹帛，还特别吩咐其家人要照护好他。宰相张九龄更是时常把他引入卧室对谈，称其为"小友"。

长大后，李泌博治群学，对《易经》与道学尤为精通，常游于嵩山、华山、终南山之间，寻访世外高人，修学道术。据《邺侯外传》所载，他在山里遇见了桓真人、羡门子等，得到了长生、羽化、服饵之道，经常"绝粒咽气，修黄光谷神之要"。在道学的功夫修持方面，远非李白等墨客骚人可比，但按照师父传下的法旨，在国运艰危的时刻，他应该"以文武之道来佐佑人主，功及生灵，然后才能登真脱屣"。天宝年间，李泌向皇帝进献《复明堂九鼎议》，这让玄宗想起了当年之事，遂召他进宫讲解《道德经》。因为讲得见地真灼，他被任命为翰林待诏，在东宫当职，深得太子李亨等王子们的尊重。因看不惯杨国忠的奸佞，李泌写诗加以嘲讽，遭其嫉恨，被外放到蕲春郡去，在人们的视线之外玩味道家玄妙的法意。

安史之乱爆发后，玄宗仓皇西逃，肃宗李亨在灵武即位。正欲招揽经纬天下的俊杰英才之时，李泌却令人意外地出现。他向肃宗陈述了天下格局的走向及成败之关键所在，令新皇帝十分钦佩，要授予他右丞相的要职，但李泌只愿意以宾客的身份，穿着白衣为朝廷服务。最后，皇帝只好授他银青光禄大夫的散官，以"俾掌枢务"。

根据收集到的情报，李泌做出分析：叛军将抢掠的金银织锦与男女百姓，全都运往其据点范阳。据此可以断定，他们仅有苟且贪得之心，并没有统治中原的大愿。为叛军效力的汉人只有寥寥几人，其余如诗人王维等，皆是被胁迫之下不得已而屈从。这些乌合之众根本不懂得治国安邦的大略。他推断，不出两年贼寇就可荡平，请肃宗皇帝勿操之过急，并给他提出了收复山河的韬略：令李光弼守太原，出井陉；郭子仪收复冯翊，进入河东，将史思明、张忠志、安守忠、田乾真等四员叛将牵制住。同时让出关中通道，使得叛军北守范阳，西救长安，在数千里地之间疲于奔命，以拖垮其精兵劲旅。我方则以逸待劳，敌来避其锋芒，敌去则击其疲沓。然后征调兵力集中在扶风一带，与太原、朔方军合力攻击叛军老巢范阳。一旦将其端掉，敌军必定折戟于我河南各路将领手中。肃宗虽然接受他的诸多谋略，但却急于收复京都，奠定功业，不愿远袭千里之外的范阳。尽管李泌再三说明利害，仍然无法改变皇帝的旨意。后来战局的变化，证明李泌的主张堪称英明。宋代词人秦观甚至有这样的评论："唐室方镇之患，至于百有余年而不能解者，其弊盖始于天宝之际，肃宗不用李泌之谋，先取范阳而已。……呜呼，使泌之谋尽见听也，岂有方镇之患哉！"（曾枣庄、刘琳主编，《全宋文》，第120册，第94—95页，上海辞书出版社，2006年）

当然，更多的时候，肃宗都是唯李泌的主张是听。他对李泌的依赖无人可以取代。在诸王的一次宴会上，肃宗亲自为茹素的李泌烧烤两个梨子，说了一番发自肺腑的感言："先生久居名山，栖遁幽林，不经意人世间之事。如今居住在大禁中，帮助寡人密谋匡救天下之大计，指挥合于玄机，乃社稷之支柱。"诸王还联句写了一首诗，来赞叹李泌："先生年几许，颜色似童儿。夜抱九仙骨，朝披一品衣。不食千钟粟，唯餐两颗梨。天生此间气，助我化无为。"（参见刘荫柏著，《李泌》，第48页，解放军出版社，1996年）。

李泌不仅在军事上为肃宗运筹帷幄，还帮助他妥善处理与太上皇及皇后、皇子之间错综复杂的关系，使大唐王朝的江山，在收复之后得以稳定下来。但超凡的才识与显赫的功劳，也给他招来了嫉恨与排挤。宦官出身的权臣李辅国，更是想尽各种办法加害于他。收复东西二京之后，李泌以自己绝粒修炼，又无家室，禄位与土地皆非所需为由，拒绝出任宰相职务，恳求退隐衡山。此时，肃宗已经难以离开李泌，于是极力挽留。无奈之下，李泌只好说出这样的话来：陛下不让臣离去，实际上是杀臣！

　　无法挽留之下，皇帝只好下诏赏他三品俸禄，送上一套道服，并在衡山为他修盖了精舍。在南岳，李泌得到了道家隐者张先生传授的功夫秘籍，性命的修炼进入了更深的次第；还与当时著名的懒残和尚多有接触，向其请教佛门的真谛，并得其心传，写下了带有禅宗意味的《明心论》。

　　肃宗死后，代宗李豫即位。办完父皇的丧事，他首先想到的就是诏李泌下山。为了能够留住这个方外之人，为自己永久使用，代宗在城里赐给李泌一处宅第，下诏强迫他吃肉，并为他娶出身名门的女子入室，举办隆重的酒宴，显然是利用最高权力强迫他还俗了。无奈之下，李泌只好随顺。代宗死后，德宗李适上位，动乱后的唐朝，又面临着藩镇割据的危局。泾原兵变后，狼狈避难于梁州的德宗皇帝想起了李泌，连忙"急诏征之"，授以左散骑常侍之职，在中书省值班，随时等候自己的召对。

　　李泌历经大唐盛衰转折时期，身历四朝，所辅佐的肃宗、代宗、德宗，皆非英明之主，参政期间屡遭挤兑陷构，曾多次被外放地方。但在每一个位置上，他都有卓著的政绩，深得当地百姓的拥戴。在朝中担任宰相时，李泌与德宗政见时有不同，出于对江山社稷的责任，他会反复犯颜进谏，有时达数十次之多，尽管气色温和，但还是惹得皇帝主子无比恼怒。有一次，德宗皇帝甚至出言：

卿如此违拗朕的意思，就不顾及自己的家族吗？

作为一个儒者，李泌恪尽人臣的职责，在治平的事业上可谓功成名就。但晚年的李泌，三度出山之后，仍然渴望退出险要的庙堂，他给皇帝上书，称自己报效国家的使命已经完成，"不可以复用，愿乞骸骨"。然德宗始终都不准他辞退。贞元五年（789年），侍奉过大唐四代君王的李泌，如他一年前预知的那样，在宰相兼大学士的任上逝世。把内修与外治结合起来，将儒家与道家的智慧资源贯通并加以运用，在进退沉浮之中竭忠尽忱，造福于乱世，李泌在修身上的造诣和治平方面的业绩，超出了同时代所有的士人。他是儒道二元互补人格的典范。有人将他与伊尹、姜太公等相提并论，作为自古隐士出山的杰出代表。南宋学者徐钧有诗赞颂他的为人：衣白山人再造唐，谋家议国虑深长。功成拂袖还归去，高节依稀汉子房。

3. 两宋：三元会通的多向度文化人格

（1）三家合流局面的形成

如果说先秦是中华文化的原创期，那么宋朝就是它的成熟期、高峰期。宋朝文化的璀璨，不仅体现在物质方面，中国的陶瓷、丝绸、茶叶三大宗，通过平等交易的商业伦理，源源不断地吞噬着全世界的白银；还体现在非物质的方面，儒道释三家合流文化大格局的形成。

先秦时期，学派纷呈，百家争鸣，出现了思想领域潮流纵横、波涛激荡的局面，其中以儒家与道家最可代表。后来的统治集团或儒表法里；或儒里法表；或无为而治，出入于三家之间。东汉末年，佛学东渐，至南北朝开始兴盛，出现"南朝四百八十寺，多少楼台烟雨中"的景象，但也发生北魏太武帝灭佛、北周武帝举儒拒佛的事情。隋唐时期，随着玄奘、义净等人西天取经行动的完成，佛学典籍较为完整地移译过来，教法也有了系统的传承，形成净土宗、禅宗、唯识宗、天台宗、三论宗、律宗诸宗林立的态势。但佛家与儒家、道家之间，尚未实现思想上的相互贯通，文化上的排异反应时有发生。因尊老子李耳为祖宗，李唐皇室多信奉道教，迷恋炼丹食气，饮汞吞铅，以求长生不老，对佛家持审慎乃至排斥态度。武宗时期，甚至出现在道教人士蛊惑下，大规模灭毁佛教的情况。但也有唐太宗、武则天、唐宣宗等帝皇，鼎力护持和推行佛法，使之得以弘扬。唐朝代表性诗人，如王维、白居易等，皆有不浅的佛学背景。总的来说，有唐一代，儒道佛三家，基本上呈纵向直流的态势，横向的融会与贯通尚未实现。尤其是积极入世的儒家，与带有强烈出世倾向的释家，义理上的冲突仍然存在，尚未圆融并内化到一个人的人格里，在社会生活中左右逢源地加以运演。

　　进入北宋之后，佛家获得了中华文化的充分认同，成为三大主流文化法脉之一，有了官方出版的体系完整的《大藏经》，与儒家的六经和道家的道藏，构成了中华文化的经典宝库。在激荡融会之中，佛家淡化了来自印度的山林气息，将儒家的纲常伦理，纳进因果报应和福德资粮的范畴，成为其世间法的内容；将儒家的治国平天下的思想，融入大乘佛法普度众生的理念。因此，出世情怀不再像原先那么激越，一味要绝尘而去，出离世间苦海。儒道体系中也吸收了佛家的因果报应、三界轮回的内容，在修身的一维，更是借鉴了禅坐观修的方法。在宋朝，一个文人士子，不论信奉哪一种学说，对其他二教也绝不陌生；不论以哪一教立身，都会参照其他二教的思想。就学者而言，关学的张载，洛学的二程，尽管皆以儒立身，对佛道颇有微词，但平日里进学的功课，除了持敬存养，都有静坐观心的内容，并非纯粹的原儒。至于道家功夫，在炼神还虚方面，也吸纳了佛家四禅八定、观心破境的功夫，在性命双修的前提下深化修性的内容。

总之，在宋之前的中国，儒道佛三家基本上呈纵向直流的态势，到了北宋之后，才真正实现横向的交汇融通。正是这种汇通，使华夏文化的洪流更加波澜壮阔，宋朝也因此成为中华文化的高峰期，而苏东坡正是波峰上涌出来的风流人物。

儒道佛三家学说，是宋代文人的必修课。与苏东坡同朝的文人，如欧阳修、王安石、黄庭坚等，学养也兼备三家。他们的人格成长，都从三种文化流脉中汲取营养。苏东坡就是从这种土壤里生长起来的参天大树，他将三大文化流脉内化为自己的人格内涵，使其在人生的跌宕之中活出贯通天地的精神境界。

（2）苏东坡：多向度人格的代表

苏东坡（1037—1101）二十一岁就中进士，从科举制度里走出来，可以说是正统儒家出身。对于《易经》《论语》《尚书》《中庸》等经典，他均有深入的研读，并撰有专门的论作。但作为北宋的士子，他的文化身份没有那么单一。甚至在未出生之前，他与道家的缘分就已经结下了。按照其父苏洵的叙述，因为婚后数年无子，家里便供养一个姓张的仙人，因此才有了苏轼和苏辙兄弟。八岁正式入学时，东坡的启蒙老师是道士张易简，课室也设在天庆道观的北极院。他的同窗好友陈太初，后来顺理成章地做了道士。传言陈问道十分精进，证得了很高的道果，以尸解羽化的方式离世，如一片云彩飘向太虚（苏轼《道士张易简》）。老子与庄子的著作，东坡早就谙熟于心。尤其是庄子恣肆的语言，一直影响了他后来的写作风格。他代表性的作品，如《前赤壁赋》《记承天寺夜游》《题西林壁》以及和陶渊明的系列诗作，都是以道家境界打底的。"且夫天地之间，物各有主，苟非吾之所有，虽一毫而莫取。惟江上之清风，与山间之明月，耳得之而为声，目遇之而成色，取之无禁，用之不竭，是造物者之无尽藏也，而吾与子之所共适"（《前赤壁赋》）；"庭下如积水空明，水中藻、荇交横，盖竹柏影也。何夜无月？何处无竹柏？但少闲人如吾两人者耳"（《记承天寺夜游》）。没有道学的修养，很难写出如此空灵的句子。

至于佛家，他的渊源就更深了。峨眉是佛教名胜，东坡家算是近水楼台，父亲苏洵师从云门宗大德圆通居讷和宝月惟简；母亲程氏更是信仰虔诚的教徒，在家严格禁止杀生。因此，苏家院子里气氛祥和，时常有鸟儿飞来做窝下崽儿。父母逝世之后，东坡兄弟都到庙里做了功德，把二老生前喜爱的物品捐了出去。僧人惠洪，是东坡的追随者，他的《冷斋夜话》一书有这样的记载：此次量移，东坡打算顺便路过筠州看望苏辙。奇怪的是，住在洞山的真净克文禅师和住在圣寿寺的聪法师，在同一天夜里做了同一个梦——有人招呼他们快去迎接五祖戒和尚。第二天，三人还在疑惑当中，东坡要来筠州的信息便送达了。四人相会之后，东坡说起母亲怀上自己时，曾梦见有一只眼睛失明的僧人到家里来求宿。七八岁时候，他还曾梦见自己身披袈裟在山上行走。说话间，真净克文忽然想起，五祖戒和尚就是瞎了一只眼，晚年从陕西来到筠州，圆寂于大愚寺，至今差不多是五十年的时间，而东坡此时刚好四十九岁（《冷斋夜话》卷七《梦迎五祖戒禅师》）。此后，东坡在写信时常常以戒和尚自称，平日也喜欢穿上衲衣在院子里走动，有时甚至在衲衣外面裹上朝服就去上朝，显然是把事情当真了。这也表明他对自己佛子身份的认同，因此后来在南华寺六祖像前，才有了这样的说法："我本修行人，三世积精炼。中间一念失，受此百年谴。"（《南华寺》）

在大约四十岁之前，尽管具有佛道的文化背景，苏东坡还是以一个儒者现身于世。由于过人的天赋，他二十岁上就在科举考试中脱颖而出，并以诗赋名动京城，连当世文魁欧阳修都要给他腾挪位置。仁宗皇帝读过他的卷子，便认定此人是未来的宰相。因此，他入世的起点甚高，然而阅世不深，任事待人不免书生意气，自视才高，凡事爱发议论，如鲠在喉不吐不快。挟着如日中天的声誉，他的话自然斤两不轻，轻易发表批判意见，便容易造口业，招惹是非嫌恶，给自己带来逆缘。但在东坡看来，这是臣子在给朝廷尽忠。王安石变法后，东坡给神宗皇帝上了万言书，惹来了麻烦。为了避免政见歧异引起的摩擦升级，他请求外放，到地方做些实际的事情。每到一处，他都"勤于吏治，视官事如家事"（《密州通判厅题名记》），"以济物之心，应不计劳逸"（《与王庆源十三首之三》）。认为"事有关于安危而非职之所忧者，犹当尽力争之，而况其事关本职而忧及生民者乎"（《上文侍中论榷盐书》）。当然，其间也不免游冶山水，吟诗作赋，乃至与歌伎饮酒诵诗。

熙宁八年（1075年），东坡任密州知州，这是他第一次担任一个地方的主官。此时，该州连续七年大旱，蝗虫铺天盖地，席卷乡野，如同世界末日。他亲率官民筑堤引水，疏浚河道，挖掘井泉，以缓解苦旱之情。还多次携下属前往卧虎山，举行庄严的祈雨仪式，亲自念诵祷词。或许是精诚所至，天地为之动容，还真下了好几场雨，那可是真正的甘霖。同时，他还上书朝廷，详报灾情，请求免除当地的秋税；组织百姓使用火烧等各种土办法，扫除蝗虫大军。

在密州期间，他还流着眼泪，沿城墙捡拾三四十个孤儿、弃婴，给予抚养。对儿童生命的关怀，贯穿苏东坡的一生。在黄州时期，他成立了一个儿童救济会，请富人捐钱，请和尚管账，请当地妇女领养。并且致信黄州太守，请求官方出台措施，制止溺死婴儿的恶俗。

两年后，东坡调任徐州知州，到任不久，黄河的洪水跟随而至，耗资五百万缗的排洪工程一触即溃，工程负责人畏罪自杀。来势凶猛的黄河水，在徐州以北约五十里的地方决堤，以排山倒海之势，冲毁大片村庄与田园，直逼徐州城下。水位一度高于城内的街道。东坡不顾个人安危，带着市民加固城墙，数十天夜不归家，住在临时搭建的工棚里，以与城池共存亡的气概，阻止了富人们弃城逃亡的企图。在人力不济的情况下，他亲自前往皇家禁卫军营地，面见主帅，请求出兵支援。

元祐四年（1089年），苏东坡以龙图阁学士身份出任杭州太守，兼浙西军队统领。杭州位于钱塘江口，又是京杭大运河的起点，为水陆交通要隘，商旅云集，人口超过五十万，密度甚高。春夏之际，往往有瘟疫流行，控制不好，将是一场恐怖的灾难。早在十八年前担任杭州通判的时候，他就对此深有感触。这次作为主官赴任，首先想到的就是建一所公立医院。他划拨一笔公款，个人捐出五十两黄金，在城区中心建起了一所叫"安乐坊"的医院，由精通医道的道士主持。

杭州几处水源地，多与钱塘江入海口相连，涨大潮时，海潮倒灌，饮用水就出了问题，居民只能花钱购买从西湖运进城来的水，可并不是谁都能够付得起费用。东坡当通判时，州府曾经兴建过一个简易的工程，用竹管将西湖水输入城区。但这种权宜之计，很快就报废了。此次，东坡主持重修这项工程，输水管用陶瓦制作，经久耐用。他还利用自己的军职，调动一千多名士兵参与工程建设。不久，就在城区建成了六个饮用水库，让所有市民都能喝上干净的水。接下来，他继承前辈诗人白居易的遗志，大规模地整治西湖，清除厚积的淤泥和杂草，并筑起一道诗情画意的堤坝，成为千古佳话流传至今。

"嗟我昔少年，守道贫非疾。自从出求仕，役物恐见囿。"（《次韵答章传道见赠》）尽管在少年时代，东坡就曾一度彷徨，到底应该遁入山林隐身修炼，还是登上庙堂参与治国平天下。但是，一旦决定投身仕途报效国家，他便以身相许，肝脑涂地，在所不惜。在一篇文章里，他表明了这样的心迹："古之君子不必仕，不必不仕。必仕则忘其身，必不仕则忘其君。"（《灵壁张氏园亭记》）每上一任，或是每到一地，他首先考虑的都是社稷黎民。即便是在惠州，手中权力已经被剥夺得一干二净，他也借助自己剩存的影响力有所作为。

元丰二年（1079年），苏东坡以"文字毁谤君相"罪被拘捕，从湖州押送汴梁御史台牢狱。押送途中，性情刚烈的他想到纵身一跃，跳入江中，一死了之。但冷静想来，觉得这样不仅连累家人，也无法自证清白。皇帝对东坡的为人有基本的判断，并不轻易听从他人处死东坡的进言。加之皇后临终前，称道苏氏兄弟是先帝看中的宰相之才，提醒他不要听从谗言，冤枉好人。此外，张方平、司马光等大臣也为东坡求情。因此，东坡终于躲过了这一劫，在狱中蹲了一百三十天后，获得释放，流贬黄州。此事虽然看起来是一场虚惊，却深深地触动了东坡内心，让他不能不重新审视自己的生活。

"乌台诗案"是苏东坡人生的一个转折，在此之前，他是一个具有佛道修养的儒家，他的人生价值，体现在投身社会、参与国家治理、改善民生等方面。从佛学角度看，这其实是一种入世修行的方式。这种方式不同于掩门闭关，青灯黄卷，深入禅定，而是将自己全然交付出去，纵身于风口浪尖，应对各种因缘际遇，在拿起放下之间，扯断胸臆间缠绕的葛藤，检测自己是否心无挂碍，远离颠倒梦想。这种磨炼，不是内守幽闲的清净境界所能取代的。东坡把自己一生遭受的打击与不公，当作往世所造罪业的果报，也视为磋磨自己心性的石头。实际上，入世过程一再给他带来挫折，差点儿断送身家性命，同时也暴露了自己的偏执和习性，证明自己并没有像诗里所写的那样，"已向虚空付此身"，还给自己留有猫儿腻。内心的执情，倘若不能在暗室里自我勘破，也就只能通过外在的劫难来了断了。

元丰三年（1080年），从鬼门关捡回一条老命之后，四十三岁的东坡被贬黄州，寓居在定惠院内。面对浩浩荡荡的长江水，他开始反思自己的人生，从治平的方向转身，收摄魂魄，退回到修身的领域。他的文字里有这样的记载："二月至黄。舍馆粗定，衣食稍给，闭门却扫，收召魂魄，退伏思念，求所以自新之方。反观从来举意动作，皆不中道，非独今之所以得罪者也。"通过对参政以来一些事情的反省，他深深感慨自己："道不足以御气，性不足以胜习，不锄其本，而耘其末，今虽改之，后必复作。盍归诚佛僧求一洗之？"（《安国寺记》）于是，他开始静坐，并系统阅读佛学的经典。在致章惇的信里，他描述了刚到黄州的生活："初到，一见太守。自余杜门不出，闲居未免看书，惟佛经以遣日，不复近笔砚矣。"（《与章子厚参政书》）隔一两天，就到城南的安国寺里焚香默坐，进入物我两忘、身心皆空的境界。他还曾到一个道观里，闭关七七四十九天。僧人参寥子专程到黄州来住了一年，跟他交流学禅的心得。黄州五年，佛学成为东坡精神建构中，继儒道之后的又一支柱。至此，中国文化的三大主脉，都汇入了他的血管，滋养着他的脏腑，可以应机调动来应对各种境遇变化。

元丰八年（1085年），神宗皇帝逝世，年幼的哲宗继位，太皇太后高氏临政，任命司马光为宰相，召回旧党，放逐新党，废除变法条款。苏东坡与苏辙的地位也一路攀升，东坡先后担任中书舍人、翰林学士、知制诰、知礼部贡举，成为朝廷大员。眼看旧党得势之后，不加厘析地一味废除新法，打压新党，他再次提出谏议，对旧党执政后暴露的问题予以抨击。元祐八年（1093年），哲宗皇帝亲政，新党重又得势，不能见容于新旧二党的苏东坡，意识到功高身危，名重谤生，只好选择回避，再度请求外放。自此之后，他的社会地位一再滑跌，个人身世也随之被抛，他的精神生命，也像一味药膏，经历了九蒸九制。从这一年开始，东坡从权力高坡一路滑跌下来。诰命接二连三，先是外放定州，第二年发配岭南英州，紧接着再贬建昌军司马、宁远军节度副使，惠州安置，不得签署公事，从一个从二品大员沦为从七品罪吏。然而，厄运至此还没有结束。绍圣四年（1097年），他又被流贬到海南岛，被抛掷在"食无肉，病无药，居无室，出无友，冬无炭，夏无寒泉"（《与程秀才书》）的"六无"之地里，并在"无地"里收容自己的身世，于无依无傍中站立起来，完成自己精神人格的造化。

"乌台诗案"之后，东坡身上佛道的修养渐渐彰显出来，几乎遮蔽了儒者的本色，并最终在流放海南时期深入他的骨髓。此后，他的成就主要体现在人格的完成和诗文的著作上。他六十四岁的人生，大抵可以粗分三个段落，前二十年是人生的准备阶段；中间二十多年，是作为儒家士子，进入国家权力体系，参与社会治理，建功立业的阶段；后期近二十年，是作为道家与释家行者独善其身，完成人格，传承文脉阶段。苏东坡似乎更加重视最后一段，自称："问汝平生功业，黄州惠州儋州。"

综观他的一生，可以说有三个不同的向度：一是以儒兼治天下，二是以道独善其身，三是以佛明心见性。面对皇帝与治下的百

穷尽人性的可能——中国古典人文主义叙述

姓，他是一个有担当的儒者；面向自然的山川风物，他是一个逍遥的道家；静坐下来，面对自己的本来面目，他要做一个超出轮回的罗汉。通过这三个角色的转换，他自如地应对不同的境遇，身世虽穷心不穷，不至于陷入进退失据、运转不开的死局。他既可以与佛道高人静坐参禅，又可以与歌妓泛舟江湖之上，吟唱新词；还可以与左邻右舍饮酒吃肉，消受人间烟火的肥腻。他上接天光，下接地气：既可以神交古人，逍遥于无何有之乡，与天地精神相往来；又可以投身社会事务，修路搭桥，救助孤儿。他既能够放下身心，将一切托付于天命的造化，如无系之舟任意东西；又能够全然提撕起来，奋不顾身地奋斗在灾难降临的第一线。他既不畏怖叵测的死亡，又善于享受当下，活得摇曳多姿，风情万种，到哪里都是个大活人。他上可陪玉皇大帝，下可陪田园乞儿，把生活的两个极端打通，并自由出入其间。他要追求的是"地行即空飞，何必挟日月"的自由，和维摩诘那样于世间出世间的大自在。通过世间法与出世间法的融会，东坡将世俗物质生活与神圣精神生活结合到了一起。

东坡时代，对三大文化矿脉都有深入的挖掘，将儒道佛三家学说作为知识加以吸纳，成为饱学之士者大有人在，但将其内化为一种精神人格，外化为社会行动和日常生活形态者，在显学界，能够做到的似乎并不太多。苏东坡和周敦颐、邵雍、王安石、黄庭坚等，是其中杰出的代表。程氏兄弟、张载、司马光等人在理论上的探索与建树，至今遗泽甚深，但于人格气象和日常行履方面，均有不同程度的淤滞与拘泥，尚未达到通达与圆融的境界。东坡出入儒道释三教和世间法出世间法二谛，政治生活中是一个进取的儒者，日常生活中是一个逍遥的道家，精神生活中是一个超然的居士，因此他亦儒亦道亦佛，也非儒非道非佛，不以哪一个文化身份自拘，落入窠臼之中而运化不开。

在三教汇流的宋朝，苏东坡完成了对中国人概念的重新定义。或者说，他成了一个完整意义上的中国人，成为中国文化的人格标本。在他之前，中国文化人格是儒道二元互补结构；到他生活的宋朝，是儒道佛三家会通，或者说三位一体的结构。从此之后，一个以中国文化人自任的人，倘若不兼具三家修养并且融会贯通，与时俱进加以活泼运用，其精神人格就不是健全的。

第六章
仁道主义的推恩过程
——古典人文主义的治平思想（上）

对生存空间进行规划管理，构建起合理的社会秩序，是人类在地面上安身立命的必要条件。在中国古典人文思想的体系中，这属于和内修对称的外治范畴。秦以前的漫长岁月里，先哲们在这个领域开掘出宽阔而深邃的空间，形成了富有人文精神的政治理念和多维度综合治理的框架体系。只是进入礼崩乐坏、群雄争霸的时代，这种理念无法与国家权力结合，在制度层面有所建设，最终收拾江山的反倒是带有反人文性质的极权政体。这仿佛也是历史大势的必然。此后，由于社会实践停滞等诸多方面的原因，人文主义的外治思想被支离裁剪，甚至成了附丽于权力的装饰品，不如内修方向取得的进展那么引人入胜。宋明儒学在内修的功夫上汲取了释道二家的资源，弥补了孟子之后圣学失传、行将成为绝学的遗憾，但于外王之道，似乎没有多少发明与推进。历史乃众生共业的滚滚洪流，不能说是谁的责任，如果非要在思想史上找出几个人来顶罪并加以追责，子夏和董仲舒二人恐怕也难辞其咎。

孔子殁后，道术为之散裂，思想学说分为多家，曾子以下的思孟学派，到了孟子便已难以为继，倒是有子以下的子夏一门香火颇旺。然子夏之儒，礼繁仁疏，对等级秩序的维护几乎遮蔽了仁爱的内核。据梁启超先生所述："影响于后来最大的，莫如子夏一派。子夏最老寿，算起来当在百零六岁以上。门弟子自然众多，而且当时中原第一个强国的君主魏文侯，受业其门，极力提倡，自然更得势了。后来汉儒所传'六经'，大半溯源子夏，虽不可尽信，要当流传有绪。所以汉以后的儒学，简直可称为子夏氏之儒了。"（梁启超著，《孔子与儒家哲学》，第89页，中华书局，2016年）董仲舒借汉武帝威权尊为国家意识形态的，其实就是讲究等级尊卑之礼的小人儒与阴阳谶纬学说的糅合，并非孔子思想之正传。内修成己的仁道与外治天下的王道思想几乎沦为绝学，也源自于此。颜回于仁学卓有造诣，深得孔子的喜爱与赞叹，却早早就夭折了；子夏厚礼而薄仁，曾为孔子所训斥，但享寿极永，这不知是不是儒门的不幸。

宋明间，有真德秀、丘濬二者，发心填补儒学在外治一维的薄弱，分别著有《大学衍义》和《大学衍义补》。后者煌煌近百万言，堪称鸿篇巨制，在经济学说方面颇有建树，特别是商品经济与货币金融，但于政治生活，却难以突破既成的体制框架。因此，重返遥远的年代，汲取古典人文主义的源头活水，显得意义重大，甚至迫切无比。

1. 人道与仁道

中国古典人文主义的起点，是对人生命的珍惜、同情、爱护与尊重；它的终点，则是人性的充分开展与圆满实现。未能事人，焉能事鬼。正如《论语》所述，孔子坚定立足于人道，敬鬼神而远之。他将珍惜、同情、尊重与成就生命的态度概括进一个概念里——"仁"。孟子对其做出这样的解释："仁者，人也。"仁的学说便是人道的思想，即以人的方式对待人，而不以非人的方式对待人。但人道中的"人"包含着单数，也包含着复数。《说文解字》解释如此："仁，亲也，从人、二。"单数意义上的人，表示个体对自身生命的关怀，珍惜、善待天地父母赐予的身体发肤，尊重自己的身家性命，不能因为生命已经归属于己就妄加对待，伤害或随意辱没埋汰，意思相当于颜渊说出的"仁者自爱"（《荀子·子道》）；复数意义上的人，则表示人与他者的共在，人溢出个体边界的情感给予，人与人之间的相互珍惜、敬重、照护与成全；也可以理解为不同个体之间，突破人我隔阂而融为一体，浑然不分，对待他人如同对待自己一般。"仁"是复数意义上的人道，即所谓"仁道"，将对生命的关怀、珍惜与尊重推己及人。从"仁道"中还可引出"夫仁者，己欲立而立人，己欲达而达人"（《论语·雍也篇第六》）和"己所不欲，勿施于人"（《论语·颜渊篇第十二》）的恕道。在正向的角度相互成全，与人分享美好的事物与情愫；在反向的角度避免相互冲害，不将各自不愿意接受的待遇强加于对方。如此正反两面对他者生命加以照料，爱之以仁，敬之以礼，宽之以恕，给予人身世的关怀实可谓周全备至了。

按照孟子的说法，人皆拥有与生俱来的仁心与良知，蒙蔽乃至抹杀自己的良心，把自身置于不仁不义境地的人，其实是在自我陷害，这种人可以说是一个"自贼者"、一个不义之徒、一个伤害生命的罪犯。按照西周开国功臣姜太公的说法，则属于"宿善不祥"的范畴——压抑自身内心的善良意愿不加以行为表达，还会招致不祥。今天，人对自己犯罪，似乎已经成为一种正当的行为，不被社会追究，因此也随处可见。

孔子倡导的仁道，从"仁者自爱"开始，却不止于自爱，而是推己及人，推人及物，"老吾老以及人之老，幼吾幼以及人之幼"

（《孟子·梁惠王上》）。以往，人们总是强调儒家对于他者的爱，毫不利己专门利人，却忽略了"仁者自爱"的一端。给人的感觉是，仁者爱的情愫只能给予天下苍生，一点一滴也不能留给自身受用。其实，儒家主张从君王到百姓皆以修身为本，而修身的意义在于"穷理尽性以至于命"，在更充分的意义上完成人性，成就自己的生命，使之趋于神圣化。因此，"自爱"才是儒者情感布施的起点，也是"他爱"的前提，"他爱"不过是"自爱"的溢出，将其由近而远、由家而国地推广出去，惠泽众多的他我。关于自爱，孔子的态度在《孔子家语·三恕》和《荀子·子道》里都有集中的表述：

> 子路入，子曰："由，知者若何？仁者若何？"子路对曰："知者使人知己，仁者使人爱己。"子曰："可谓士矣。"子贡入，子曰："赐，知者若何？仁者若何？"子贡对曰："知者知人，仁者爱人。"子曰："可谓士君子矣。"颜渊入，子曰："回，知者若何？仁者若何？"颜渊对曰："知者自知，仁者自爱。"子曰："可谓明君子矣。"（《荀子·子道》）

仁者使人爱己。在孔子看来，能使别人了解自己、爱护自己的，可以称其为士人；能了解别人，同时也能爱护别人的，可以称其为士君子；有自知之明，同时又能够自尊自爱的，才可以称其为贤君子。贤君子是一个懂得珍惜自己生命的人。爱的情怀首先氤氲于内心，滋养自己的生命，然后才可以给予出去。一个连自己生命都不珍惜的人，是真正冷酷的人，很难想象他会设身处地地去关爱与温暖一个别人。这就像一个没有光热的物体，无法照亮这个世界；自身枯竭的泉源，无法浇灌他人的田地。直至个人主义盛行、几乎成为一种普世信仰的今日，都不见得有多少人真正懂得如何去珍惜自己，尊重与照料归属于自己的这条鲜活生命，而不是明珠暗投，将其置于被辱没、埋汰、玷污、伤害和抛弃的境地。

人生在世，有一尊生命归属于你，托付于你，它是天地灵气的汇合，万物精华的集萃。首先，珍惜、敬重、爱护并且照料好它，是你义不容辞的天职。这种爱护，不仅仅是满足它的某种需要，将其欲望喂饱，直至厌腻为止，还应该自珍自重，使之活出尊严而高贵的品质，活出开阔的气象与深邃的意涵，使之免于陷入自伤自残自贱的境地。基本的一条底线，就是不可将人的位格纡降于物质之下，并为之所奴役与桎梏；不可将性命的价值看得比物质要轻，使人性被物性所同化与吞噬。其次，则是避免自我辱没与玷污，将玉石当成瓦砾来对待，使生命蒙尘，失去人性的光辉与色泽。这就意味着要修身以道，将这块璞玉如琢如磨，使之变得温润、纯粹与通透，成为君子乃至于圣人，企及止于至善的人伦极致。至于对他者的爱，无非是将自爱的态度回向于别人，乃至各类生命，以期共同成就而已。现代人往往不能忍受别人对自身的奴役，甚至连一点委屈都承受不了，却心甘情愿接受物质的奴役，以此为生活的福报。可谓不愿为人奴，而甘愿为物奴，而且对物奴之事甘之如饴。有些人把嘲讽道德人格，挖掘君子的短处，揭露圣哲的羞愧，当成一种人生快事，以维护甘为瓦砾的尊严与合理性，使自己活得心安理得一点儿。

孔子一生都在推广的仁道精神，源自一种由来已久的传统。某种程度上可以说，仁道精神是农业文明成熟的产物。在游牧、游猎文明时代，动物是人们生活的主要来源，尤其是对凶猛动物的杀害，更是一种英雄的壮举，能在族群中给个体带来莫大的宠荣。在人间的篝火与饮食背后，是无休止的血腥杀戮。秋冬季节，草木枯萎之际，动物的捕捉与圈养都不太容易，凭借武力抢掠异族财产，杀害和奴役其人口，这在丛林法则中也被视为是正当的行为，是自身能力的体现。成吉思汗可以说是游猎文明最具权威的代表，他的一番话语，某种意义上道出了这种文明的高度："人生最大之乐，即在胜敌、逐敌、夺其所有，见其最亲之人以泪洗面，乘其马，纳其妻女也。"只有到了农业社会，人类择水泽之地定居下来，种植稻菽瓜菜，圈养猪狗牛羊，才有了与异类生命相伴成长、休戚与共的情感培养。将植物的种子埋入地里，施之以肥水，在风雨寒暑中呵护它们成长，最后再来收获它们留作种子之外的果实，以为自己生存的资粮；喂养动物的族群，与它们朝夕相伴，监护幼崽直至成年，最后才将其变为自身的食物。这种生产与生活方式，让人有了与天地同在，与万物命运与共的体验，对自身生存其中的时空的流转，也有了深远的感悟与思索。

今天，以生产力和社会运转效率来判断，古老的农业文明是一种落后的文明形态。但从人与自然的和谐关系、人与人之间亲善程度和生活美学的角度来看，它很可能是迄今为止最美好的一种文明，田园牧歌也是人类曾经有过的最有诗意的生活图景。这个文明阶段产生了人类最优雅的诗篇，还有温良的德性，当然还有美酒、佳肴与清茶，是后来的工业文明和后工业文明所不能比拟的，当然也不是之前的文明形态所能并论的。先前的采集和游猎，都是对自然生命的直接攫取与享用，只有进入农业社会，对不同形态生命的供养与照料，才成为人获得生存资粮的前提。"仁者先难而后获"，当栽培与哺育取代杀戮与掠夺，成为基本的生活方式时，人类的道德情感获得了一次大跨度的跃迁。这种跃迁集中体现在对人的生命乃至所有生命的尊重与珍惜上，即所谓仁的情怀。弱肉强食不再是天经地义的事情，烧杀掠夺成为一种不义甚至可耻的行径；以德服人替代以力服人，也成为一种社会进步的可能。中国不是这次文明跃迁中跨出第一步的地区，但却是农业文明最为成熟、蕴藉最为深厚的国度，而儒道文化堪称这种文明的杰出成就，孔子人道与老子天道的对接，为人类生命的开展与升越打开了一条深邃的通道。

"仁"和基于"仁"而编制的"礼"，是孔子人道精神的主体内容，前者是对人的同情与关爱，后者则体现对人的恭敬与尊重。孔子将"仁"的精神源头追溯到西周开国时期，那是一个"郁郁乎文哉"的时代。从下面二三件小事，或许可以看出那个时代精神风貌的端倪。

还是被称为西伯的时候，文王姬昌征发劳工开掘池塘。施工中，挖出一具无名尸骸，姬昌得知之后便做出指示：按照例行的礼仪予以安葬！管事的小吏却有些为难：都搞不清是哪家的人，怎么个安葬法？姬昌称：掌管天下的人，就是天下所有人的家长；掌管一个国家的人，就是这个国家百姓的家长。我是一国之主，这个人就算是我的家人。于是，便给尸体穿上寿衣，装入棺材，举行了正式的葬礼。人们听说此事，都说：西伯连一具腐烂的尸骸都如此关切，更何况是活着的人呢？这是同类事件中第一个进入历史视野的，不能无端地将其视为政治家的作秀。它体现了一代仁王对生命的尊重，对人身世的关怀。

第二件事是，灭殷之后，周朝开通了通往周边夷狄诸国的道路，西边的旅国给武王送来了一只威猛无比的獒。太保召公奭得知此事，便上朝进言，言辞中有这样的语句："人不易物，惟德其物！德盛不狎侮。狎侮君子，罔以尽人心；狎侮小人，罔以尽其力。不役耳目，百度惟贞。玩人丧德，玩物丧志。志以道宁，言以道接。不作无益害有益，功乃成；不贵异物贱用物，民乃足。"（《尚书·旅獒》）人的心性不能被外在的事物所支配，而应当以德性去转化外在的事物。德盛之人不会轻慢与侮辱别人，你轻慢和侮辱了君子，就不会有人为你尽心；你轻慢和侮辱了百姓，就不会有人为你尽力。不被声色犬马所左右，各种事情应对起来才能从容得当。将别人的人格拿来玩耍戏弄，就丧失了自己的德性；将外在的事物拿来玩耍戏弄，就会耗散掉自己的心气。自己的心志，要依靠道的修为来安顿；别人的言论意见，也要依据道的法则来接受。召公奭的劝谏，蕴含着这样的信念与理则：人的尊严高于物的价值，高于人之外的一切，这种尊严不能被任何事物所改变与交换。人的德性首先体现在对人的尊重之上，任何时候都不能将人的位格置于物质之下，即便这种物质是极其贵重的稀世珍宝；任何时候都不能将人的尊严置于被玩弄和侮辱的境地，即便你是一个掌握最高权力的帝王；任何时候都不能将人的身世置于被埋汰与被玷污的境地，即便是作为人的自己。这些话，道出了中国古典人文主义的基本立场。

第三件事情是，在带领队伍前往牧野誓师的途中，一手举着令旗，一手挥舞大斧的周武王，发现自己袜子的系带松开了。他身边簇拥着五名威武的卫士，武王想让他们帮忙将带子重新系好，但卫士当中没有一个人愿意弯下腰来为他服务，理由是：我们侍卫在您身边，是为了保护您性命的安全，而不是为您系袜子带的！武王只好放下令旗和战斧，屈身将袜带勒紧（参见李亦然著，《三皇·五帝·三王》，第246页，黄河出版社，2007年）。三军可夺帅，匹夫不可夺志。即便是身边的侍从，君王也不能冒犯他们的人格，随意强奸他们的意志。可见这个时候，个体的尊严并没有被掌握国家重器的人肆意践踏。

孔子是一个悲天悯人的哲人，其情怀之博大深切，非一般人所能理解体会。他是最早把"爱人"作为最高原则的仁者之一，而所谓"仁者"，就是珍惜与尊重生命的人。如果强言老子与庄子是天道主义者，那么，孔子就是一个人道主义者。但"人道主义"这个词相对狭隘，不足以概括"仁"的意涵。孔子倡导的精神应当叫作"仁道主义"，它始于人道，却不止于人道。孔子曾声称"天生德于予"，这种来自上天恩赐的德性就是仁，一腔发自内心深微之处而又弥漫于天地间的恻隐同情与恭敬郑重之情，是人的本善之性，属于前文所讲的天命之性的范畴。恻隐同情即为仁之端，恭敬郑重即为礼之始，二者皆是对漠视、轻慢、侮辱与践踏生命的否决与抵抗。在等级森严的政治生活中，孔子申明匹夫不可夺志，臣子"以道事君，不可则止"（《论语·先进篇第十一》），不受君主之乱命。在维护家国社会秩序的同时，他也捍卫个人自由意志的不可剥夺性。

仁慈虽然发乎人的心性，却因施与的对象不同而有所区别，爱也有了亲爱与敬爱之分，前者体现在对生命的珍惜上，后者表现在对生命的尊重上。对弱者的爱往往带着同情与怜悯，如同面对流水；对强者的爱往往附带着敬重与景仰，如同面对高山。在理论上，爱可以一视同仁地"泛爱众"，像爱自己一样爱所有的人，包括与你意见不同、性格不合甚至有深仇大恨的人，但在实际生活中，一个人爱的布施，总是从身边与自己最近、缘分最深的人开始。即所谓"爱无差等，施由亲始"，有一个推己及人、渐次"推恩"的过程。于是，就有了礼的设置，将无差等的爱以有差等的方式加以渐进传递。孔子带有时代色彩和务实精神的爱的布施方式，受到了后进墨家的诟病。相比之下，墨子的"兼相爱"更接近宗教的博爱精神，但博爱与泛爱只是一种抽象的原则，甚至是一种无对象性的情怀。进入世间的实践当中，爱的实现与落实需要一个由近致远的过程，接受起来也是如此。不然，就可能出现类似这样的乖谬情形：卢梭在宣扬人类博爱的同时，将亲生的五个孩子送进孤儿院；一个悲悯天下苍生的人，却不善待自己的母亲，甚至也不善待自己。如同阳光在云层之上普照万物的爱，并非一般人所能落实。正如现代人文主义者白璧德所说："将爱的法则在世俗事务上不加限制地应用，导致的不是爱，而是其反面——恨。不加限制的自由也是一样。"（美国《人文》杂志社、三联书店编辑部编《人文主义——全盘反思》，第36页，生活·读书·新知三联书店，2006年）

孔子信奉"物各得其所生之宜"（《孔子家语·相鲁第一》）的理念，在他眼中，人立身于世，在恰当的环境中生存，吮吸滋养生命的液汁，开尽心中的繁华，品赏世间氤氲的况味，实现人性潜在的可能，完成生命婉转起伏的过程，使之免于陷入穷困、屈辱、卑污、夭折，不让自己和他人感到遗憾与伤痛，是最为重要的。其余一切事业，都是这件事情的延伸，或是为此事的完成创造条件，做必要的铺垫。《论语·先进篇第十一》和《孔子家语·致思第八》记载了孔子与诸弟子的两场对话，披露了这位仁者的心迹。

一次，孔子和子路、曾点、冉求、公西华四位弟子坐在一起，孔子说：你们平时总是感慨没有人能理解自己，现在，如果真的有人理解并给了你们机会，你们会怎样去做呢？子路说，他将如何治理一个千乘之国，使人们骁勇善战，并且懂得礼仪；冉求说，他将如何治理一个方圆六七十里的地方，使人们丰衣足食；公西华则表示，愿意在各种宗教与国事活动中，做一个小小的赞礼人，尽到儒者的本分。轮到曾点，他觉得自己胸无大志，便不好意思开口，在老师的鼓励下，才吞吐出自己向往的场景："莫春者，春服既成，冠者五六人，童子六七人，浴乎沂，风乎舞雩，咏而归。"弟子们都没想到，孔子竟然由衷地感叹：我与曾点的想法相同！（《论语·先进篇第十一》）显然，孔子深深领会生身为人、没有任何堂皇披挂的赤子的荣光，渴望过一种"思无邪"的天真烂漫的生活。

说深沉一点，即充分、纯粹人性化的生活："志于道，据于德，依于仁，游于艺。"（《论语·述而篇第七》）孔子内心不迷恋权力场上人上之人的高贵，也不向往在人世间建立什么丰功伟绩。如果不是因为身陷乱世，放不下对天下苍生的情怀，他不会风尘仆仆如丧家之犬奔走在路途上。

另一场对话，是在一个叫作农山的地方展开的。孔子让三位弟子谈各自的志向，由他来加以抉择。子路自然第一个发言，他说：我希望有机会高扬着飘飘的军旗，在响彻云霄的钟鼓声中，带领一队人马，攻陷敌人的阵地，割下敌人一串串耳朵。孔子回应：你真勇敢。子贡说：我愿出使到两国交战的原野、硝烟弥漫的战场，穿戴着白色衣帽，在两军之间来回劝说，论述交战的利弊，化干戈为玉帛。孔子回应：你真有口才。轮到颜回，却退到后边不作声。孔子问他：你难道就没有什么心愿吗？颜回答道：文武两边之事，子路和子贡都说了，我还有什么好说的呢？在老师的劝说下，腼腆的颜回还是做出了表白："回闻薰莸不同器而藏，尧桀不共国而治，以其类异也。回愿得明王圣主辅相之，敷其五教，导之以礼乐，使民城郭不修，沟池不越，铸剑戟以为农器，放牛马于原薮，室家无离旷之思，千岁无战斗之患。则由无所施其勇，而赐无所用其辩矣。"（《孔子家语·致思第八》）

孔子最终选择了颜回，他向往没有战争和离乱的社会，人们铸剑为犁，拆毁相互防备与对垒的城墙，在蓝天白云下面过着田园牧歌式的生活，怡情适性，他们的勇武、韬略与机巧辩才都无处可用，这才是真正的人的社会。人间最野蛮的事情莫过于伤害生命，严厉的刑罚虽说是为了阻止罪恶，但也使人身伤害成为一种正义；战争更是使大规模的伤害与杀戮合法化，成为一种英雄壮举。连厨房里发生的宰杀都不忍面对的儒家，自然希望能够远离伤害同类的血腥现场。仁者难以理解与接受的是，爱看起来是比恨更美好的事情，但现实中到处都是喷薄的怒火，仇怨相报之事层层叠加无有尽期。

周游列国途中，有隐者对正在打探渡口的孔子师徒说：天下乱象滔滔如洪水，你们谁又能够改变得了呢？为何不像我一样做个避世之士？孔子听后怅然若失，道出了自己的心曲："鸟兽不可与同群，吾非斯人之徒而谁与？天下有道，丘不与易也。"（《论语·微子篇第十八》）人不能终日与鸟兽一起生活，总得生活在人群的社会。倘若天下清平的话，我孔丘也会修身以道，如"且芝兰生于深林，不以无人而不芳"（《孔子家语·在厄第二十》），用不着像丧家之犬四出奔走，苦苦谋求改变这种汹涌态势了。这个听起音乐来就能废寝忘食、三月不闻鱼肉腥味的仁者，并不向往庄严的权力庙堂，追求荣华奢靡的生活，热衷于名利场上的风光，而是喜欢怡情适性的日子。对于政治与军事的争斗与杀戮等阴险狡诈之事，孔子更有一种出离的心态。在困于陈蔡之间绝粮断炊时，他还在反复问自己的弟子：《诗经》里说，既不是犀牛，也不是老虎，却在旷野中到处游荡。我所推行的难道有什么不对，才落得这个样子吗？（《史记·孔子世家》）

从他对弟子和一些人物的评价，也可以看出这位仁者的古道热肠。他是一个可以赴汤蹈火却又十分珍惜生命的人。

> 思天而敬人，服义而行信，孝于父母，恭于兄弟，从善而教不道，盖赵文子之行也。其事君也，不敢爱其死，然亦不敢忘其身。谋其身不遗其友，君陈则进而用之，不陈则行而退。盖随武子之行也。其为人之渊源也，多闻而难诞，内植足以没其世；国家有道，其言足以治；无道，其默足以生。盖铜鞮伯华之行也。

外宽而内正，自极于隐括之中，直己而不直人，汲汲于仁，以善自终。盖蘧伯玉之行也。……蹈忠而行信，终日言不在尤之内。国无道，处贱不闷，贫而能乐。盖老莱子之行也。(《孔子家语·弟子行第十二》)

思绪连着浩茫的天道，却对人在尘土里的生存保持着一份割舍不了的郑重；为了江山社稷可以慷慨赴死，但平日里却也相当爱惜父母所生的身体，不敢轻易毁伤，而且还食不厌精，脍不厌细；德性的内修涵养足以受用终生，国家有道时可以尽情施展，无道时也可以退隐来保全身家性命。这些人格品质与进退之道，是孔子十分赞同的，也是他自己具备的。

孔子"思天而敬之"，所倡导的仁道主义，与西方近代以来流行的人道主义差异甚大。首先，后者是以个体为单位的、单数的人道主义，将人视为一个个不能分割也难于溶解和兼容的单子，追求个体自由度的最大化，具有鲜明的排他性，缺失仁道主义中"恕"的内涵，实施起来，势必导致人与人之间自由的相互对撞与抵消；其次，单数的人道主义悯人而不悲天，只是一味抬升人在世界中的地位，所要高树的是人类中心主义的旗帜。其博爱的情怀局限于人类，甚至只是被视为人类的人类，对这一范畴之外的生灵和生物，天然地抱有漠视、鄙视乃至蔑视的态度，因此隐含着人道与天道的对立、人与万物之间的紧张关系，没有民胞物与的襟怀气象。以这种主义为原则建立起来的秩序，很难实现温馨的和谐。

与单数的人道主义不同，仁道主义是复数的人道主义，它始于"仁者自爱"，但不止步于此。它把个体生命视为天地山川灵气和父母精血的结晶，将其置于辽阔的背景之中，而不是全然不能分解的单子。个体生命的内涵，在深邃之处贯通天道；其外延则向家、国、天下次第开展。个体是一个起点，却不是一个终点。他向世界敞开，而非画地为牢，自我幽禁。家、国、天下范畴下的众多他者，在地面上与自己同时成立，命运与共："己欲立而立人，己欲达而达人"，"己所不欲，勿施于人"。这就突破了个人主义的边界设防，减弱了排他性与对抗性。因此，人是个体，又不仅仅是个体，他是社会性的存在，可以溶解于水的水。生命的开展，在独善其身与兼济天下的开阔地带纵横驰骋，收放自由，穷则独善，达则兼治。

其次，仁道主义不泛言博爱，但在人类优先的前提下，兼顾其他生命形态，对之持有慈悲的态度，其热爱与尊重生命的情怀如次第花开，遍及有情众生乃至无情草木，突破了人类中心主义的边界，其既悯人而又悲天，同情之心弥漫于天地万物之间。仁道的立场从人道出发，最终与天道通而为一，仿佛超出了人道，背离了人道，其实是升华了人道，拓展了人道，是超越个人中心主义和人类中心主义的人道主义。正是因此，它看起来不像与天道对立的人道主义那么色彩鲜明，具有叛逆与反抗的属性。人道主义在人类优先的前提下，对异类生命可能采取蔑视乃至敌视的姿态，甚至为了提升人道的地位不惜践踏其他生命形式，其所谓博爱的范围其实相当狭隘；仁道主义则在人类优先的前提下兼顾其他生命形态，其热爱与尊重生命的情怀，遍及整个生命世界，是真正意义上足够辽阔的博爱。

仁道主义者超出人道的倾向，很容易被误解为对人道的反动与背叛。儒学中有舍己从人、杀身成仁、舍生取义的价值取向，也曾经被质疑是把生命当作工具，去成全某种抽象的道德原则与义理。这其中涉及对生命存在的理解。在儒者看来，人有肉体生命，也有精神生命；人性有饮食男女的身体气血之性，也有与道贯通的天命之性。在鱼与熊掌不可兼得，肉体生命与精神生命、气质之性与天命之性不能两全的情形下，舍前者而取后者，即所谓就高而不就低。"春江花月夜"和"小桥流水平沙"中的水，都是水最柔美的形态，但遭遇悬崖断壁，水也只能纵身一跃，如庐山瀑布飞流直下三千尺。

2. 生生之德

中国古典思想中，很早就有了对"天"的敬畏。第一个在天空下跪下来的人已然杳不可考，但这种敬畏的起源或许与农业文明有关。作为与"地"相对的概念，"天"是指大地之上浩瀚的宇宙空间，及其空间里运行的天体和隐性的存在；作为与"人"相对的概念，"天"指的是人及其行为意志所能够改造与掌控之外的自然世界总和，包含天地万物，也可称之为天地。"天意从来高难问"，但对于其意志，人们总是有各种各样的揣测、推断与想象。关于天地造化运行的思想，最为集中的表述在《易经》中。这部从伏羲到文王姬昌反复修订、不断完善的经典，将天地万物的本体描述为一个生生不息的时空流，并用象征符号加以演示。被认为是出自晚年孔子手笔、对《易经》做出阐释的《易传》，将天地的意志和德性归结为"生"，"天地之大德曰生"，即所谓"上天有好生之德"，"天地以生物为心"。说白了，天道是同情、欢喜和赞助生命的，它的德性就是生生不息。这就与"仁"的意思相通了，仁的含义也就可以理解为"生生"，即对生命的慈爱与敬重，而且不以族类设限。这种源自《易经》的仁道外延深广，超出人道范畴，其情怀纳入了一切生灵，是足够辽阔与浩瀚的博爱。

和后来的姬昌一样，成汤也曾是著名的仁王。《史记·殷本纪》

记载了他网开三面的故事，说的是成汤出访民情的途中，看到一个捕猎的人，在林子的东西南北四面都架起罗网，形成一个密密匝匝的包围圈，然后朝着罗网里不停地祷告："飞禽走兽啊！不管是天上飞来的，地下钻出来的，还是来自四面八方的，全都快快投入我网里面来吧！"见此情景，成汤顿感不快，觉得如此下去，天下鸟兽恐怕就会被捕杀殆尽了。于是，他让那人撤去三面罗网，只留下一面，并让他改变祷告的语词：愿意往左边去的就到左边去，愿意往右边去的就到右边去，不听召唤的就自投罗网吧。这件事情当时受到了广泛称赞，汉水以南四十多个大小诸侯听说此事，便纷纷归顺于成汤。因为他连被当作菜肴的鸟兽的命运都如此关爱，何况是自己的同类。成汤以七十里地的小邦，最终成为天下共主。那时候的人们敬重与崇拜德性的情形，是现在的人无法想象的，因此网开三面一事，在今天很容易被理解为政治玩家的作秀。

孔子对同类生命的同情，无微不至地体现在生活的细节中。譬如：在家有丧事的人旁边吃饭，他从来都没有吃饱过；如果遇到因伤心事哭的人，他在这一天里就不会歌唱；见到披麻戴孝或眼睛失明的人，哪怕是小孩子，他也神色深沉，以示同情与郑重（《史记·孔子世家》）。

毫无疑问，不语怪力乱神的孔子，首先是一个人道主义者。《论语》中记载：有一天，家里的马棚失火，孔子退朝回来，进门就问伤到人了吗，却不问及马的情况。朋友死了，没有人送终，他就会出来主动承担，将后事安排妥当。然而，孔子不仅仅是一个人道主义者，他的仁慈，也给予了具有灵性生命的动物。国君赏赐的物品中，要是有活口的动物，他就将其蓄养起来。对于那些优良的马匹，孔子不赞叹它们的力量，而是赞叹它们的德性，大有将其引为同类的意思（《论语·乡党篇第十》）。

孔子年轻时也从事捕猎，但他不用大网将鱼类打尽，也不射杀已经归巢入窝的鸟儿（《论语·述而篇第七》），既不在母亲面前杀死其孩儿，也不在孩儿面前杀死其母亲，不会毁灭一个家庭的温暖。有一次，师徒在山谷里行走，看见一群漂亮的野雉，孔子便向它们递了递神色。野雉们立即展翅扑向天空，在上方盘旋一会儿后，觉得孔子他们没有伤害自己的恶意，才又缓缓降落到树上来。孔子开心地说：这些山上的母雉，真是生逢其时呀，真是生逢其时呀！子路则向它们拱拱手。野雉们快意地喊叫几声便飞走了（《论语·乡党篇第十》）。在这片生活的花絮里，仁者的精神已经与万物打成一片，儒者对天地"生生之德"的赞美与歌颂，也表现得相当淋漓。"里仁为美。择不处仁，焉得知？"（《论语·里仁篇第四》）让生命安住在本性的仁慈之中，与万物打成一片、融为一体，而不加抉择与趋避，是孔子仁道精神的所在。

子贡曾经这样介绍自己的同学高柴："自见孔子，出入于户，未尝越履。往来过之，足不履影。启蛰不杀，方长不折。执亲之丧，未尝见齿。是高柴之行也。孔子曰：'柴于亲丧，则难能也；启蛰不杀，则顺人道；方长不折，则恕仁也。成汤恭而以恕，是以日隮。'凡此诸子，赐之所亲睹者也。吾子有命而讯赐，固不足以知贤。"（《孔子家语·弟子行第十二》）高柴自从进了孔门，走路时脚不踩别人的影子，从不杀死刚刚从蛰伏中醒来的虫子，也不折断正在生长的花草树木。这些行为得到了孔子赞扬，认为这是遵从人道、践行仁恕的表现。类似的事情，也见于《礼记》等典籍。《抱朴子内篇·微旨》中对仁道有这样的表述："慈心于物，恕己及人，仁逮昆虫。"后世的儒者，如周敦颐、程颢等，也以"绿满窗前草不除"作为这种"生生之德"的体现。

《史记·孔子世家》记载，停留卫国不为所用的孔子，打算前往晋国会会胡服骑射的赵简子。到了黄河岸边，却听到晋国两位德望很高的大夫被杀的消息，于是对着东去的黄河深深感叹：水流如此壮美，波澜是多么浩荡啊。我却不能渡过，这也许就是命吧！子贡问他话里的意思。孔子回答说：我听说，一个地方的人，若是残忍到剖开动物腹腔来杀死幼子，麒麟是不会来到郊外的；若是戽干了池塘里的水来捉鱼，蛟龙是不会出来布施风雨的；若是捣毁鸟儿的巢窝来取卵，凤凰是不会飞临这里的。连禽兽都懂得避开不义之地，何况孔丘我呢！在这里，孔子将杀害有德之士与杀戮无辜动物胎儿、灭绝种群、断绝生命生生不息之机的行为同日而语，视之为违法仁道精神的罪行，并加以诅咒。

3. 仁政：爱的推恩

"天下者，非一人之天下，乃天下人之天下。"此话虽见于《六韬》，但这种观念由来已久，据说出自尧帝。传说中，国中有人衣食不给，尧都归咎于自己的过失；甚至有人违法犯罪，也认为是自己陷人于不仁不义，这种情怀堪称慈悲。舜帝的宽厚与仁恕，更是为众多的人所推崇和追随。传说中原连续七年大旱，太史提出要杀人做牺牲祭祀鬼神时，商汤剪去头发，割破手指，把自己捆上草绳当作牺牲向天祈祷：倘若是我个人犯下罪过，就请上苍严惩我吧，不要连累天下百姓。甘霖降下，灾情过去之后，他又从山上挖取矿石，炼铜铸币，将灾民们卖身为奴的儿女都赎了回来。以上这些，都是仁德在政治上的体现。但是，正式将仁德从私人生活领域推向公共政治，大张旗鼓、堂而皇之地推行仁政纲领的，应该是西周开国的时期。这是个以德立国的朝代。

武王姬发登基的第三天，便召集士大夫于殿前，询问他们：如今还有没有保存下来的古代规约教训，可以作为万世子孙遵循的准则？在得到否定的回答后，他又诏来太师姜尚父，问其见过黄帝、颛顼治国之道的记载没有。姜尚父回答说：在《丹书》上见过。不过，大王若想听闻，还得先斋戒才好。武王斋戒满三天之后，姜尚父才恭恭敬敬地捧着《丹书》，为冠冕端庄的姬发宣读其中的内容："以仁得之，以仁守之，其量百世；以不仁得之，以仁守之，其量十世；以不仁得之，以不仁守之，必及其世。"（《大戴礼记·武王践阼》）为了时刻记住这些古训，武王命人将《丹书》的语录镌刻在睡床、几桌、楹柱、门楣、弓箭、手杖、食器、镜鉴等各种器物上面，几乎无处不在。盥盘上铭刻的是："与其溺于人也，宁溺于渊；溺于渊犹可游也，溺于人不可救也！"楹柱上铭刻的是："毋曰胡残，其祸将然；毋曰胡害，其祸将大；毋曰胡伤，其祸将长。"这些话语絮絮叨叨，反复劝说与警示君王，千万不要做伤害生灵的事情。

武王与周公的仁政思想，体现在他们对待殷商遗民的态度上面。据《尚书·大誓》所载，占领殷商都城朝歌之后，武王将纣王宫中的珠宝玉器送还诸侯，宫女遣归家乡父母，但对殷商遗民如何处置，却没有那么果断，于是把师太公望、召公奭、周公旦三人请来商量。太公望说：爱屋及乌，恨亦如此。对不听命的殷人，就应该杀掉，不留后患。武王不假思索便予以否决。接着，召公呈上了自己的意见：这些人当中，有罪者杀，无罪者活。武王还是觉得不够妥当。最终，弟弟姬旦的意见得到他的认可："使各居其宅，田其田，无变旧新，惟仁是亲。"（《说苑·贵德》）于是，武王让周公旦举荐一些殷朝的旧臣和大德，征求他们的意见，在朝歌周边的土地上设置三个诸侯国，其中一个分封给纣王的儿子武庚，让他继承殷商的君位，给这些失去国家的人提供祭祀先人、奉祭祖宗的地方。如此对待敌对政权的统治者，实可谓仁至义尽。这些措施是仁政理念的体现，为儒者所津津乐道，是后世入主中原的统治者所不能比拟的。

"人道政为大，政道仁为大。"（《孔子家语·大婚解第四》）从孔子的角度看来，政治是人间事务中十分重要的部分，仁爱是政治生活的最高原则："古之政，爱人为大；所以治爱人，礼为大；所以治礼，敬为大。……弗亲弗敬，弗尊也。爱与敬，其政之本与？"（同上）孔子之所以将仁道立为社会治理的最高原则，是因为他将成就生命视为人类社会的终极追求："爱政而不能爱人，则不能成其身；不能成其身，则不能安其土；不能安其土，则不能乐天；不能乐天，则不能成其身。"（同上）人只有"成其身"，才能在天地之间安土而乐天。而所谓"成其身"，是指人的生存合乎道而不过乎物，以天道来成就自身的性命，由立人而达人，由达人而成为君子圣贤。《大学》一书所阐述的，正是人如何成就自身的内容。

鲁哀公可谓是当时最敬重孔子的君主了。一次，在与孔子会面时，他随意问起舜帝戴的是什么帽子？孔子不回答，说您为什么不问个重要的问题呢？鲁哀公于是就问：什么问题才是重要的？孔子这才谈起舜的社会治理："舜之为君也，其政好生而恶杀，其任授贤而替不肖。德若天地而静虚，化若四时而变物。是以四海承风，畅于异类，凤翔麟至，鸟兽驯德。无他，好生故也。"（《孔子家语·好生第十》）在孔子的叙述中，舜所施行的就是仁政，这种仁政不仅关爱人的身世，也关爱人之外的各种生命的存在，从而建构起人与人之间、人与自然之间的和谐生态，使整个世界变得无比祥和，甚至鸟兽都被人们的德性感化，凤凰、麒麟等珍奇动物，都纷纷从深山老林的洞穴里出来，与人共欢，出入同一个家园。

孔子仁政的宗旨在于，一个国家以仁道立国，将珍惜、敬重和热爱生命作为社会建设的纲领，将"己欲立而立人，己欲达而达人"和"己所不欲，勿施于人"的恕道，贯彻到社会生活的各个领域、国与国之间的关系当中，建立起一个充分人性化的社会，让人的身世得到爱的关怀与照护，获得尊严的高贵，其人性内涵得以次第实现与完成，免于陷入非人的境地，以非人的方式（禽兽）或低人性的方式（夷狄）对待人。同时，打通人道与天道的阻隔，与万物融洽相处，使"四海承风，畅于异类"，天地之间欣欣向荣，充满祥和气息。他这种发自肺腑的夙愿，需要诸多因缘的聚合，特别是大众的道德认同（也可以说是精神签约）度的提升，并不是任何时代、任何国度都能够实现的，但丧失了这种理想，精神上的签约一旦被撕毁，社会就可能沦为非人的世界，进入如朱熹所言的漫漫长夜。

孟子是仁道精神的光大者，"君子远庖厨"的话就是出自他之口。据说，齐宣王在堂上，有人牵着一头牛从下面经过，宣王看见便问：要把它牵到哪儿去？得到的回答是：将杀它来祭钟。宣王说：放了它！我不忍看见它被杀时恐惧的样子，它是无辜的，却要去送死。那人又问：那么祭钟的事就算了？宣王应答说：祭钟的事不要终止，只是用羊来代替牛就可以了。从这件事情，孟子得出判断：宣王有不忍之心，足可以行仁政王道。对于宣王的行为，他做出这样的解释："君子之于禽兽也，见其生，不忍见其死；闻其声，不忍食其肉。是以君子远庖厨也。"（《孟子·梁惠王上》）孟子不像其他人一样纠缠于以羊换牛的问题，因为宣王之所以这么做，只是他见到牛的惊恐而未见到羊的畏怖。孟子对宣王的劝谏，在于为何不将这种不忍之心"推恩"于齐国乃至天下的民众，而"恩足以及禽兽，而功不至于百姓者"。

在仁者看来，杀生是人类的一种原罪，不得已而为之。庖厨是烹饪之所，也是杀戮溅血的现场，充斥着凶煞与残忍之气。如果不是出于生存与工作之需，到这里来观看杀害生灵的过程，如同看戏一般，这会损害人的不忍人之心，使之麻木不仁，乃至冷血。目睹动物凌迟受难的过程尚且不忍，何况是堂而皇之地对同类加以伤害。春秋两百五十五年，发生过四十三起弑君事件，杀害君主就如同杀鸡宰羊一般。至于战国的争霸战争中，到底有多少士卒与平民被杀戮，都已经无法计算了。在这种背景下，孟子仍然坚守仁道立场，相信不嗜杀者能王天下，他的话语实有深意存焉。

4. 天命与民意：权力的合法性来源

中国古典思想最深邃之处，在于"究人天之际"。或许是农业文明对自然力的依赖，在西周之前，对天的敬畏远远超出了对人的尊重，天道也在某种程度上压着了人道。到了殷商时期，天的信仰更为普遍，并且渗透了人们的日常生活。可以说，那时候的人们，是跪在苍天之下的。天是大地之上、视听之外无尽的空间，是诸神居住的领域，他们掌握着风雨雷电和各种神秘叵测的力量，以人力无法抗拒的意志，影响乃至主宰着尘土世界和人的命运，包括朝代的更替。天与神对人间之事历历在目，但人对于天上的事物，却是一点也不清楚。国人虽然有了上帝的概念，和关于神灵的想象，最终还是没有形成一神信仰，只是冥冥之中觉得"休祲降于天"，"违天不祥"。天道高于人道而深不可测，这种情势使人战栗不安，不敢轻举妄为，尽管这种恐惧还没有严重到将身家性命全然托付的程度。

与殷人的观念不同，"周人尊礼尚施，事鬼敬神而远之"（戴圣著，王学典译，《礼记》，第424页，江苏凤凰科学技术出版社，

2018年）。他们是站在人道立场上来处理人天事务的，但这并不意味着将人道与天道对立起来，以人道来颠覆天道，而是重新建构了人道与天道的关系，以实现二者的对接与贯通，而对接的桥梁则是人的德性。周人认为，殷商之所以走向灭亡，是因为丧失了德性，"不敬厥德，乃早坠厥命"；西周之所以获得天下，则是因为敬天保民。判断德性的标准，在于对生民是否同情、慈爱与尊重。

在周人的信念里，来自上天的意志是良善的，或者说是同情地上的生灵、为人着想的，因此，只要所做的不是亏心之事，人就不必感到不安与恐惧。也就是说，天是站在生民立场上的，它认德不认亲，只辅助造福百姓的人事："皇天无亲，惟德是辅。民心无常，惟惠之怀。"（《尚书·蔡仲之命》）虐待或伤害生民、不为生民所拥戴的权力机构，不受天命的眷顾与护佑，因此也不具备存续的合法性。这就有了《尚书》里一系列的说法："天视自我民视，天听自我民听"；"民之所欲，天必从之"（《尚书·泰誓》）；"天聪明，自我民聪明。天明威，自我民明威"（《尚书·皋陶谟》）。天道不仅不与人道违逆，反而与人道默契，顺从和支持人道，天心与民心同一向背，天道与人道合二为一。于是，就得出这样的训诫："皇祖有训，民可近不可下，民惟邦本，本固邦宁。"（《尚书·五子之歌》）当局者必须以德配天，恃德不恃险，恃德不恃力。如此，人道的地位就被提升起来，并与天道相连；向外的祈求也随之转为向内的亲证。可以说，中国古典人文主义，是在西周建国之际进入政治领域，成为一种被国家政权认同的主流意识形态的。在此之前，这种人文主义只是作为一种思想的星光与火花，在苍茫的世间闪烁明灭。

毫无疑问，孔子和孟子是西周人文遗产最重要的继承者。在政治思想领域，孟子的思考似乎更为深入。在烽烟四起、争霸战争日趋白热化的战国中期，他仍然保持对人性的信任，将民意作为权力合法性的来源，旗帜鲜明地反对通过暴力攫取与变换公器，坚信"不嗜杀人者"能统一天下，翘首盼望周文王这样的明君出世，推行仁政与德治，"以不忍人之心，行不忍人之政，治天下可运之掌上"（《孟子·公孙丑上》）。在孟子的想象中，当推行仁政的王道之师到来的时候，百姓们将像节日一般，以箪食壶浆夹道欢迎。

先秦时代，人口是最大的经济和军事资源。在秦朝编户齐民之前，百姓尚可在诸侯国之间自由迁徙，投奔某个给自身带来更好生活前景的地域，在那里安家落户。他们不能以举手的方式表达自己的意志，但可以用脚去给各国政府和国君投票，使政治清明的国度获得更多的身体资源。这也正是西周从百里之地扩展到天下的三分之二，并最终像摘帽子一样替代殷商的原因。"汤以七十里，文王以百里。以力服人者，非心服也，力不赡也。以德服人者，中心悦而诚服也。"（《孟子·公孙丑上》）孟子坚信，在这个遍地充满血光之灾的天下，饱受煎熬的人们，都在翘首盼望着明君圣主的出现，如大旱之于云霓，归顺仁政之心也如水之流向低谷。"今夫天下之人牧，未有不嗜杀人者也。如有不嗜杀人者，则天下之民皆引领而望之矣！诚如是也，民归之，由水之就下，沛然谁能御之？"（《孟子·梁惠王上》）一个国家实行仁政，不以凶器恶政对待百姓，就能使天下归心，为越来越多的民众所向往与投奔，国家也因此变得富庶与强大，重温商汤与文王的梦想。

孟子仁政的核心，在于主张民意民心对权力合法性的决定性意义。他对民心民意的推重，实际上是以主权在民的思想，偷换了君权天授的观念，只是鉴于人们对天的信仰依然存在，不好捅破而已。他假借尧舜禅让之事含糊表达："昔者尧荐舜于天而天受之，暴之于民而民受之。"（《孟子·万章上》）明主上位，是天与民共同"受之"，而高高在上的天，预先早早就站到生民的立场上了，天不过是民意的替身和代言罢了。当孟子说出"民为贵，社稷次之，君为轻"这句令后世皇帝都感到震惊的话时，他已经将君王人格与江山社稷析离开来，将人民的政治地位置于国家政权与君王之上，被称为天子的君王，也顺理成章地降为人民的仆人。依照这样的理念，仆人服务于民众的公共事务，倘若能够顺遂民心，"乐以天下，忧以天下"，得到民意的支持与拥戴，其合法地位就得以巩固与持续；倘若违背民心，祸害国家，人民就可以将其驱逐，如丧家之犬。孟子从道义上颠覆了"朕即国家"的叙事，取缔了将公共权力私有化的合理性，但他的具有启蒙精神的理念，没有蔓延成为一种思想运动。

春秋战国时代，天下幅员辽阔，即便是诸侯国，规模也远远超出古希腊的城邦。在当时的交通通信条件下，通过贝壳，一人一票进行选举表决的方式不具备可行性。如何将分散的民意集中起来，加以有序的表达，有效地影响政治决策，而不若洪水决堤泛滥成灾，是一个历史性的难题。孟子尽管主张民意对政治合法性的决定意义，但也未能设计出一套汇集与表达民意的可行方式，在制度上有所创新。"在君主与人民的关系的问题上，他主张君主的产生，要有人民的同意，而当君主危害国家时，可将其废除。他虽然没有提出怎样实现这一主张的形式化、程序化的政治措施，而只是停留在'民意'的层面，但是，其中包含着由人民的意愿决定政权的深刻思想。"（蒙培元著，《蒙培元讲孟子》，第53页，北京大学出版社，2006年）这只能说是时代的局限。

孟子所处的时代，天下共主已经不复存在，重新统一天下，成为天下人向往与追求的共同目标。在这个目标下，以商鞅为代表的法家，走的是以力服人、以严刑峻法治国的"霸道"路线。他在秦国推动的改革，强化君王的威权，使之长驱直入社会生活的各个角落，趋于绝对化；施行农商战略，使国家朝着军事化方面转变；编户齐民，实行什伍连坐法，剥夺了人们通过迁徙表达自己意志的权利；改法为律，制定更为严苛的秦律。曾一次性处决囚犯七百之众，使渭河水变得血红，哭号之声惊天动地，为了成就霸业不惜支付高昂的人道代价。与其相反，孟子走的是以德服人、以礼安邦的"王道"路线。在孟子设想的王道政体中，君王并不掌握绝对权力，为人臣者并非奴才，仍然保持一定的人格自主："君之视臣如手足，则臣视君如腹心；君之视臣如犬马，则臣之视君如国人；君之视臣如土芥，则臣之视君如寇仇。"（《孟子·离娄下》）在权力结构中居于上位的人，不能随意践踏下级的人格，而应当以礼相待。对于君王的行为，人臣认为不当，照样可以犯颜进言劝谏，劝谏无效还可以撂挑子走人："君有过则谏，反覆之而不听，则去。"（《孟子·万章下》）这一点与孔子"以道事君，不可则止"（《论语·先进篇第十一》）的立场相同。但对于权力体系中身份特殊的同姓之卿，孟子认为，必要时候他们可以将君王废黜另立："君有过则谏，反覆之而不听，则易位。"这接近于《左传·襄公》里的观念："天之爱民甚矣，岂其使一人肆于民上，以从其淫，而弃天地之性。"天道岂能容忍一个暴君，骑在人民头上作威作福，肆意践踏它所赋予的高贵人性。这里申明的，正是古典人文主义的政治立场。

王道的思想，以民意作为权力合法性的正当来源，其路线是通过赢得民心来取得天下："得天下有道，得其民，斯得天下矣；得其民有道，得其心，斯得民矣；……民之归仁也，犹水之就下、兽之走圹也。"（《孟子·离娄上》）同为儒家的荀子，信奉的也是仁政王道："行一不义、杀一无罪而得天下，仁者不为也。"（《荀子·王霸》）不过，比起孟子来，荀子更懂得与现实妥协。他认为，王道虽美，在现实之中却不能直取。群雄争霸时期，必须王霸兼治，依靠霸道统一天下，之后再由霸道回归王道的正轨，国家才可望实现长治久安。

人身体的良性循环，有待于任督二脉的贯通。国家的政治生活，也存在同样的问题。民意的表达自下而上，类似于督脉的运行，其功能是让社会实情与民众的诉求，能够真实而畅通地传递到权力的上游与核心，作为精英与领袖决策的依据，并对其形成反馈与监督；政令的传达自上而下，类似于任脉的运行，其功能是保障政府政策指令畅行无阻，国家意志得以有效的贯彻，及时处置出现的各种问题，保障社会的有序运行。政通人和的局面，有赖于两条气脉形成的均衡对流，而二者不能对接循环，意味着整个局面的破坏。集权的社会往往任脉相对通畅、督脉堵塞的情况较为常见，社情民意难以表达上传，因而影响政府决策的英明、社会正义的伸张；民主的社会往往督脉相对畅达，但任脉不通的情况颇为常见，政府调配社会资源的能力受限，政令难以得到快速有效的执行，不利于处理社会的变故与危机。显然，孟子所关心的，更多是民心民意对于社会政治生活的意义，也就是集权社会中普遍存在的督脉不畅的症结。

第七章
多维度社会综合治理模式
—— 古典人文主义的治平思想（中）

　　人是一种社会性的群居动物，群居意味着对个体加以规范与约束，缩小其行为的自由度，从而搭建起某种安稳的秩序，这属于齐家治国平天下的内容。对于如何治理社会，使之更加适合人性的安顿与舒展，早在先秦时代，就产生过激烈的争论。儒家与道家、法家、墨家等见地皆有不同，这种不同，看起来像是相互否决与反对，实际上也是在相互补充与完善。儒家继承尧舜与西周的传统，强调德治的主体性地位，以及执政者人格的感召力与摄受力，以软性的社会规范来建构和谐秩序；道家似乎是承接更为久远的小国寡民的传统，倚重社会个体的道德自治与自我独善，主张弱化国家组织机构的规模与职能，最大限度地减少公共权力对社会生活的干预，给人让出足够的自由度，来处置与完成自身的属性，消受自己的生命；晚出的法家，在礼崩乐坏、社会失序的时代，看到道德自治与软性社会规范已经濒临失灵，不足以遏制人性之恶洪水猛兽般的冲撞与泛滥，协调个人和集团尖锐的利害关系，因此强调威权力量的集中与刑法的震慑，以硬性行为规范压缩社会个体的自由空间，并以人治的权谋之术来加强君主驾驭臣属的能力，在乱世中建

　　　　穷尽人性的可能——中国古典人文主义叙述

立起一统天下的集权国家，使社会归治。

诸家在提供社会治理的不同方案的同时，自觉不自觉地道出了社会多维治理的理念。具体而言，在中国古典思想的视野里，社会治理乃是一项综合性的系统工程，单单某一方面的努力，某一层次的强化，不足以实现其完整的目标，必须从道、德、礼、法等不同的维度多管齐下，才有可能实现社会的全面治理。在先秦各家中，儒家的理念接近于此。孔子代表的儒家，虽然突出德治与礼治，并将其建立在个人修身自治的基础之上，主张"自天子以至于庶人，壹是皆以修身为本"，但也不排斥刑法的运用，将其视为辅助的手段。老子推崇人性的自治，却也理解或者接受退而求其次的做法："故失道而后德，失德而后仁，失仁而后义，失义而后礼。"（《老子》第三十八章）韩非虽然以法治为主要的治理手段，却也无意要将礼治全然废除。因此，道、德、礼、法四维综合治理，总体上可以视为中国古典思想的政治主张。

1. 道的维度：人性的自治

任何社会，都存在人性自治的问题。人对自己身家性命的安顿与自我治理，是一个社会安定与个体幸福的前提。人与动物不同，后者的自治似乎是因循先天设定的程序运行，带有被动的性质，后天抉择和转身的余地十分有限。然人生在世，携着天命与气质的禀赋，包括食色等种种本能欲望，经历生老病死、悲欢离合与爱恨情仇，各有自身的命运遭际，都需要去面对，并做出系列而连锁的抉择、调适与处置。在一定的外部环境下，倘若处置得当，不仅能够自得其所，独善其身，将生活过得自在惬意，而且不会衍生出各种需要收拾与打理的事情来，给他人与社会添乱；倘若处置不妥，不能安生，身心的欲望诉求无法顺畅地实现与排解，须突破伦理的藩篱，甚至翻越法制的高墙，才能得以完成，就必然会殃及池鱼，乃至成为社会的乱源。总而言之，只要安身立命的问题得不到解决，人不能各得其所地生活在自己的处境之中，达到"群生和洽，各安其性"（《周易乾凿度》），天下就无法太平，社会就不可能实现真正意义上的治理。一个芸芸众生夜里找不到归宿，阳光下到处都是精神浪子的社会，必然是一个乱世。

人对于自身的治理，可以分为两个方面：一是通过对自身身家性命的安顿、涵养、升华，实现生命本身的属性，把人给做得妥帖、充分与圆满，消受其中的恩典与福祉，不留下难以瞑目的缺憾；一是通过对自身外在行为的规范，使之适应他人与社会的期待，实现自身与群体的顺畅交集与和谐互动，或相安无事或互成其美，或相濡以沫或相忘江湖，对社会福祉的增进发挥有效的作用，从中体验到某种尊严，获得价值兑现。对于人的存在而言，如果兼具内心的自在和外部的尊严，便足可以慰藉平生了。

一般说来，在诸子百家中，道家最为注重人性的自治与自洽。在老子看来，社会乱象丛生，天下风云四起，都是由于人性迷失堕落和社会的过度治理造成的："天下多忌讳，而民弥贫；人多利器，国家滋昏；人多伎巧，奇物滋起；法令滋彰，盗贼多有。"（《老子》第五十七章）对各种生存资源，特别是稀缺资源贪婪的觊觎与攫取，激发了人身上邪恶的激情。他们使出浑身解数与伎俩，投入到愈演愈烈的竞争之中。不断追加的强力治理，并不能从根本上解决问题，反而在某种意义上加剧了竞争的恶性程度，使之不断升级，成为高强度高智商的角斗，衍生出更多的乱象来。在这种情势下，应当釜底抽薪，使用减法来消解人性的迷妄与疯狂，弱化社会治理上的强暴程度，让人各各回归于素朴的本性以自适，归根复命，

　　　穷尽人性的可能——中国古典人文主义叙述

找到生命归宿的家园与乐处，加以耕耘与休养生息，才是真正的太平盛世："我无为，而民自化；我好静，而民自正；我无事，而民自富；我无欲，而民自朴。"（《老子》第五十七章）倘若民德归厚，人皆修身以道，天下就没有那么多扰攘不安的日子："修之于身，其德乃真；修之于家，其德乃余；修之于乡，其德乃长；修之于邦，其德乃丰；修之于天下，其德乃普。"（《老子》第五十四章）一个以道自治的人，不会做出妨碍社会与他人的行为，因此也不需要用各种礼法来加以约束和矫正；人人都能独善其身的社会，各种外在的治理手段都成了象征性的摆设，甚至是一种扰民的妄举。

显然，在各个层面的治理中，道家注重人本意义上的治理。他们相信，只要人找不到生命的归宿，人性的自治达不到各安其性、各得其所的程度，人心的险恶状况得不到实质性的扭转，由人组织而成的社会，不可能实现实质性的治理，因此也不可能有真正意义上的天下太平。只要人身心的贪婪已经被激起，只要不甘平凡寂寞、渴望凌驾他人之上的意志尚未调伏，战火就已经点燃。在人性的对抗中，彼此较量的不是道德而是智力，斗智斗勇的竞争必然不断升级，趋于白热化。依靠强化外在的约束与赏罚建立起来的井然秩序，终将导致人性普遍的压抑、扭曲、变态与作伪，而这本身就是一种可怕的乱象。以上二重乱象，都是人道灾难。当人人修身以道，获得人性的圆满自足，一个理想的"至德之世"才会降临，在这个时候，整个社会就能够实现无为而治——这才是社会治理的最高境界。

因为人性与天道很难通过言语的听闻得到领悟，孔子极少谈及性与天道的范畴，但也十分重视人的自治。他所倡导的，不是修身以道，而是修身以仁。其所修者，乃是仁者爱人之心，一种悲天悯人的情怀。仁属于德的范畴，是人修身以道所获得的心性造诣。孔子所要推行的德治与仁政，就是要将仁者爱人之心推己及人，成为一种恕道，一种普世价值。

在孔子看来，"政者，正也"。而这个"正"，是从"正己"到"正人"的过程。"苟正其身矣，于从政乎何有？不能正其身，如正人何？"（《论语·子路篇第十三》）由此可见，孔子的社会治理，是从个体的自我修正开始的。个体道德的修为，是群体实现德治的前提，对于家族、地方乃至整个社会的治理，具有基础性的作用。诚如孔子所说，人真诚地"修己"，可以产生无形的感化与摄受力，达到"安人"的社会效应（《论语·宪问篇第十四》），这也正是君子存在的社会意义。"君子之德风，小人之德草。草上之风，必偃。"（《论语·颜渊篇第十二》）众多个体的德性修养，会形成一种潜移默化的力量，对个体行为产生强大暗示与无形规训。人不论是在为善还是为恶，都需要他者的呼应，需要连成一片的声气支持。在良好的社会风尚助力下，人的善举会变得理直气壮，而恶行也变得心虚与猥琐；在不良风气的助推下，人的恶行则因仗势而变得愈益嚣张，善举反而如同半夜里的做贼心虚。人不能等到良好的世风猎猎作响，才开始善的行持，而良好社会风尚的形成与壮大，有赖于一个个个体的以身作则。因此，儒家十分重视个人的扪心自问，即所谓无人时的"慎独"功夫，一个人孤独面对自己时的自我检视——这是德治的开始和支点。

在孔子看来，如果个体的自治达到足够普遍的程度，社会的治理也就没有多少事情可做，政治在人们生活中的重要性也就大大降低，这个时候，就可以实行老子所说的无为而治，而政治领袖只要倚北向南地端坐在那里，就可以天下太平了："子曰：无为而治者，其舜也与？夫何为哉？恭己正南面而已矣。"（《论语·卫灵公》）反过来说，倘若人性失治的情况愈来愈糟糕，政治就成为一项极其紧迫而繁忙的事情，显得无比严重。道德感化力失效之后，社会也就只有依靠严刑酷法来维持秩序了。

关于人心性自治的内容，在《管子》一书中占有不少的篇幅。除了亡失的《修身》，尚存《心术》《白心》《内业》等篇目，都是专门阐述修身范畴的。其于内圣一维的功夫探究，吸纳了道儒二家的智慧，探讨的深度不亚于孟子。这也许就是该书一度被归入道籍的原因。

《管子·内业》中有段关于内心自治的论述颇为概括：

> 形不正，德不来；中不静，心不治。正形摄德，天仁地义，则淫然而自至。神明之极，照乎知万物。中义守不忒，不以物乱官，不以官乱心，是谓中得。有神自在身，一往一来，莫之能思。失之必乱，得之必治。敬除其舍，精将自来。精想思之，宁念治之，严容畏敬，精将至定。得之而勿舍，耳目不淫。心无他图，正心在中，万物得度。……我心治，官乃治；我心安，官乃安。治之者心也，安之者心也。心以藏心，心之中又有心焉。彼心之心，音以先言。音然后形，形然后言。言然后使，使然后治。

在管子看来，面貌不端正的人，往往是因为德性没有修养好；内里不清静的人，往往是因为心态没有治理好。端庄姿态，修饬好内在的德性，天地之仁义便无形间汇集于你的灵府，使之获得照彻万物的神明智慧。内心持守清静而不偏离，不让外物扰乱感官，不让感官扰乱心灵，便可"中有所得"，涵养出"莫之能思"的神明。神明是人生命中的至宝，失去它，人的内心就陷入纷乱；得到它，人心就归于安详。心性自治的功夫，最关键的是净化心灵。只要将内心的宫舍打扫干净，人的神明就自然复位，如同主人安住家中。接下来，还须息除杂念，在行动中"严容畏敬"，专心加以观照与保任，让精气平定下来。"内静外敬，能反其性，性将大定。"（《管子·内业》）如此供奉与照护内心的神明，不让其浸淫于耳目等感官的感觉，迷失于外在的现象，就能获得裁度万物而不为物所奴役的能力："圣人裁物，不为物使。心安，是国安也；心治，是国治也。治也者心也，安也者心也。治心在于中，治言出于口，治事加于民；故功作而民从，则百姓治矣。"（《管子·心术下》）这套修身的体系，几乎可以与《大学》所阐述的道理通约。

在人本的自治中，《管子》特别重视对情欲与妄念的清理。在《管子》的作者看来，人的内心一旦被情欲与妄念所充斥，就失去了自性的澄明。必须"虚其欲，神将入舍；扫除不洁，神乃留处"。要想穷神知化，就得"洁其宫，开其门，去私毋言，神明若存。纷乎其若乱，静之而自治"（《管子·心术上》）。神明乃是人性中最高贵的成分，只能存养于虚静的心灵；就像高贵的客人，只能入住扫除干净的馆舍宫殿，而不是藏污纳垢的地方——"不洁则神不处"。神明还是不可追索的东西，不能漫山遍野去搜寻，只能虚位以待，为其提供清静无瑕的灵台，等待它无意之间的降临。为此，人必须"无求无设"，返回一无所成的虚灵境地，不能有先入为主的观念设定。

在心的修正与还原中，《管子》特别提到了心中有心的命题："我心治，官乃治；我心安，官乃安。治之者心也，安之者心也。心以藏心，心之中又有心焉。彼心之心，音以先言。音然后形，形然后言。言然后使，使然后治。"（《管子·内业》）这意味着心性的还原必须重重深入，心的启用也有由深出浅的投射过程。这段话描述的正是心从本体启用的程序：心中包藏着心，心里面又还有心。那个心里面的心，先是生起了意识，然后才说出话语；有了意识，然后感官才显现出事物的形象；有了事物的形象，然后才有叙事的语言；有了语言，然后才有使唤调遣的行为；有了使唤调遣的行为，然后可以谈得上治平的事宜。管子的治心说与孟子的尽心说，可谓同工而异曲。早在佛法传入之前的数百年，就深入探讨了"心中心"的问题，实在是一种难得的创见与发明。

2. 德的维度：教化与感召

孔子生活的时代，处于人类文明的早期，脱离与动物相近的气质之性，趋向于高贵的天命之性，成为当时文化先知们的自觉。"人之所以异于禽兽者"与"中国之所以异乎夷狄者"之类的话语，是这一时期颇为普遍的文化叙事。与此相应，人性的修养教化成为社会治理中十分重要的职能，以仁慈之心来转化弱肉强食的丛林法则，提升人的精神涵养，使人活得愈加成其为人，更是教化中至为关键的内容。某种程度上，这也是农耕文明与游猎文明的分别。孔子发扬的仁道，秉承"己欲立而立人，己欲达而达人"的共同成就原则，欲将修身以仁的成就推广于社会，教化于大众，以提升人存在的层次："修身立德之功既竟于我，势不能不进而成人之美，使天下之人由近逮远，皆相同化，而止善归仁。"（萧公权著，《中国政治思想史》，第44页，新星出版社，2005年）

除了心性层面的以道自治，社会治理可以使用的手段，一种是德性的教化、感召与摄受；一种是行为上的奖励与惩罚的恩威并施。前者即所谓德治，后者即所谓法治。法治偏重于人身的惩罚，使用的手段严厉甚至残酷，目的是使人恐惧乃至畏怖，恪守行为的边界线，不敢越雷池一步，对某些事情不敢有所作为。法治带有事先警告、事后报复的性质。古代的刑法十分酷虐，相当非人，其中甚至有炮烙煎熬等手段，世界各地概莫能外。这些手段对于罪犯是一种惩罚，对于民众也是一种警示，但对于人类却是一种凌辱，伤害了人的尊严，令以生育为天职的母亲不知情何以堪。以其人之道还治其人之身，固然符合社会的正义，但以牙还牙，以犯罪的方式来对待犯罪，却未免失之于下作。出于不忍人之心，儒者一向倡导明德慎罚。

德乃人心性修养造化的成就，在人的社会，对善美人性的仰慕与赞叹，是一种正常的状态。从《诗经》《尚书》等典籍可以管窥，西周时期，慕德之风盛行，人性的成就得到普遍推崇，君子如琢如磨的修行和温润如玉的品质，更是备受大众的追随，为山野农夫所传唱。人们愿意与有德之人为邻，耻于和无耻之徒合污。在这种风气下，善美德性对世道人心具有很强的感召力与摄受力，如同和风细雨潜移默化，解纷挫锐，抚慰人心，转移社会风尚习俗，能够将许多可能发生的争执对立与歇斯底里消泯于发端之前，使刑法如同稻草人、纸老虎，成为一种象征性的设置。孔子十分信赖德治的无形力量，他曾经对弟子说："听讼，吾犹人也，必也使无讼乎！"（《论语·颜渊篇第十二》）显然，他把德治排在法治的前面，作为优先的治理手段。在他看来，缺少德治铺垫的法治，很容易演成一种暴政。

德治的理念，追溯起来，源自尧、舜、禹三代的政治传统。作为这个时代文献的结集，《尚书》隐含着这样一种叙事：权力不是通过暴力去攫取，而是来自天命的赋予。天命是依照德性来配给权力的，德性积累深厚者，势必赢得人心的归向，并最终会获得天命的眷顾，权力资源也就渐渐向其转移汇集。反之，原来聚集在其身上的权力资源，就会向别处离散，使其失去天道的支持与人气的拥戴。

以德性作为权力授予的前提，是禅让体制的依据。在远古的传说中，尧帝之所以得到帝挚的禅让，是因为他爱民如子、悲天悯人的情怀和以天下为己任的担当。传说他路上遇见一个人挨饿受冻，就归咎于自己的失职，甚至得知有人犯下罪行，也认为是自己陷他人于不仁不义的境地。晚年的尧帝，之所以不把帝位传给儿子丹朱，是因为"终不以天下之病而利一人"。他把权力禅让于舜，是后者的品行感天动地。舜受尽继母、父亲和兄弟的虐待与迫害，仍仁心不改，以德报怨，赢得了民众广泛的赞誉，拥有众多的追随者，并经得起尧帝三年严格的考核，成为王者之后的舜，"德惟善政，政在养民"（《大禹谟》），无愧于尧帝的信任与生民的拥戴。深知稼穑艰难的他，经常巡视天下，体察民生疾苦。据说，在巡视的路上，他一路弹唱着题为《南风》的歌："南风之薰兮，可以解吾民之愠兮；南风之时兮，可以阜吾民之财兮。"（《孔子家语·辩乐解第三十五》）歌声洋溢着一代仁王对治下生灵的祝福。

根据《尚书·皋陶谟》记载，一次，舜帝与重臣一起议政，主管刑狱的皋陶发表了一番言论，得到了舜和禹的赞同。皋陶认为，从政者要谨慎其身，坚持不懈地提升修养，使自己拥有九种品质：宽仁而又不失坚韧，柔顺而又不失原则立场，忠厚质朴而又不失恭敬有礼，才智出众而又不失行为谨慎，温文尔雅而又不失刚毅果敢，性情正直而又不失温良谦让，简易而又不失方正，刚正而又不失笃实，坚强而又不失道义。将这九种相反相成的品质通融到一种人格里，成为一种精神造诣，实在不是一件容易的事情。

德性的政治意义，在于它能赢得普遍的信任，形成足够的向心力与凝聚力，团结族群，协调多方，赋予权力以庄严的感召。《尚书·尧典》里就有以发扬自身德性，实现社会和睦的说法："克明俊德，以亲九族；九族既睦，平章百姓；百姓昭明，协和万邦。"

这种对德性的推重与尊崇，与其说是一种客观的认知，不如说是一种精神信仰，而一旦成为普遍信仰与期待，就会产生强大的认同力，形成从善如流、唯德性是归的社会心理与时代风气，并构筑起政治生活的非物质基础，使失德的人为千夫所指，丧失权力资源，而高尚大德之人则会得到普遍的敬重与拥戴。

刑法是通过对人的威胁震慑，使人产生恐惧而服从于某种权威与法则。与之不同，德性是通过对人良知的感化与唤醒，使人内心存有敬畏，诚服于某种权威与法则，达成天下归仁的局面。上古时代，尚德之风盛行，一个在人爵上获得大成就者，往往具备一种磁铁般的摄受力，为众多的人所追随。舜先后在历山、雷泽、寿丘等多个地方居住生活，每到一个地方，都有很多人钦慕他的德望追随而来，形成大的村落与城邑。以人性的光辉感召天下，深得人心的归向与拥戴，是德治的核心："为政以德，譬如北辰，居其所而众星共之。"（《论语·为政篇第二》）这与后世将权力视为罪恶，将政治视为肮脏的勾当的观念截然不同。

正如《吕氏春秋·去私》所述，"尧有子十人，不与其子而授舜；舜有子九人，不与其子而授禹"，尧、舜都是出于"天下非一人之天下"的信念。舜在即位十四年之后便禅位于禹，到南方去体察民情，直到病死于苍梧山下，都没有北归。而这个时候，土木工程师大禹已经深孚众望，疏导泛滥成灾的滔天洪水，三过家门而不入，俨然是以天下为家了。夏禹时代，天下的疆界已经相当辽阔。参加涂山大会的诸侯国，竟多达万数，国家之间的利益关系错综复杂，天下治理的难度可想而知。夏禹传位于其子，意味着德治时代开始瓦解，但德治的精神，通过文王、周公等得以绵延传续，直至孔子与孟子，成为儒家政治学说的内核。他们深知，一个社会的道德根基是何等重要，一旦道德基础被颠覆，大众失去精神上默契的盟约，只能求助于严刑酷法的暴政，那将迎来一个非人的时代。

文王时代，周不过是殷朝的一个附属国，但由于施行德治和养民政策，与商纣王依赖严刑峻法的暴政形成鲜明的对比，产生强大的感召力，使周边四十多个诸侯国相继归顺。诸侯国之间发生摩擦与争端，不去向殷商朝廷申诉，却来请西伯（周文王）调停。就这样，无须穷兵黩武，西周就拥有了天下的三分之二。直到武王继位之后，才顺势推翻摇摇欲坠的商朝，灭了已经形如麻雀的纣王，将天下归于一统。这种人心所向的权力更替，某种意义上符合德治的精神。

按照《尚书》里太保召公的说法，夏桀、商纣之所以亡国失政，在于德性不能与天命相配——"惟不敬厥德，乃早坠厥命"。因此他提醒登基不久的年轻的成王"我不可不监于有夏，亦不可不监于有殷"，应当如临深渊、如履薄冰，谨慎德性的修养与践行，以德配天，以求天命的长久眷顾。这可以视为周朝开国者对前朝灭亡教训的总结。其中所谓天命，其实就是民心的体现，因为"民之所欲，天必从之"（《尚书·泰誓上》）。这与《续资治通鉴·宋纪一》里"虽云天命，实系人心"的说法，差不多是一样的意思。

执政的合法性来自天命的眷顾，而天命又与民意同归。执政者只能通过德政来养民保民，加强国家的向心力和政府的亲善性，减轻徭役与赋税，增进民生福祉，抚慰人心，消解各种民众心中的怨愤与不平之气，清除地面上的干柴烈火，建造一个和谐安康的环境，不可等到社会纷争升级之后，再来诉诸暴力，以冷血的方式来收拾残局。对于国家政治生活而言，民众个体的德性自治固然重要，在权力体系中担任君臣角色的人，品质修养的意义更是非同一般。因此，德治的关键在于，从事公共政治事务的人，必须自觉修养自己的品行，使之与地位相配，并作为榜样垂范社会，潜移默化地转移世道人心，将可能发生的社会矛盾化解于无形。这种人性化的心治模式，强调天爵与人爵的等持，对于公职人员提出了高于常人的道德诉求。公职人员的德行操守，能够赋予他们手中掌握的权力以人性的光辉，增进人们对权力的信赖与敬畏，从而提高权力干预的社会效用，促进社会公正和公序良俗的形成，使政治生活的格调趋于高尚。

德治将教化的作用置于惩罚之上，而教化最忌讳的是沦为一种空洞的说教。因此，不论是儒家还是道家，都强调无言身教的意义。在整个社会教化事业中，公职人员的以身作则至为关键。在社会结构中占有优势地位的人，他们的德行具有榜样的作用："上敬老则下益孝，上尊齿则下益悌，上乐施则下益宽，上亲贤则下择友，上好德则下不隐，上恶贪则下耻争，上廉让则下耻节，此之谓七教。七教者，治民之本也。政教定，则本正也。凡上者，民之表也，表正则何物不正？"（《孔子家语·王言解第三》）

诚然，社会治理有赖于制度的完善，但制度的设计很难做到严丝合缝，密不透风，不留下任何可钻的漏洞。何况任何制度都不可能也不应该将人的自由剥夺殆尽，使之连转身的余地都没有。倘若身处体制之中的人皆蠢蠢欲动，企图通过掌握的职能来渔利，制度再多也形同虚设。因此，个体的德行操守与自律，对于制度的实施贯彻至关重要。特别是在权力体制中身居高位的人，他们是社会生活的仲裁者，其行为关乎世道的公正，直接影响到制度公信力的建立。而政府行为的社会公信力，是建立社会生活良性秩序的前提。《论语》有这样的记录："子贡问政，子曰：'足食，足兵，民信之矣。'子贡曰：'必不得已而去，于斯三者何先？'曰：'去兵。'子贡曰：'必不得已而去，于斯二者何先？'曰：'去食。自古皆有死，民无信不立。'"（《论语·颜渊篇第十二》）在孔子眼中，比起丰衣足食与勇兵利剑，政府公信力的建立，是更为根本的社会基础。任何社会都存在政治服从的问题，国家掌握着强大的暴力机器，固然可以通过高压严控以力服人，但以德服人无疑是更具人文性的选择，体现着对人性的尊重。以力服人的方式，最好作为一种令人畏惧的震慑力存在，不得已而用之。修德与杀人都可以立威，但两者产生的效用完全不同。一个治理有效的社会，应该让人们对权力机构产生敬畏，而不是心怀恐惧。孔子坚决反对"不教而杀"，并称其为虐政，列为四大恶政之首（《论语·尧曰篇第二十》）。

与刑法相比，德治不伤人情，更具人性，是孔子所向往的美政："故令不再而民顺从，刑不用而天下治。是以天地德之，而兆民怀之。夫天地之所德，兆民之所怀，其政美，其民而众称之。"（《孔子家语·执辔第二十五》）但孔子并不将天下治平的希望全然寄托于此，他深知在做最好打算的同时，还必须有最坏的准备，而刑法之治就是最坏的准备。德礼之治对应的是人性之善，刑法之治对应的则是人性之恶。孔子将社会治理比喻为驾驭马车，把德政和礼制比喻为马的勒口缰绳，刑罚比喻为马鞭，执政者必须同时掌握好这两者，才能"御天下数百年而不失"。不用扬鞭马就可以驰骋千里固然是好，但偏离了方向与轨范，就不能不使用相应的手段，包括鞭子。然而，若是一味狠抽鞭子，势必导致马伤车毁。"无德法而用刑，民必流，国必亡。治国而无德法，则民无修；民无修，则迷惑失道。"（同上）倚重刑法治理，荒废德礼教化，民众就会欠缺心性方面的修养，迷惘于安身立命之道。

总之，在外在的治理上，孔子主张德刑兼治："圣人之治化也，必刑政相参焉。太上以德教民，而以礼齐之，其次以政焉。导民以刑，禁之刑，不刑也。化之弗变，导之弗从，伤义以败俗，于是乎用刑矣。"（《孔子家语·刑政第三十一》）但他的立场无疑是偏重于

德治一端，尽可能少地动用刑法："圣人之设防，贵其不犯也。制五刑而不用，所以为至治也。"（《孔子家语·五刑解第三十》）

孔子之后，孟子和荀子对德治思想做了更充分的发挥。孟子认为，以强权暴力统治天下，得到的服从不过是一种被辱没后的屈服，只有以德性与德治获得的服从，才是发自肺腑甘心情愿的悦服，而建立在天下人诚心悦服基础上的政权，才可能根基牢固，长治久安。因此，他重申"明德慎罚"的原则，反对用严刑峻法治理国家。荀子虽然与孟子有诸多分歧，但在选择治理手段时，也同样将以力服人置于以德服人之后："君子以德，小人以力。力者，德之役也。"（《荀子·富国》）他将国家的权威分为道德之威、暴察之威和狂妄之威三种，认为道德之威才是安邦强国的正途："道德之威成乎安强，暴察之威成乎危弱，狂妄之威成乎灭亡也。"（《荀子·强国》）

在古典人文主义看来，社会治理的目标，不仅局限于建立与巩固某种稳定的社会秩序，保障人身的安全与经济利益的增进，还在于提供充分人性化的生存环境。人性的完美至善，是大同和至德社会最重要的目标，德性的进步，自然是社会治理的核心内容。为仁由己，而德性的提升，无法诉诸刑法的外在强制，只能通过个体的自觉修为和人性化的治理来实现。通过外在的强制，可以在社会层面形成井然的秩序，但并没有从根本上清除人性的邪恶，只是将这种邪恶暂时压抑到人们的内心，加以迁延与积累，于人性的净化与升华没有实质性的帮助。

在有的人看来，尧、舜、禹时代的历史叙述，带有传说的性质，无法证实也难以证伪，不足以说明当时的思想状况。但问题的核心在于，孔子、孟子、荀子等许多古典思想家，都采信了这些传说，把这些叙事视为真实的发生，从中汲取精神的能量，并加以演绎发挥，形成了他们的人文主张。在庄子、韩非子等先秦思想家的著作中，使用虚构的寓言来阐述自己思想立场的做法相当普遍。先哲们借用历史传说，来发挥各自的政治理念，在学术上更不应该存在什么问题。

3. 礼的维度：恭敬的规训

与道和德的治理不同，礼治是一种外在的行为规范，只是比起刑法来，它显得要温和与柔软一些，更人性化一些。礼是肯定性的，法是否决性的。礼以一种恭敬的态度对人说"是"，法则用严厉乃至粗暴蛮横的态度对人说"不"，二者合成一种相反相成的规范体系。但在古代，礼治规范中也有相当部分具有强制性，附带着严厉的惩戒，与法很难分得一清二楚。礼原本是群体间约定俗成的，但上升成为一种治理手段，却是经过编制与造设的。在上古历史传说中，最早制定严格礼法制度来规范人行为的，是五帝中的颛顼。在他造设的礼法中，有这样一个条款：男女在路上迎面相遇时，女子必须及时躲避让道，否则就罚她站在十字路口丢人现眼。这种规定，表明当时女人地位已经下陷到相当低的程度。

后来，将礼治应用于社会治理的应该是舜，那是尧帝将虞地封给他，以检验其德能的时候。作为一方诸侯的他，在尧的支持下制定了一整套伦理准则，即所谓"五典"，明确家族内部的角色定位：父义、母慈、兄友、弟恭、子孝，让人们懂得如何对待与处理彼此之间的关系，达到齐家的目的。后来，他又制定了对待八方客人的礼仪和公、侯、伯、子、男五等诸侯朝见天子的仪轨，即所谓"五礼"。按照"五礼"规定，诸侯上朝拜见天子，须依照地位等级的尊卑高低，分别把五种不同形态的圭、璧，郑重其事地放在三种颜色的丝绸上，同时呈上一只活羊羔、一只大雁或是一只死去的野雉作为礼物。仪式结束时，天子则将那五种圭、璧重新赐还各位诸侯，作为回礼，构成一个完整的互动往来。通过如此设置，舜渐次将礼治从家族生活引申到社会政治生活当中。与此同时，他把原先常用的五种酷刑镌刻在器物上，来警醒人们务必严守法度。但在实际执行过程中，则更多是使用不伤及身体发肤的流刑。对于无主观故意的过失犯罪，还往往会在教训之后给予赦免；对于犯了罪仍不知悔改者，他则主张使用刑罚。这就是"明德慎刑"执政理念的起源。

全面使用礼治的社会，应当是西周王朝。具体编制实施者则是武王的弟弟周公。虽说夏商两朝，已经有封建制度，但帝王给其亲眷或功臣赐地封侯的情况并不普遍。更多的诸侯国，其实是随地缘、血缘关系形成的部族归顺后加盟进来的。在当时的交通通信条件下，宗主国的统治可谓鞭长莫及。因此，整个天下带有松散的邦联性质，各个诸侯国除了朝贡和需要宗主国出面调停处置的事务之外，基本上处于自治状态。传说，夏朝时这样的部族多达上万，商朝时融合兼并至三千多个。即便这个数目，天子连诸侯王的脸都辨认不过来。为了强化宗主国的统治，西周建立起较为典型的封建制国家，在约一千八百个诸侯国里，周朝分封者占到不小的比例。尤其是一些地处核心区域、实力强大的诸侯，都是周天子直接分封的。诸侯当中，除了黄帝、尧、舜及夏、商两朝帝王的后裔和当朝的功臣名将，周王室和姬姓宗亲所占比例不低。在武王分封的七十一国中，"姬姓独居五十三人，周之子孙苟不狂惑者，莫不为天下之显诸侯"（《荀子·君道》）。正是这些封建的诸侯与附庸国及因地缘、血缘形成的部族，共同组成了一个统一的西周王朝。

天下大定之后，为了建立一个稳定的社会秩序，巩固大周江山，在周公旦的主持下，编制了一整套完备的礼法制度，对社会政治、经济、军事、宗教、家庭伦理等各方面的制度和吉礼、嘉礼、宾礼、军礼、凶礼等"五礼",做出严格的规定与设置。流传后世的《周礼》《仪礼》,据说就是周公主持编修的。夏、商、西周时期的礼,"基本涵括了典章制度、礼节仪式、道德规范等三个方面,而以制度层面为主,节仪乃其外在仪式"(李学勤主编、张广志著,《文明的历程:西周》,第266页,上海科学技术文献出版社,2020年)。相当部分的礼,带有法的强制性。"进入春秋战国后,随着国家机构、功能和整个社会控制系统的细化,包括'法'在内的典章制度和'道德规范'逐步从'礼'中游离出来"(同上)。

作为配套完备的规范体系,礼法制度对各种社会身份与角色进行编排,明确其间的尊卑等次关系,以及相应的责任、义务与行为准则。还对各种身份角色相互对待的方式做出细致的设定,使接受规训的人们,在各种社会场域中的举止有所依循,合乎众人的期待,不失于马虎任性与随意乖张,从而呈现出某种和谐的秩序感与庄重的仪式感,在交往合作中彼此心照不宣就能达成默契。礼法制度用温和的口吻告诉人,怎么做才是恰当和容易被接受的,属于文治的性质;而刑法制度以愤怒的口气呵斥人,这么做是无法接受与不可饶恕的,属于武治的性质。前者往往通过舆论与教化来发挥作用,显得文明与儒雅,体现了对人的尊重,因此更具人文性。

对于礼治的功能,《礼记》有颇为详尽的阐述:

> 夫礼者,所以定亲疏、决嫌疑、别同异、明是非也。礼,不妄说人,不辞费。礼,不逾节,不侵侮,不好狎。修身践言,谓之善行。行修言道,礼之质也。礼,闻取于人,不闻取人。礼,闻来学,不闻往教。道德仁义,非礼不成;教训正俗,非礼不备;分争辨讼,非礼不决;君臣上下,父子兄弟,非礼不定;宦学事

师，非礼不亲；班朝治军，莅官行法，非礼威严不行；祷祠祭祀，供给鬼神，非礼不诚不庄。是以君子恭敬、撙节、退让以明礼。……是故圣人作，为礼以教人，使人以有礼，知自别于禽兽。

大上贵德，其次务施报。礼尚往来，往而不来，非礼也；来而不往，亦非礼也。人有礼则安，无礼则危，故曰：礼者不可不学也。夫礼者，自卑而尊人，虽负贩者，必有尊也，而况富贵乎？富贵而知好礼，则不骄不淫；贫贱而知好礼，则志不慑。（《礼记·曲礼上》）

礼治的作用，在于使社会人群达成某种共识与默契，避免在相处与合作的每个环节都要进行无休止的商榷、争论与说服，各种行举可以心照不宣地加以实施。这种未经商量就已经达成的共识与默契，是群体生活有序进行的基础，也是各种纷争最终得以裁决和消停的前提。它避免了人际间可能发生的各种没完没了的误会、尴尬、冲突，也避免了由于行为细节对接不恰，影响彼此的感情和事务的推进。倘若缺少这个前提，所有的事务都要公说公道理、婆说婆文章地展开讨论，连见面先伸出右手还是左手都要商量，这个社会的摩擦系数就会上升，不仅降低行动的效率，还会影响深入而复杂的合作。由此可见，礼治对于人群社会的演进可谓居功至伟。在上古时代的中国，未充分实现礼治的族群，被称为"夷狄"，尚未开化的野蛮人，如同未经烈火烧炼的土陶，几近于"禽兽"的类别，粗犷而懵懂，却有充满野性的力量。在当时人们的眼中，礼治某种程度上体现着人与其他动物的距离。对于礼治的意义，孔子的认识可谓深刻：

子张进曰："敢问礼何谓也？"子曰："礼者，即事之治也。

君子有其事，必有其治。治国而无礼，譬犹瞽之无相，伥伥乎何所之？譬犹终夜有求于幽室之中，非烛何以见？故无礼则手足无所措，耳目无所加，进退揖让无所制。是故以其居处，长幼失其别，闺门三族失其和，朝廷官爵失其序，田猎戎事失其策，军旅武功失其势，宫室失其度，鼎俎失其象，物失其时，乐失其节，车失其轼，鬼神失其享，丧纪失其哀，辩说失其党，百官失其体，政事失其施。加于身而措于前，凡众之动失其宜。如此，则无以祖治四海。"(《孔子家语·论礼第二十七》)

在文明发端的阶段，礼治的意义不可低估。它让人生活在某种自己认同的秩序里，行为有规矩节度，知道如何尊重别人并因此获得尊重，从中获得一种价值感与归宿感；它能够营造某种气氛，让人们郑重地对待事情，合作起来行为协调默契，推进过程有先后始终。可以设想，在群体生活中，如果缺了礼治，人们的行为处于无序状态，群体的互动合作将难以进行，还会带来无穷无尽的困扰。

孔子之后，先秦儒家对于礼治研究最为深入者，要数荀子。对于礼的起源，他有这样的分析："礼起于何也？曰：人生而有欲，欲而不得，则不能无求；求而无度量分界，则不能不争；争则乱，乱则穷。先王恶其乱也，故制礼义以分之，以养人之欲，给人之求，使欲必不穷乎物，物必不屈于欲，两者相持而长，是礼之所起也。"(《荀子·礼论》)断言人性本恶的荀子，将礼治视为对治人性邪恶的有效手段："今人之性，生而有好利焉，顺是，故争夺生而辞让亡焉；生而有疾恶焉，顺是，故残贼生而忠信亡焉；生而有耳目之欲，有好声色焉，顺是，故淫乱生而礼义文理亡焉。然则从人之性，顺人之情，必出于争夺，合于犯分乱理而归于暴。……古者圣王以人之性恶，以为偏险而不正，悖乱而不治，是以为之起礼义、制法度，以矫饰人之情性而正之，以扰化人之情性而导之也。"（《荀子·性恶》）在荀子看来，人携带着先天的欲望，来到这个世界寻求满足，各自都有不可遏止的本位利益要去攫取，倘若没有外在的规训与制约，相互之间必然为有限的资源展开无限的争夺，并且愈演愈烈，不可遏制。如此下来，这个世界势必成为一个乱世。古代的圣王为了力挽狂澜，避免这种险境的出现，才设置礼义与法度，以矫枉人情，规矩行为，疏导其欲望的洪水，使之归于正途，让人的欲求有度量分界，不至于漫漶成灾。

通过规训人的行为，使人们的合作与活动得以有序地进行，维系稳定的社会局面，是礼治的正向作用。然而，礼治对人行为自由度的缩减，有碍于人性的自由舒展，当"化性起伪"的礼规与人内心的真情实感相违逆时，必然导致情志的压抑。礼治在后来的演进过程中，不断追加各种繁文缛节，积弊深厚，让人难以适从，于是，行为中虚伪造作的成分越来越多，遮蔽了人真实的本意，因此受到了来自老子、庄子等道家的批斥与嘲笑。就丧礼制度而言，孔子时代就已经十分繁复，不仅送葬仪式隆重远胜于诞辰，而且之后还要守丧三年，大大耽误生者的生计，实在让人不堪，为此，儒家又遭到了来自墨家激烈的批判。

孔子是在仁的前提下来理解礼的，《礼记》中更有"礼主其减"的界定。有个鲁国人曾经专门问过孔子，什么才是礼的根本。孔子这样回答："大哉问！礼，与其奢也，宁俭；丧，与其易也，宁戚。"（《论语·八佾篇第三》）礼仪之事宁可从简，也不要过于烦琐奢侈。就丧礼而言，关键不在礼数的周全，而是人的情感的真切。在另一个场合，他还说："奢则不孙，俭则固。与其不孙也，宁固。"（《论语·述而篇第七》）奢侈了反而变得不恭敬，过于节俭却又显得寒酸。与其不恭敬，不如寒酸一点。孔子注重礼的行仪，不可潦草敷衍，但更注重礼仪背后仁的内核，将那些不以仁为前提、一味讲究礼数周全的儒者称为"小人儒"。他还深深感慨："人而不仁，如礼何？人而不仁，如乐何？"（《论语·八佾篇第三》）但他阻止不了后人对自己思想的裁剪，汉儒和宋儒中程朱理学的一脉，都有将礼教的地位拔高并将其僵化的倾向，近世对儒家的批判，特别是鲁迅的"吃人说"，主要是指向小人儒。

魏晋时期，深受道家思想熏陶的士人，向往越名教而任自然的生活，表明礼制的繁复，已经对人身自由构成难以忍受的约束。但这并不意味着，没有礼教的生活就有多么美好。孔子说："恭而无礼则劳，慎而无礼则葸，勇而无礼则乱，直而无礼则绞。"（《论语·泰伯篇第八》）缺乏礼教的社会，也会衍生出诸多的麻烦，增加人与人之间的摩擦消耗。

在儒家文化中，礼与乐往往联系在一起，合成礼乐的范畴。《礼记》里甚至将乐与礼、刑、政并称为王道的内容，单列为一种社会治理的手段："礼节民心，乐和民声，政以行之，刑以防之，礼乐刑政，四达而不悖，则王道备矣。"与其他三种手段不同，乐治理的是人心，因此可以与礼里应外合，相得益彰。孔子十分喜欢并且精通音乐，以他为代表的儒家，十分重视音乐对于世道人心的微妙作用，并以此来消弭礼治对社会心理的负面影响："心中斯须不和不乐，而鄙诈之心入之矣。外貌斯须不庄不敬，而易慢之心入之矣。"（《礼记·乐记》）

儒者对音乐的理解直指人心："凡音之起，由人心生也。人心之动，物使之然也。感于物而动，故形于声。声相应，故生变。变成方，谓之音。比音而乐之，及干戚羽旄谓之乐。乐者，音之所由生也，其本在人心之感于物也。"（同上）乐是由人心有感于物而产生的，不同的感应便有不同的声音发出，"其怒心感者，其声粗以厉"，"其爱心感者，其声和以柔"（《礼记·乐记》）。因此，乐音能够抒发人的情绪，陶冶人的性情，净化人的心灵，使之归于祥和安宁，达到治心的目的。

《礼记》认为，人生而本性安静，只是受到外部事物的扰攘与诱惑，才变得骚动不宁。在与事物交接之际，人的内心会有不同乃至相反的情绪反应，其中最典型的是欢喜与厌恶。这些情绪反应如果得不到及时的抒发、调节与转化，就会沉淀下来，阻滞内心的畅通；外物的引诱若得不到充分的开解，也会反过来制约人的精神，使之为物所化，丧失本性的清净，继而衍生出"悖逆诈伪之心，有淫泆作乱之事"。蔓延到社会层面，则会导致"强者胁弱，众者暴寡，知者诈愚，勇者苦怯，疾病不养，老幼孤独不得其所，此大乱之道也"（同上）的局面，天下也可能因此失治。乐的功能在于宣泄人心中积累的情志，清理内心抑郁的愤怒与幽怨，调谐社会心理，实现人内心的治平，将社会群体的骚乱消泯于无形之中。

乐与礼在社会治理中形成的配伍，如同中药里的生姜与大枣。二者的起用方式和功能不同："乐由中出，礼自外作"，乐是从心里感发出来的，礼则是外在行为的设置；"乐者为同，礼者为异"，礼是对人区别对待，让人拉开距离，知道尊卑等次，乐却能疏通胸臆，使人亲和无间，打成一片。"乐者，天地之和也。礼者，天地之序也。和，故百物皆化；序，故群物皆别。"（同上）虽说礼是仁的实施，但礼的设置将人分为不同身份等级，形成一种社会秩序，并以一种恭敬乃至庄严的态度来践履，虽然避免人与人之间引发摩擦争端，却也难免使人与人之间产生疏离感，在某种程度上造成情绪的不平，在心里留下幽怨，这就需要乐来调和，营造轻松活泼的氛围，疏解由距离与压抑带来的情绪积累，消除其负面的作用，让人归于仁同与无邪的境地。"故乐行而志清，礼修而行成，

耳目聪明，血气和平，移风易俗，天下皆宁，美善相乐。"(《荀子·乐论》)

乐的运用，给严肃的社会治理赋予了人性的温情，使之更具人文性。在古代的各种集会和典礼上，都有礼乐的组合。将乐与礼配伍，作为一种特殊的治理手段，来调剂社会心理，是中国古贤一项了不起的发明。当然，在这种组合中，乐的分量远轻于礼，因此可以视为礼治的一种充补与辅助，不需要单列出来。

4. 法的维度：刑罚的震慑

失礼而后有刑法，法是在德治与礼治失效之际启动的治理手段。在某种程度上可以说，法的上限是道德伦理的底线。和礼治一样，法治也是一种外在的规范，但这种规范具有不容商量的强制性，是硬性的行为规范。刑法之治自古有之，《尚书·吕刑》有这样的叙述：早在上古时代，蚩尤作乱，蔓延到了民间百姓，到处都有寇掠贼害，窃盗诈骗，苗民也不再听从政令的约束。于是，当地部族便制定劓、刵、椓、黥、杀戮五种虐刑，来加以严厉的惩治，杀害了许多人，连无罪的人都不能幸免。那些受尽虐刑和侮辱的人，向上帝申诉了自己的无辜。上帝考察苗民社会，没有芬芳的德政，只闻到刑具散发出来的血腥气息。颛顼帝哀怜众多无罪而遭伤害的人，就反过来对施行虐刑的人加以惩罚，断了他们的后嗣。按照这种叙事，刑法在氏族联盟甚至更早的历史阶段，就已经在政治生活中使用，而且相当血腥，只是在道义上，人们认同与推崇的，还是具有人道精神的芬芳德政。

《尚书·皋陶谟》记载着主管刑法的皋陶对禹王的劝告："天叙有典，敕我五典五惇哉；天秩有礼，自我五礼有庸哉；同寅协恭和衷哉！天命有德，五服五章哉；天讨有罪，五刑五用哉……"上天在颁给人们父义、母慈、兄友、弟恭、子孝五种德行和天子、诸侯、卿大夫、士和庶人之间五种礼制的同时，还颁行墨、劓、剕、宫、大辟五种刑罚，以处治五种有罪的人。言下之意是说，作为社会治理的杠杆，德、礼、刑这三者应当多管直下，齐头并进，不能有任何的松懈与偏废。可见禹的时代，刑罚在社会治理中的地位明显上升。

周公制礼作乐，明德慎罚，但也不废刑罚，曾经用刑杀死了作乱的管叔与蔡叔。从《尚书·吕刑》来看，到了周穆王时期，刑罚制度的修订已经相当充分。五刑中，墨罚、劓罚的条目各有一千，剕罚的条目有五百，宫罚的条目有三百，死罪的刑罚条目有两百，五种刑罚的条目加起来共计三千种，数量十分可观。周穆王在对诸侯国君与大臣训话时仍然指出：施行德政必须有刑罚做后盾，但刑罚也要以德治为基础。他要求主管刑法的官员，不要止于刑罚的威严，而要止于德性的仁厚，在诉讼过程中审慎核实，避免来自权势、人缘与利益的干扰而失去判决的公正。

明德慎刑的观念，也见于《左传》中的一些叙事："善为国者，赏不僭而刑不滥。赏僭，则惧及淫人；刑滥，则惧及善人。若不幸而过，宁僭，无滥。与其失善，宁其利淫。无善人，则国从之。"（《左传·襄公二十六年》）善于治国的人，赏罚都做到恰如其分。赏赐不过度，刑罚不滥施。赏赐有过，就有可能惠及邪恶的人；刑若滥施，就有可能诛及无辜的人。在把握不好的情况下，宁可赏赐有加，也不能滥施刑罚。伤害善良的人，会给世道人心带来不好的导向。这种态度，与后世宁可错杀不可漏掉的做法截然相反。

《左传》还提到了"宽猛相济"的治理思想。据载，郑国大夫子产曾经铸刑书以警示世人，可到了临终，他却对即将继其职位的子大叔说："唯有德者能以宽服民，其次莫如猛。夫火烈，民望而畏之，故鲜死焉；水懦弱，民狎而玩之，则多死焉，故宽难。"（《左传·昭公二十年》）德治、礼治为宽，严刑峻法为猛，实施起来，宽政其实比猛政要难得多。子产死后，子大叔不忍使用严厉的法治手段，而采取宽柔的政策，导致郑国盗贼猖獗。他这才想起子产的"宽猛相济"政治遗嘱，动用国家暴力扫除乱象。对此，孔子曾经这样评价："善哉！政宽则民慢，慢则纠之以猛。猛则民残，残则施之以宽。宽以济猛，猛以济宽，政是以和。"（同上）显然，孔子倾向于宽猛相济、刑德兼施的中庸之道。

宽猛相济的理念，隐含着德治、礼治与法治综合治理的思路。或许是由于治理成本的缘故，上古的刑罚，主要不是通过对人身自由的限制与剥夺，而是通过对人身的伤害与消灭，来划定行为的边界的。墨、劓、刖、宫、大辟五种刑罚，皆是如此。这些惩处，在儒者看来是违背人道的，尽管合乎社会的正义，却不合乎人性的仁慈。身体发肤受之父母，不可轻易毁伤，而这些刑罚无一不是对父母恩情的泯灭与抹杀，特别是对母亲生育之德的否决。夏商时期的刑罚，有的就极其残酷，刑场就跟庖厨一般，炮烙煎煮等烹饪手法几乎全都用上，十分非人。对于儒者，用刑实在是不得已而为之的事情。孔子曾经担任过鲁国的大司寇，主管司法、刑狱，上任之时还喜形于色，说明他至少不排斥刑法，但对于刑罚的使用，他还是相当谨慎的。因为他意识到，"刑罚不中，则民无所错手足"（《论语·子路篇第十三》）。

《孔子家语》记载，有父子二人来打官司，大司寇孔子把他们关在同一间牢房里，三个月也不开庭审判。后来父亲主动请求撤诉，孔子就把父子二人放了。季孙氏听到这件事，很不高兴，说："司寇不是说治国要以倡导孝道为先吗？为什么现在要杀一个不孝的人就不行呢？"孔子得知后，这样说："上失其道而杀其下，非理也；不教以孝而听其狱，是杀不辜。"刑事案件不断发生，表明统治者的教化没有起到作用，罪责不全在百姓一方。他认为，应当先施教化后才可用刑罚，先晓之以道德使百姓明白，其次是以贤良人物作为表率加以引领。在德治与教化的措施都失灵之后，才可以用刑法的威势震慑他们。不经过教化就加以严厉的惩处，在孔子看来就是一种暴政："不教而杀谓之虐；不戒视成谓之暴；慢令致期谓之贼。"(《论语·尧曰篇第二十》)

在与弟子的对话中，孔子谈到了德治、礼治与刑法之治的区别："道之以政，齐之以刑，民免而无耻；道之以德，齐之以礼，有耻且格。"(《论语·为政篇第二》)道德治心，刑法治身。用强硬的行政手段来管理百姓，用严厉的刑罚来整治他们的行为，只是使老百姓恐惧而不敢妄为，并没有让他们生起廉耻之心；用道德感化百姓，用礼制去规训他们，他们才能良心发现，生起羞耻之心，真正地归服，不在心里埋下愤怒与仇恨的种子，实现心灵层面的治理。对于刑法这种强硬的治理方式，孔子没有什么创见或不同意见，但他企图尽可能将社会矛盾，解决于进入司法程序之前，甚至让这些矛盾纠纷不能发生，消泯于波澜未兴之时。他从来也没有要废黜法治的主张，只是将刑法这种粗暴的治理手段，作为维护社会秩序的最后防线。

春秋时代，随着天下范围的扩大与人口繁衍的增加，加之随着时间的推延，中央政权与诸侯国、大宗与小宗、宗室与卿大夫之间的血缘关系愈来愈疏，宗法制度以及与之相应的礼法体系渐渐松弛，失去了原有的亲和力与约束力。在分割与摩擦中日益强壮起来的利益关系，撕破了温情脉脉的面纱，显露出峥嵘甚至狰狞的模样。与此同时，由于各诸侯国自然条件与治理能力的参差不齐，彼此之间国力不断消长，弱肉强食、大鱼吞吃小鱼的现象不断出现，到处是硝烟与血光。失去共主护佑的小国，相继被并入了强国的版图。在韩非子的叙述中，楚庄王并吞的国家有二十六个，齐桓公吞并的国家有三十个（《韩非子·有度》）。数以千计的大小诸侯国，兼并到最后只剩下相互虎视的七雄。维系天下秩序的规范体系崩溃后，从国家到个人，都卷入了丛林法则之中，像狼一样相互对峙，图存与图强成为国家压倒一切的要务，各国其实已经处于一种临战状态，连农业生产都带着战争的性质，"农战"成为国家的重要策略。在愈演愈烈的恶性竞争中，儒家德治与礼治优先的原则，显出无可奈何的尴尬。乱世的治理和霸业的竞争，为法家提供了历史的舞台。

就像商鞅说的那样："故兴王有道，而持之异理。武王逆取而贵顺，争天下而上让。其取之以力，持之以义。今世强国事兼并，弱国务力守，上不及虞、夏之时，而下不脩汤、武。汤、武之道塞，故万乘莫不战，千乘莫不守。此道之塞久矣，而世主莫之能废也。"（《商君书·开塞第七》）周武王以反叛的方式取得政权，却又以顺从民意的原则来治理国家；用武力夺取天下，却又崇尚谦让的仁德思想来维持秩序。他夺取天下靠的是强力，固守江山靠的却是礼治。如今形势迥然不同，强国之间致力于用武力兼并与扩张，弱国所能做的只能是尽力防守。所以，有一万辆兵车的国家没有不打仗的，有一千辆兵车的国家没有不防守的。商汤、周武王当年统一天下的路径，已经堵塞很久了。"故三王以义亲天下，五霸以法正诸侯。"（《商君书·修权第十四》）在商鞅看来，三王时代之所以能够施行德礼之治，是民德厚朴，如今人性狡诈虚伪，必须以刑法代替德礼，作为首要的治理手段："古之民朴以厚，今之民巧以伪。故效于古者，先德而治；效于今者，前刑而法。此俗之所惑也。"

（《商君书·开塞第七》）

但在韩非眼中，古代与当代的人性并没有实质的不同，只是资源与人口的关系发生了变化："古者丈夫不耕，草木之实足食也；妇人不织，禽兽之皮足衣也。不事力而养足，人民少而财有余，故民不争。是以厚赏不行，重罚不用，而民自治。今人有五子不为多，子又有五子，大父未死而有二十五孙。是以人民众而货财寡，事力劳而供养薄，故民争，虽倍赏累罚而不免于乱。"（《韩非子·五蠹》）人性之恶，古今一贯，天下同辙。因此，国家的治理，不能寄希望于人的善良与德性的上进，而要把人人都假想为可能的恶人。"圣人之治国，不恃人之为吾善也，而用其不得为非也。恃人之为吾善也，境内不什数；用人不得为非，一国可使齐。为治者用众而舍寡，故不务德而务法。"（《韩非子·显学》）

荀子虽然断定人性本恶，但认为尚可通过道德的教化与礼义的规训得以扭转，但到了他的弟子韩非等法家人物那里，礼义的功能已不足以堵截人性之恶的滥觞。尤其是对于商鞅而言，人性几乎没有回头向善的可能。商鞅与韩非，似乎并不因此对人性产生失望，而是将人自私与趋利避害的秉性，当作社会治理可以抓握的把柄。正是因为人性自私与趋利避害，通过利诱威胁来规范人的行为才有了可能。倘若人人皆为君子圣人，淡泊无私，喻于义而不喻于利，统治者手中反而少了最有效的撒手锏。这种以人性软肋反制于人的认识，大概源自管子。他曾经说出这样的话语："人主之所以令则行，禁则止者，必令于民之所好，而禁于民之所恶也。民之情莫不欲生而恶死，莫不欲利而恶害。故上令于生利人则令行，禁于杀害人则禁止。"（《管子·形势》）但将人性的短处与软弱的一面开掘出来，作为一种政治资源来广泛利用，这种阴险的招数应当是从商鞅开始的。

在商、韩二人那里，国家的治理方式已经从"牧民"演变成为"驭民"，从"放羊式"变成了"驾驭式"。关于驭民之法，管子总结为："故明王之所操者六：生之、杀之、富之、贫之、贵之、贱之。此六柄者，主之所操也。"（《管子·任法》）韩非将这六柄归纳为刑、德二柄。刑为杀夺，德乃赏奖。前者令人恐惧，后者令人垂涎若渴。将人的渴望与恐惧抓在手里，就如同抓住了牛的鼻子，恩威并施，可以控制民众，让其服从于某种律令。至于刑德关系，韩非主张刑主德辅，商鞅则主张刑多赏少。商鞅认为："夫有施与贫困，则无功者得赏；不忍诛罚，则暴乱者不止"，"善治者，刑不善而不赏善"。让民众恐惧，比让他们喜欢爱戴更能够显示权威的力量。显然，他只知道推动历史的车轮，而不在乎轮下碾压的生命，不惜以损害民众福祉、牺牲人道尊严为代价，来换取宏图霸业的辉煌："民弱国强；民强国弱。故有道之国务在弱民。"（《商君书·弱民第二十》）他的弱民理论，就是要折断民众的脊骨，将他们置于屈辱与恐惧之中无能为力，听任君王权力的摆布，政权因而成为沉重而危险的暴力机器。商鞅将刑罚的治理功能推到了至极的地位，其理由是："刑生力，力生强，强生威，威生德，德生于刑。"（《商君书·说民第五》）刑罚加重，爵位就显得尊贵；赏罚减少，刑罚才显出威严，民众才能服从君主的驱使，拼死为国家效命。按照他的说法，只要通过严刑酷法来震慑人民的内心，使其充满血色恐怖，不敢以身试法，就能够达到以刑止刑的目的。

在突出严刑峻法的治理功能的同时，商鞅与韩非都在不同程度上蔑视德治，否定圣贤人物的社会作用。认为仁义徒有其美，实际上妨害刑法的贯彻，"故以刑治，则民威；民威，则无奸；无奸，则民安其所乐。以义教，则民纵；民纵，则乱；乱，则民伤其所恶。吾所谓利者，义之本也；而世所谓义者，暴之道也。夫正民者，以其所恶，必终其所好；以其所好，必败其所恶"(《商君书·开塞第七》)。在商鞅的估算中，成就王霸之业的国家，刑罚与赏赐所占的比例只是九比一；而衰弱的国家，刑罚与赏赐的比例则是一比九。

儒家人文教化的各个方面，都受到了商鞅的嘲弄。"六虱：曰礼、乐，曰《诗》、《书》，曰修善，曰孝弟，曰诚信，曰贞廉，曰仁、义，曰非兵，曰羞战。国有十二者，上无使农战，必贫至削。十二者成群，此谓君之治不胜其臣，官之治不胜其民，此谓六虱胜其政也。"(《商君书·靳令第十三》)他把儒家所推崇的礼乐、诗书、修善、孝弟、诚信、正直廉洁、仁义、反战，当成"虱害"，认为国家如果患了这些虱害，君主就无法让民众从事农战，国家也必然会积贫积弱，成为被鲸吞的小鱼。

在刑罚治理占到九成的国家，君王与臣子的道德品质自然就不重要了。"贤人而诎于不肖者，则权轻位卑也；不肖而能服于贤者，则权重位尊也。尧为匹夫，不能治三人，而桀为天子，能乱天下。吾以此知势位之足恃而贤智之不足慕也。"(《韩非子·难势》)人们服从君王的统治与役使，仅仅是君王在国家政体中的压倒性地位，而不是他的德性修养高出了所有人。君王掌握着国家重器和生杀予夺的刑罚，是谁都冒犯不起的。正是慑于这种可怖的权威，人们不得不服从。国家的治乱，维系于君王的权威及其所制定的刑法制度的周密与严峻，与君王的私德没有太多的关系。臣子以仁义收买人心，德望高出君王，反会危及君王的地位与政权的稳定，成为必须警惕的不安定因素。因此，仁义实为害法，圣明的君主也不可期待。

与儒家的"天下归仁"的理想不同，商鞅与韩非崇尚胜者为王的丛林法则，以强大、霸道替代正义与仁慈，作为最高的社会价值。在韩非看来，追慕仁义势必导致弱乱，对生命的同情和道德上的顾忌，限制了治理措施的强硬程度，导致乱局不能够践平。因此，他向儒家的仁道主义挑战，并冲击人类道德的底线，把个体生命当成统治的对象与手段，根本不考虑其本身的尊严价值与感受。对于普通的民众，韩非的态度是："君上之于民也，有难则用其死，安平则尽其力。"（《韩非子·六反》）国家有难的时候就让他们去赴死，国家平安的时期则竭尽他们的劳力。对于统治集团内部的官僚，更是当作危险的罪犯来对待，主张以扣押妻儿为人质、阻断俸禄之外的财源、以威胁的方式令他们惶惶不可终日等方式来驾驭，全然以非人视之。商、韩的思想带有军国主义与法西斯色彩，具有反人类的性质。一心就想着建立霸业宏图的他们，已经忘了人来到这个世界上，究竟是为了什么。

在战国这样的乱世，国家之间，宗族内部，乃至君臣父子之间，利益关系已经处于分裂对抗而不可调和的地步，通过道德的劝诫与规训，已经无法解决不断升级的社会矛盾。治理乱世，必须依赖强大的国家机器和严明的刑法，而德礼之治也只能作为辅助的手段。正是因此，孔孟在列国的游说，得不到当权者的响应，他们成为不了子产、管仲那样的人物，最后只能潜心著述与教育，将理想寄托于后人。商鞅、韩非蔑视仁义与德礼，将刑法之治推向极端，为极权暴政大唱赞歌，在强调严刑峻法苛政的同时，让政府权力长驱直入私人生活空间，连独善其身的回旋余地都要吞并。他们的理念适应当时恶化的政治形势，而不符合人性内在常态的需要。正如萧公权先生所言："商韩则认仁义无用而不悟明君难得，于是发为君本位之法治思想，徒为后世枭雄酷吏开一法门，而卒不能与孔孟争席。"（萧公权著，《中国政治思想史》，第167页，新星出版社，2010年）孔子狼狈的遭际，并非他自己的过错："世不我用，有国者之丑也。"（《孔子家语·在厄第二十》）从整个中国古代历史来看，孔孟虽然被奉为圣人，但他们思想的核心内容，并没有在制度设计上得到实际的应用。"事实上，原初儒家理想中的很多东西甚至很难为皇权容忍，例如：根据儒家'贤者居位'的观念，让贤不传子的三代'禅让'之制始终作为理想而受到推崇。"（秦晖著，《传统十论》，第146页，山西人民出版社，2019年）真正得到运用的更多是法家的治理理念。孔孟之道更多是作为一种伦理和礼仪，在政治生活的表层发挥某种补台、圆场与装潢的作用。正如秦晖先生所言，"秦政制"从理论到实践都是极端反儒的，"自汉武帝'独尊儒术'以来，'汉承秦制'的制度设计与'独尊儒术'的经典认同之间始终有很大反差"（同上，第144页）。

第八章

治乱之道与权力的集散

——古典人文主义的治平思想（下）

1. 综合治理及其权宜

　　道、德、礼、法四维治理的框架，有一个逐渐形成的过程。从最初的德刑兼治，渐渐扩展开来，形成一个相对完备的治理体系。当然，身处不同的时代，出自不同的情怀抱负，面对不同的政治形势与社会风尚，思想家们有各自侧重的方向，所做出的归纳也有所不同，彼此之间因此展开了剧烈的争论。这使得各派的思想都处于互动与激荡之中，供"有国者"们抉择。政权政权，政治家的智慧就体现在综合权衡之上，谁都不能僵持一种治国方略，不顾时势的流变，而必须因时因地加以制宜调适。精通中庸心法的孔子，对"权"字的含义深有体会，将其视为最高的政治智慧，只有极少的人可以讨论。在社会治理方面，他有这样的表述："谨权量，审法度，修废官，四方之政行焉。"（《论语·尧曰篇第二十》）道、德、礼、法四维治理体系，是全方位的综合治理，并非一定要平均用力，在实际的社会实践中，以哪一维度的治理手段为主，并没有以不变应万变的绝对坚持。

弟子仲弓曾经请教孔子："雍闻至刑无所用政，至政无所用刑。至刑无所用政，桀纣之世是也；至政无所用刑，成康之世是也。信乎？"孔子回答："圣人之治化也，必刑政相参焉。太上以德教民，而以礼齐之，其次以政焉。导民以刑，禁之刑，不刑也。化之弗变，导之弗从，伤义以败俗，于是乎用刑矣。颛五刑必即天伦，行刑罚则轻无赦。刑，侀也；侀，成也。壹成而不可更，故君子尽心焉。"（《孔子家语·刑政第三十一》）从这段对话可以看出，孔子持有综合治理的思想。不过，关于多维治理最为详尽的表达，还是见于《管子》一书。

管仲是周公之后、孔子之前最为杰出的政治人物，有极其丰富的治理经验，也有十分突出的执政业绩。《管子》虽说不是他个人的亲笔著述，但在某种程度上，可以视为对他思想的记录、演绎与发挥，以及其治理经验的总结与提炼。为了表达的方便，本书权且用"管子"来指代《管子》一书。"按《管子》出于纂集，固已成为定论。然吾人不可据此而即谓其内容与夷吾丝毫无涉。"（萧公权著，《中国政治思想史》，第126页，新星出版社，2010年）《汉书·艺文志》将《管子》列入子部道家类，《隋书·经籍志》则列入法家类。在笔者看来，管子虽然重视个体心性的修养与自治，也非常强调刑法在社会治理中的应用，但仍然以德治作为社会治理的根本，主张道、德、礼、法兼治，持守的还是儒家的立场。《管子》的法治思想为后来的商鞅、韩非所继承，并做了偏激的发挥，但不能因此将其与商、韩二人归为同类，就像不能将其与老、庄归为一流那样。《管子》堪称中国古代社会治理思想的宝典。

"道者，扶持众物，使得生育，而各终其性命者也。"（《管子·形势》）管子将社会治理的立意，定位于扶持护佑众生，使其欣欣向荣，繁衍生息，各自完成生命的禀赋与内涵，生而欣慰，死而无憾。这个出发点几乎与孔子相同。秉承儒家的民本立场，管子提出了顺应民心的政治理念，将其作为社会治理的纲领，这也与孔子的仁政思想贯通。"政之所兴，在顺民心；政之所废，在逆民心。民恶忧劳，我佚乐之；民恶贫贱，我富贵之；民恶危坠，我存安之；民恶灭绝，我生育之。能佚乐之，则民为之忧劳；能富贵之，则民为之贫贱；能存安之，则民为之危坠；能生育之，则民为之灭绝。故刑罚不足以畏其意，杀戮不足以服其心。故刑罚繁而意不恐，则令不行矣；杀戮众而心不服，则上位危矣！"（《管子·牧民》）与后进的商鞅、韩非明显不同，《管子》将德治视为安邦之本，反对以刑罚作为首选的统治手段及轻易使用杀戮。而德治精神，起点便在于顺应民心。详而言之，即是关怀民生，体察民众的愿望诉求，解除他们遭遇到的困厄，满足他们获得富裕、尊贵、安稳、逸乐、繁衍等方面的基本权益与需要，使之免于贫穷、屈辱、危殆、灭绝。这意味着将国民利益视为国家的根本利益，将权力奠定在民众归心的道德根基之上，而不是依仗暴力机器碾压民意，逼其就范，使之终日惶然如灭顶之灾即将降临，而不敢轻举妄动。管子力图营造一种亲民的政治生态和祥和的公共生活空间，他不仅反对压迫民众的苛政与暴政，也反对政府权力对民生的扰攘："明主之治天下也，静其民而不扰，佚其民而不劳。"（《管子·形势》）他曾经指出，政府不能驱使民众去做民力所不及的事情，也不能去做不可持续的事情，追求不应该得到的利益。为了说明其中的道理，他用了这样的比方："渊涸而无水，则沈玉不至。主苛而无厚，则万民不附。父母暴而无恩，则子妇不亲。臣下随而不忠，则卑辱困穷。子妇不安亲，则祸忧至；故渊不涸，则所欲者至；涸，则不至，故曰：渊深而不涸，则沈玉极。"（《管子·形势》）

在管子看来，社会秩序的基柱，主要依靠道德伦理对于人心的维系:"国有四维。一维绝则倾,二维绝则危,三维绝则覆,四维绝则灭。倾可正也,危可安也,覆可起也,灭不可复错也。何谓四维?一曰礼,二曰义,三曰廉,四曰耻。礼不逾节,义不自进,廉不蔽恶,耻不从枉。"(《管子·牧民》)对于与德治相配套的礼治,管子相当郑重其事,认为:"君不君,则臣不臣;父不父,则子不子。上失其位,则下逾其节;上下不和,令乃不行。衣冠不正,则宾者不肃;进退无仪,则政令不行。且怀且威,则君道备矣。"(《管子·形势》)缺少了礼制,人们的社会身份含糊不清,行为随意失范,社会分子无序运动,不仅彼此之间情感无法对待,政令也难以贯彻执行,构建不起政通人和的局面。

德治的关键,在于君臣的德性与权力地位必须对称,德不配位的,不管是德厚而位卑,还是德薄而位尊,都是一种过失。因此,对于掌握权力和从事公共事务的人,管子提出了高标的道德要求:"君之所慎者四:一曰大德不至仁,不可以授国柄。二曰见贤不能让,不可与尊位。三曰罚避亲贵,不可使主兵。四曰不好本事,不务地利而轻赋敛,不可与都邑。"(《管子·立政》)

"凡治国之道,必先富民。民富则易治也,民贫则难治也。"(《管子·治国》)管子并非一味高唱道德,他深明民心与民生、礼义与仓廪的关系,以及繁荣经济对于国家的基础性意义:"错国于不倾之地,积于不涸之仓,藏于不竭之府,下令于流水之原,使民于不争之官,明必死之路,开必得之门。"(《管子·牧民》)要把国家建立在牢固的基础上,除了在决策上顺应民心,在吏治上实现政治权力与道德人格的对等匹配,还必须有取之不尽的粮仓和用之不竭的府库;还必须向民众指明犯罪必死的道路,敞开立功必赏的大门,树立法治的权威与制度的公信力。这种富而治之的思路,与孔子富而教之的起始相近。

虽然突出德治的主体性地位，但管子也看到德礼之治的不足，并指出："寝兵之说胜，则险阻不守；兼爱之说胜，则士卒不战；全生之说胜，则廉耻不立；私议自贵之说胜，则上令不行。"（《管子·立政》）在一个诸侯争霸的时代，一味强调仁慈兼爱，甚至提出要熄灭烽火，铸剑为犁，势必将国家置于危险的境地；过分宣扬养生保命，人就会变得寡廉鲜耻，良好的伦理风尚便不能形成；民间私议鼎沸，清谈甚嚣尘上，国家政令就难以推行。因此，统治者必须兼具文德武威，操纵生之、杀之、富之、贫之、贵之、贱之等六种权柄，在德治的背后，悬挂一把寒光凛凛的宝剑。只有掌握生杀予夺的重器，才可以控制局面，维护社会秩序的稳定。至于赏罚的厚薄、行禁的轻重，则要依据当时的社会状况来决定："故古之所谓明君者，非一君也。其设赏有薄有厚，其立禁有轻有重，迹行不必同，非故相反也，皆随时而变，因俗而动。"（《管子·正世》）局势出现动荡的时期，民性焦躁则铤而走险，立赏就不可不厚，行禁就不可不重。因此，圣人设厚赏不能算作过分，行重禁不能算作暴戾。赏薄则民众不以为利，禁轻则恶人无所畏惧。设赏太薄，就很难激励民众尽力做事；禁罚太轻，就难以阻止人们作恶。这样，政府颁布法令，民众也不会听从了。在这种情形下，诛罚过轻，甚至有罪不罚，看起来貌似"有爱人之心，而实合于伤民"。

尽管出发点颇为相近，但对于人性状况，管子没有孟子那么乐观的估计与期待。他认为，普通百姓都是趋利避害的："民，利之则来，害之则去。民之从利也，如水之走下，于四方无择也。故欲来民者，先起其利，虽不召而民自至。设其所恶，虽召之而民不来也。"（《管子·形势》）"民者，服于威杀然后从，见利然后用，被治然后正，得所安然后静者也。"（《管子·正世》）管子没有蔑视这种喻于利的人性，而是将满足民众利益需求，视为国家的职能与当权者的责任。他认为,如果国家陷入混乱,盗贼得不到镇压,暴乱得不到禁止,强者劫持了弱者,多数欺凌少数,百姓就不能安居乐业,得不到实际利益与应有的恩惠,就会对国家政权绝望,政权的合法性也就岌岌可危了。政府的权威如果不高于一切非政府组织,尤其是非政府武装和黑恶势力,社会的秩序与正义就无法维持。

对于社会治理,管子不仅通盘考虑,而且善于通变,与时俱进。社会治理有多种目标,但最重要的首先是社会秩序的建立。一旦社会失序,陷入兵匪之乱和政治危机,一切都无从谈起。良性社会秩序的建立,须有深厚的德治基础。倘若"今使人君行逆不修道,诛杀不以理,重赋敛,竭民财,急使令,罢民力,财竭则不能毋侵夺,力罢则不能毋堕偍。民已侵夺堕偍,因以法随而诛之,则是诛罚重而乱愈起。"(《管子·正世》)德治之重要固然如此,但这并不意味着单凭德治就能治理好社会,一味地轻刑、宽政、松权、薄税,就可以天下大吉。

德治虽说是一种美政,却需要前提铺垫,那就是整个社会具有崇德尚礼的风气,德性只对信奉道德的人,才能产生感召与摄受的作用。在道德君子普遍受到质疑、嘲笑、孤立与围攻的时代,德治也就无从谈起。因此,德治的力量不足以承担全社会的治理功能,这一点连孟子也是清醒的:"徒善不足以为政,徒法不能以自行。"(《孟子·离娄上》)此外,德治也有失灵的时候,道德的感召和劝诫是可以被拒绝的,拒绝了也不会招致多大的现世报应,更不会要人的命,但刑罚则不同,刑罚的强制是任何人都不可拒绝的,拒绝了就会带来灭顶之灾。因此,它对任何人都有效,能够筑起一道道高墙,挖出一条条沟壑,堵死一些路径与隘口,让人们无法逾越,从而一怒定天下,在混乱之中建立起某种秩序来。在礼崩乐坏的时代,伦理的底线濒临崩溃之际,人们也就只能仰仗刑法的力量了。

"夫盗贼不胜则良民危，法禁不立则奸邪繁。故事莫急于当务，治莫贵于得齐。制民急则民迫，民迫则窘，窘则民失其所葆。缓则纵，纵则淫，淫则行私，行私则离公，离公则难用。故治之所以不立者，齐不得也。齐不得则治难行。故治民之齐，不可不察也。圣人者，明于治乱之道，习于人事之终始者也。其治人民也，期于利民而止。故其位齐也，不慕古，不留今，与时变，与俗化。"（《管子·正世》）盗贼不能镇压，良民就陷入危险；法禁不能建立，暴民就大量出现。因此，处事最迫切的是解决当前的事务，治国最难得的是掌握好各项举措的轻重缓急。治理措施过于严峻，民众就会陷入困窘而无所适从，失去生活的自治与保障；管理过于松弛，民众则会私自放纵，衍生出各种淫癖的乱象，做出违背公共利益的事情来。一个国家的治理措施能不能成立而且有效，就在于能否把握住这个适中的尺度，使之恰到好处地应对当时的社会形势。所谓圣人，就是领悟治乱之道，洞明世道人心之终始的人。他治理社会的初衷是不会改变的，那就是只求有利于人民。但在确立政策定位与分寸时，他既不追慕古贤的做法，也不拘泥于现行的范例，而是随着时势和社会潮流风尚的迁移，加以权宜应变。

因为对刑法的推重，并充分阐述了罚禁在社会治理中的功能，《管子》后来被归入法家的著作。但就以德治为主体，从道、礼、法等不同维度对社会进行综合治理的体系而言，《管子》理应归为儒家的著述。管子是一个深明治乱之道的通家。

虽说刑法上限是伦理的下限与底线，在伦理规范失效之际启用，但人总不能在底线的锋刃上面生活，而应该在道、德、礼三个层面来做安排，化解生活中发生的问题于无形之中。一旦突破伦理底线，触及刑法，就已经伤及人类的颜面尊严，需要付出双重的人道代价。显然，这也不符合人文主义的精神。早在舜帝时代，德礼在前，刑法在后，德主刑辅的治理模式已经形成。而且，刑法的作用主要在于警示与震慑，多少带有象征的意义，真正付诸社会实践的严刑酷法极少，使用较为广泛的是不伤及身体发肤的流放。周公世代，尽管国家幅员已经相当辽阔，仍然以德礼之治作为社会治理的主体杠杆。这种以德礼之治为核心，兼以道的自治和法的他治的模式，在数百年间一直卓有成效。

然而，随着社会形势的演变，包括人口与资源关系的消长，阶级的分化，人与人之间、族群和集团之间的利益纷争逐渐升级，就如纸包不住火，斯文体面的软性规范，渐渐丧失了约束行为的力量。人与人之间、家族之间、诸侯之间、大宗与小宗之间，乃至诸侯与卿大夫之间，利益的竞争如同猛兽之于弱肉，含情脉脉、彬彬有礼、温良恭俭让的礼义，便显出无能为力的尴尬。各种不安分的僭越企图，衍生出层出不穷的谋略韬术，在斗智斗勇中不断升级，善良的人性变得无可奈何。到了管仲所在的春秋时代，刑法作为一种刚性的社会规范，已经在社会治理中显出了卓著的效用，并在《管子》一书中得以阐发。但在此时，管子仍然坚持德治的主体性地位。比管子稍晚的宋襄公，在与楚国作战时，尽管敌强我弱，仍然坚持仁义与礼仪，不愿意乘楚军渡河之危发起进攻，一定要等到敌方列阵之后才与之交战，致使自己最终因伤而死。由此可见，当时德治之风还没有败坏到十分严重、不可挽回的程度。

孔子生活的春秋中晚期，已经是一个礼崩乐坏的时代，局面比管子时代更难以收拾。要在道德滑坡的颓势中力挽狂澜，恢复周公完备的德礼之治模式，连孔子自己都明白是不可能的事情，但孔子的伟大正在于不与时代妥协，不放弃自己的人本立场和仁政主张，知其不可为而为之。尽管周游列国，屡遭困顿，一度无米下锅，脸有菜色，没有一个君王肯接受自己的政治理念，但出于悲天悯人的人文情怀，孔子仍然不能接受以刑法为主体的政治体制，坚信自己不为世之所用，是有国者的悲哀。他要将尊重人、善待生命的人文精神与政治理念传于后世。

从政治家的角度来看，孔子缺少管子识时务者为俊杰的务实精神，他考虑的不仅仅是现实的可行性，还有理念原则的正当性。在他看来，人的社会就应当待人以仁，让人能够安身立命，实现人性的蕴藉，而不是以人的生命为手段，去成就某种英雄壮举与宏图霸业，以伤害人的方式来构造某种壮丽的社会大厦。这是孔子终生不变的操守。孟子与孔子的时间距离，与孔子和管子的时间距离相仿。面对的人心失德、伦理失范、社会失序的状况，孟子比孔子时代更为不堪，但他仍然保持着对善良人性的信任，坚信人性与天道相连的善根，终究不会被恶性的利益竞争所泯灭，并将其作为构建理想社会的基石。

人性的内涵见仁见智，仁与智也难于等持。一般而言，智用多者德性往往失之浅薄，德性深厚者常常显得智识笨拙。治平之世，人们之间攀比的是德行的高洁与优雅；动乱之世，人们之间较量的是智慧的高低与势力的强弱。在群雄争霸，无所不用其极的恶性竞争时代，人与人、集团与集团之间，比拼的是谁更加奸诈狠毒，仁慈和恭让反倒成为软弱可欺的标志，人性因此变得不堪信任。孔孟德治与仁政的人文主义治理理念，最终输给了商鞅与韩非主张的法家霸道路线。全面采用法家思想治理的秦国，在竞争中胜出，成为最后的赢家。

秦国不仅在社会治理中使用严刑酷法，肆意凌辱人类的躯体，最大限度地挤迫个体的生存空间，还视人的生命为草芥，在战争中大规模地活埋俘虏，一再突破人伦的底线，制造了骇人听闻的人道灾难。在其高压统治下的社会，是人心叵测、人人自危的小人世界，他人即是地狱。这种生活世界不仅伤害基本的生命权益，还阻断了人性趋向至善之境的可能性，使人以非人的方式苟存和相互对待，在扭曲中呈现出狰狞的面貌。这是孔孟一向诅咒的暴政。秦国短暂的胜出并不能说明，具有强烈极权倾向和反人文性的法家思想，更加具有真理性，更能够代表人类的正义。人文主义是一种价值理念，服从于一种应然性，而不是现实的必然性，需要有人来坚守，需要有人去呼号奔走，需要越来越多人的认同与信奉，才可以从精神的现实渐渐转化为物质的现实。社会是人的社会，精神认同的力量不能被低估，而低估的结果恰恰会证明低估的正确。在人类的历史中，正义并不在任何时候都必然压倒邪恶，文明也不是在任何时候都能够战胜野蛮，但这并不成为坚守者放弃的理由。孔子的伟大正在于此。

秦朝的出现，可以说是天下失序之后，群雄逐鹿愈演愈烈的必然，而它的短命，表明这种险峻的非人统治是在自掘坟墓，不可以持续。秦制也成为历代人文学者批判暴政的典型案例。汉初采用黄老之术，撤回国家权力对私人空间的长驱直入，给民众留出休养生息的自治权，无疑是对极权暴政的反拨。主张人性自洽自治的道家思想，成为国家意识形态的主流，在中国历史上似乎也是仅此一例。到了汉武帝时期，儒家的德礼之治地位有所上升，但此时所谓的儒术只是一种礼教，属于孔子批评的"小人儒"，已经与孔孟时代的原儒不可同日而语。之后，渐渐形成礼教在表、刑法在里，儒表法里的治理格局。道家则作为变通之术和修身法门，在庙堂与山野之间隐秘流行。至于德礼与刑法的结合运用，往往与时势相关。一般而言，治平之世多用德礼，乱世则重用严刑酷法。即便是在今天的法治社会里，德礼还是社会规范的主体。虽然法律的修订连篇累牍，但在人们日常生活中生效的，主要还是道德良知与伦理规范。大多数人在大多数时间里，都是在道德底线之上来安排自己生活的；只有很少的人在很少的时间里，会触碰法律的红线与天网，或借用法律的条款来解决生活中出现的问题。相当多的人，终身都不与司法机关发生关系。

乱世固然会导致礼崩乐坏，但治平之世，德礼之治的不断强化与追加，也不是愈甚愈好。德的教化倘若过于强势，劝诫与榜样的树立一旦有过，超出当下人们能够企及的程度，就会形成逼人就范的高压态势，违反了为仁由己的原则，束缚自由意志，窒息人性的开合。逼良为娼固然可恶，逼娼为良也万万不能。道德的威逼与绑架，最终会导致人格的扭曲，成规模地生产出伪君子来，断送道德建设的基石——真诚。尤其是礼治的编制，本身就是对人们行为自由度的裁剪和自由空间的规划与压缩，这种限制与造设繁复到一定程度，就会变成人身自由的桎梏，成为一座无形的牢狱，显出鲁迅所骂的"吃人"性质来。孔子时代，因为礼崩乐坏，社会行为失范，故对礼治十分强调，矫枉过正，但依然是在仁的前提下来要求："人而不仁，如礼何？人而不仁，如乐何？"（《论语·八佾篇第三》）汉代以后，仁外求礼的小人儒大行其道。至宋朝，儒家中如程颐、朱熹者，不能与时俱化，固执于古礼，也有将外在行为规范僵化的倾向，流露出一股迂腐的气息。

道德礼法是社会治理的四个维度，各维度之间协调联动，其中阀度的强弱松紧都没有固定的尺度，需要在时代的变迁中由政治家们来调适，用中庸之道来把握权衡。孔子称这种权衡为"中权"，认为是极难把握的智慧："可与共学，未可与适道；可与适道，未可与立；可与立，未可与权。"（《论语·子罕篇第九》）过犹不及，就如对人身体的治疗一样，社会机体的治理强度也不是越大越好，过度的社会治理势必妨碍人的自治，影响人对自己生命的自由处置，甚至导致人道的损伤，破坏鱼跃鸢飞的生命气象，造出一个个病梅馆来。正如《礼记》所言："过制则乱，过作则暴。"（《礼记·乐记》）

某种意义上，社会治理也就是人性的治理。人性之善只是一种可能性，在开显与实现的过程中，会受到来自命运与外界的诸多因素的影响，在内外交加的压力下扭曲变形，演变出各种或然的可能，甚至穷凶极恶和歹毒邪魔的现象。一个好的社会，首先应该给人留出一定的自治空间，为人的安身立命和自我实现提供所必需的自由度，让人有尊严地活着，体验到生身为人是一种荣宠，而不应当假借正义的名义，入侵、挤迫与剥夺人的生存空间和处置自己生命的权利；同时，还要广开向善与向上之门，勉励人们爱己及人、爱人及物，将对自身生命的仁慈与敬重推恩大众，温暖人间，惠及异类生灵，不断提升社会的人性化程度；鉴于人性之善的可能不具备必然性，加之社会竞争的激烈程度对其产生的扭曲作用，对于人性邪毒魔恶的异变与膨胀，必须通过法律的手段，代表公共的利益和社会的正义加以预防与惩治，关闭人性向恶的地狱之门。

2. 权力的集中与分散

站在今天的立场，面对既往的社会存在，人皆可以指点江山。对于古代的治理体制，更可以有诸多的诟病与埋汰，将其视为腐朽没落，乃至罪恶的渊薮。作为一种价值指向的采取，这种姿态自然是正确的，体现着历史进步，但作为一种真相的探究，可就谬之太远了。就权力体制而言，除了先进与落后的分辨，还有是否合乎时势及与现实对应的可行性问题。在其合理性中，时间的因素相当要紧。倘若抽去历时性，全然以同时性加以看待，便容易产生脱离真相的遐想，倒也痛快酣畅，却没有了实际的意义。

纵观人类社会的进程，粗略而言，前期都存在着一个权力从分散到集中的过程，伴随着从部落、部族联盟到国家、帝国的历史进程，人类生活共同体规模体量相继扩大，权力也不断集中起来。当这种集中的态势趋向于极权，到了危及人性尊严，令人恐惧与窒息的时候，就会遇到普遍的抵抗，如何分散权力的问题也就被提了出来。当权力分散到无法有效地控制社会、维持安全稳定的秩序时，如何将权力集中起来，消除各种乱象，又成为新的问题。在前一个阶段，权力集中宏观上体现着历史的大趋势，比起权力分散的状态更具有某种先进性，有利于文明的生长与经济的发展。在后一个阶段，权力分散则被视为是先进的方向，而集权也就被视为腐朽没落，乃至反动和罪恶。实际上，前一个时期，集权也有诸多的弊端，有腐朽与没落的成分；后一个时期，分权也不是全都有效与得当，没有腐朽与罪恶的成分。如果思想者不是急于要停止思想，就得对这些问题展开分析。当代学人动辄破口抨击古代集权制度，将其批得一无是处、体无完肤，仿佛人类社会自始至终就必须民主共和。殊不知，一个国家在特定历史时期，能够建立什么样的体制，并在千百年间持续下来，受到多种条件因素的制约，况且条件背后又有条件，因素背后还有因素。凭借想象的有限因素搭建起来的关系式，并不能够推断出必然的结论，来支持人们理直气壮乃至气势汹汹的断言。

理论上，可以设想以个人为单位的存在，个体拥有不被分割的完整权利和不受限制的自由度，同时也承担自己行为的全部责任。但实际的情况是，人必须以族群的方式在地面上生活，单独个体根本承担不起自身责任的全部重量。受遗传因素的限制，最小的族群恐怕至少也要有数以百计的人口。族群生活需要搭建某种权力结构，才可以有序进行，动物尚且如此，况乎人类社会。这就意味着，每一个人都要切割一部分生命自治权，让渡与所属族群的权力核心，并在一定范围内服从其调度与处置，集权也就因此而发生。在以采集和游猎为主要生产方式、尚未定居下来的时期，族群的规模有限，而稀疏的人口和辽阔的资源空间、可以逐水草山林迁移的生活，决定了族群之间的矛盾具有足够缓冲、调和与规避的余地，权力还不能成为一件凶险的重器，因此不需要高度集中起来。人们对权力的觊觎与争夺，也缺少足够的热情与动力。当然，小国寡民的社会并非如老子想象的那么美好，分散的权力单位，无力应对洪水及各种自然灾害，有效地驾驭蛮荒的自然力；部族之间的摩擦系数，随权力单位的数量同比增加，彼此扯不清的积怨让冲突升级；老死不相往来的生活，不利于经济的进步，文明的发展更需要跨越族群和地域的交往。因此，在相当漫长的历史时期，始终存在着权力如何集中起来的问题，而民意的集中表达，让渡权利方式的设置，则是更为困难的社会工程。远古时代，幅员辽阔，部族林立，这种情况下，将权力集中与民意集中的过程合而为一，几乎是无法想象的神话。

让家庭从大的族群中析离出来，成为一个相对独立的社会单元，在老槐树下形成盘根错节的世系，是农耕文明的生产与生活方式。人类因此在江河流域停下流浪的脚步，搭造屋子定居下来，构建起范围有限的生存空间。人与人、人与环境之间的关系也不再游移不定，血缘关系成了最基本也最稳固的社会关系，将人按辈分年龄组合起来，其次则是地缘关系，二者是维系社会秩序的纽带。农业社会对土地与水源有着先天性的依赖，而具有良好水源的土地毕竟有限。伴随着人口增长和生存空间的拓展，家族部落间利益冲突的发生不可避免，这就需要超越二者之上第三方力量的介入，进行

　　　　　穷尽人性的可能——中国古典人文主义叙述

干预与调停。此外，治理水患等方面的需要，也在呼唤着部族之间的联动与合作，这就需要权力的集中，部落联盟也就呼之欲出。在遥远的三皇时代，联盟的成立似乎主要是通过归顺的方式缔结。拥有先进技术和良好秩序的部族，成为周边弱小的部族投靠的山头。燧人氏、有巢氏、神农氏等部族，都是因为最先掌握取火、建筑、种植等方面的优先技术，并兼具亲和力和感召力，而成为其他部族归顺和依附的核心、一个大区域内的共主。

在这个时期，权力是较前集中了，生存共同体的规模也在扩大，但权力的结构却是松散的，社会治理也相对粗犷，没有日常运行的机构设置，让渡出去的权利相当有限，垂直关系并不比平行关系更为强壮。除了部族之间发生摩擦冲突需要调停，蛮族的入侵需要抵御，天灾人祸需要治理与赈济，大型的祭天祈福活动需要筹办，各个部族基本上都处于分散自治的状态。人们生活在自给自洽的状态之中，近乎老子说的鸡犬相闻而老死不相往来。在这种土壤里，生长不出专制与极权的政治，反倒适合协商的体制，共主地位的举荐与禅让也就顺理成章。但在土地辽阔、部族繁多的黄淮流域，民意的表达与集中极其不便，不像希腊小城邦的市民，短时间内就可以在广场上会集，用一枚贝壳或是什么物件，来表达各自的意志。直到神农时期，中国社会的形态都大抵如此，在社会治理体系中，个人、家族、部落的自理自治占有很大的成分，接近于无为而治，治理成本几乎可以忽略不计，未给人们添加多少负担。但这种被道家推崇的治理模式，最终还是驾驭不了时代奔驰的马车。

"神农之世，男耕而食，妇织而衣，刑政不用而治，甲兵不起而王。神农既没，以强胜弱，以众暴寡。故黄帝作为君臣上下之义，父子兄弟之礼，夫妇妃匹之合。内行刀锯，外用甲兵，故时变也。"(《商君书·画策》)大型的战争与祭祀封禅活动，见于轩辕氏黄帝时期。神农氏衰落之后，单纯依靠德望来调停部族关系出现了困难。"炎帝欲侵陵诸侯，诸侯咸归轩辕"（《史记·五帝本纪》），黄帝带领部族联盟武装，在逐鹿之野击败了炎帝。后来，黄帝部族联盟先后与蚩尤、共工、三苗等部族发生战争，扩大了天下的版图。接连发生的战事表明，此时各个部族之间的矛盾已经升级，无法以软性的力量化解，以商榷的方式来进行议事。与过去部落联盟的形成不同，这个时期部族的归顺开始带有被征服的性质。部落联盟已经具备国家的功能，黄帝以五色祥云命名不同的官职，建立正式的行政机构，还拥有专门训练的军队"甲兵"，制定了以五刑为主体的刑罚制度。战争是权力集中的催化剂，黄帝作为天下共主的地位明显上升，站在尘土地面的他被推为"天子"，代表着一种超越性的意志。

疆界不断拓展，共主的权力愈来愈鞭长莫及，如何实现天下的有效治理，建立农业社会最为必需的安定秩序，成为一个历史性的课题。为了增加权力的凝聚力与向心力，黄帝利用人们敬畏与膜拜上天的普遍心理，定期举行祭天仪式，还有各种封禅活动，将权力的来源和维持神圣化，挟天威以履平地，把政治根基深深奠定在人们内心的信仰之中。因此，他在位时期"鬼神山川封禅与为多焉"（《史记·五帝本纪》）。当然，这个时代权力的集中程度毕竟有限，各个部族仍然处于相对独立的自治状态。相对的集权适应了国家规模扩大和社会矛盾缓急程度的需要，也为当时的人们所接受。在历史传说中，黄帝深受子民的拥戴，堪称一代圣明的君皇，他的集权行动似乎没有受到历史的指控。

黄帝时代的权力体制，一直延续到了尧舜时期。但到禹的时期，原有的集权程度，其势能似乎已经用尽，难以压制部族社会矛盾。夏禹登上天子位时，天下可供耕地多达九百一十万八千二十顷，人口多达一千三百五十五万三千九百二十三人（《通典·食货七》），诸侯部族的数量也数以万计。疆土的拓展与人口增长，都意味着社会离散趋势的增强。在当时的交通通信条件下，如此幅员辽阔、人口众多、诸侯林立的天下，统治起来已经十分困难了。如果不能进一步强化集权程度，天下的分崩离析便难以避免，诸侯纷争与兼并的乱局随时就可能出现。为此，大禹可谓煞费苦心，他将天下分为九州，并以青铜铸造九鼎安放其内，以示帝权主宰镇压之沉重；还将诸侯部族分为公、侯、伯、子、男五个等级，严格规定拥有土地资源的数量与各种礼数，以建立金字塔型的等级结构；他还召开了规模宏大的诸侯大会，并以"防风氏后至"为由将其斩杀，以树立盟主与天子不可冒犯的神威。他的集权行动，超出了当时社会容忍的程度，引起了联盟内部诸侯的反抗。先是有扈氏部族高举义旗，而后是东夷部族首领后羿篡夺帝位，再后是寒浞取代后羿，执掌朝政三十余年。直到少康剪灭寒浞，江山社稷才算稳定下来，但权力也由天下的公器变成了家族的私器，而且越来越沉重，皇位传递的形式也从禅让演变成争夺。

历史演化到这个路口，似乎有三条道路可供选择：一是放弃集权与统一的秩序，任由诸侯在失治的乱局里自由竞争，逐鹿问鼎，由最终获胜者重新建立天下秩序；二是召开部落联盟大会，由方圆数千里内的上万个诸侯选举一个共主，建立民主协商制度；三是进一步强化共主的权力，维持天下的稳定与统一。显然，第一种选择意味着提前进入战国时代，或许经过一场血雨腥风的混战和无穷无尽的人道灾难，最终的结果还是胜出的霸主以绝对强权收拾局面，一统江山。这个霸主即便不是秦始皇，也与秦始皇不分伯仲。第二种选择超出了当时的社会条件，包括交通与通信，也超出了大禹的想象力。毕竟，纵横数千里的疆土，超过一千万的人口规模，远非二十多万人的雅典城邦可比。与前面两种可能性相比，第三种可能性不算是最好的，但却现实可行。

然而，要加强共主的权威，除了武力征伐与祭天封禅之外，还能有什么办法？传说夏禹曾经设想，将帝位禅让于擅于刑法的皋陶，但后者来不及继承就辞世了，最后的结果是禹把权位传给了自己的儿子启。将天下人之天下转变成一家人之天下，这一背叛政治传统、冒天下之大不韪的决心，应该不是那么轻易就能下的。在当时的形势下，深深感到维护统治秩序艰难的夏禹，似乎已想不出更好的办法，才出此下策，利用农业社会认同度最高也最具韧性的纽带——血缘关系，来维系与巩固庙堂。不论如何，他在集权的道路上迈出了关键性的一步，为后世的家族专制掘开了先河。一千多年后，周人完整地将家族宗法制度叠加到国家政治制度之上，彻底实现家国一体，以此来强化王权的统摄力，克服辽阔的疆土上不断增长的离心力，天下的共主也就变成了"宗主"。国家政治生活家族化之后，后宫的生育就成为十分严重的政治事件，后妃能不能生出龙子龙孙，直接影响到天下的兴衰。生出的龙子龙孙多了，相互之间为了皇位明争暗斗，也会动摇社稷的根基。因此，权力的核心还存在变数与险象，权力的边缘还会有烽烟点燃。只要权力的合法性问题得不到最后的解决，还是有人在问："王侯将相，宁有种乎？"

应该说，在农业社会家族聚居的历史土壤里，周代将家国体制和德治精神结合的统治，还是有效地维护了天下秩序的安稳，国运延续约有七八百年之久，成为中国历史上寿命最长的王朝。当血缘关系已经稀释到不再浓于水，作为宗主国的周王朝，就失去了统治天下的认同度，道德与宗法的缰绳无法约束强盛起来的诸侯，来维持天下秩序安稳。这个时候，天下就进入了群雄争霸的春秋战国时代，弱肉强食的丛林法则主宰了人间社会，中原大地上刮起了血雨腥风。这种情况，近似于英国近代思想家霍布斯所说的："在没有一个共同权力使大家慑服的时候，人们便处在所谓的战争状态之下。这种战争是每个人对每个人的战争。"［（英）霍布斯著、黎思复等译，《利维坦》，第94页，商务印书馆，1985年］在集权崩溃的乱局之中，谁都不能够设想，最终会由一个温和的人性化政权来收拾残局，终结历史只能是"利维坦"——一个令人恐怖的狰厉怪物。实际的情况是，暴政的秦国碾压群雄，成为天下的主宰，建立起极权的体制，以严刑酷法收编社会个体的自由度。乱世导致极权的逻辑，即便到了今日世界也仍然成立。集权主义在秦始皇这里走到了尽头，也从正面走向了反面，成为被后人不断控诉的罪恶政体。始皇和后来的朱元璋，都属于孟子诅咒的暴君，古典人文主义的敌人。然而，春秋战国无义战，这种战争使人们之间的相互残害与杀戮合理化，一个个鲜血淋漓的英雄横空出世，社会因此进入仁道主义的至暗时代。然而，群雄之中必定要有一个胜出，来以战止战，以毒攻毒，不然生灵涂炭的乱局——这是更为至暗的地狱——就无法结束。这就使面对历史的人们情感复杂，秦的暴政不能不出现，但也不能不被推翻。

和饮食男女一样，生命安全是人类的刚性需求，稳定秩序也比自由更为优先。极权政治以非人的方式对待人，是人性化程度最低的体制，但它的产生并非没有历史的合理性，只是这种合理性不能成为我们赞同暴政的理由。相反，应该保持警觉，避免为其合理性的成立提供前提条件，那就是避免社会的失序与不治。"夫利莫大于治，害莫大于乱。"（《管子·正世》）管子将社会失治视为最高的罪恶，主张对社会的全方位治理；孔子主张恢复西周式的集权，力图挽回天下行将崩坏的趋势，以提升社会的人性化程度；孟子致力于提升政权的民意基础，反对独夫民贼强奸民意，涂炭生灵，力图建立让人获得尊严与温暖的社会。他们都秉承仁道的情怀，但历史的滚滚浊流最终偏向于法家无情的方向，成就了秦人冷血而轰烈的霸业，于是，世道与人道就此被撕裂开了，成为相互背离的东西。孔子、孟子等人文主义者，也就成了一只只啼血的杜鹃。

撇开价值信念，就治乱之道而言，一个国家或地区最终选择什么样的政体，与人们的价值取向和精神认同有关，也与社会矛盾的复杂和缓急程度有关。在社会矛盾相对简单，不同阶级、族群、地域、文化信仰之间的关系，趋于缓和或可以调和的情况下，生存共同体内的诸多事情，可以拿到台面上来商榷，采取非暴力的形式，不温不火地寻找解决途径，民主协商的体制也就有了成立的条件，老子"治大国如烹小鲜"的理念也可能实施；相反，倘若社会矛盾错综复杂，不同阶级、族群、地域和文化信仰人群之间的关系趋于紧张，甚至势如水火，天下暴民四起，到处着火冒烟，有关国计民生的话题不可同日而语，民主协商很难达成任何共识，只能诉诸暴力，集权专制和强人政治也就难以避免。对于集权的体制，人们的态度是复杂的，社会动荡不安时，人们呼唤并拥抱它；社会安定和平时，人们就开始诅咒并抗拒它，而它却不能招之即来挥之即去。

集权程度与社会矛盾的缓急程度成正比函数关系，这种情况，即便是到了21世纪的今天，也没有多少实质性的改变。在中东一些民族、文化、宗教矛盾不可调和的地区，少数服从多数的原则得不到普遍的认同，真理似乎总是在少数人一边。在这种条件下，即便通过武力强行植入民主协商制度，即便付出足够惨不忍睹的人道代价，都往往以失败告终。而在北欧一些地区，经济繁荣，民生富饶，阶级差异甚小，文化认同与兼容度甚高，人们在道德精神上相当默契，严苛的刑法多被废止，国家的治理接近于无为而治，军队与警察的存在相当程度上带有象征性质，政治生活的重要性被文化艺术生活所取代，生活因此变得优雅甚至带有童话的色彩。政权在人心的天平上逐渐失重，不再是一种令人生畏的重器，人们可能终其一生都不会跟司法机关发生关系，更不需要以粗暴的方式来捍卫个体的权利。这种社会图景，与孔子当年憧憬的倒有几分相似。

可以说，孔子终生都在致力于建构更具人性化的社会：远离血腥与暴力，崇尚道德与人伦，追求人性的无邪、完满与至善。尽管处身于社会失序的大势之中，仍然知其不可为而为之，演绎了一场壮烈的人生悲剧。孔子身后发生了两起具有标志性的历史事件：一是白起活埋四十万俘虏，一是始皇焚书坑儒。前者是对人身体性存在的埋葬，后者是对人精神性存在的埋葬，对人身心的双重埋葬，使极权主义成为人类文明最可怖的敌人。

民主主义的极限是民粹主义，集权主义的极限是极权主义。两极相通，民粹主义很容易导致社会的失序，社会个体自由的相互抵消，并在覆水难收之后最终由极权主义来终结局面；极权主义对社会个体尊严的剥夺和自由空间的压缩，到了某种程度必然引发普遍的不幸与反抗，最终可能陷入民粹主义的汪洋大海。历史的事实表明，过度的集权（极权）和极端的民主（民粹），都有可能导致失序与暴政。它们是社会体制的南墙与北墙，人们生存的秩序，应当在二者之间的某个地段来建构。

人类社会的政治体制，往往在两个极端之间徘徊。比起黑白分明、非此即彼的极端情景，二端兼容，或是有一定民主前提的集权，或是有一定集权程度的民主，可能是更为优化的选择。不论是集权主义，还是民主主义，最危险的敌人不在其对立面，而是自己阵营里血管偾张、毛发竖立的极端分子。在乌合之众风起云涌的运动之中，极端的口号最富于煽动性与号召力，并导致一种不计后果的情绪发泄和群体狂欢。当愤怒高涨到了某种程度，人们就有了与世界同归于尽的激情，甚至成为一点就爆的人肉炸弹。合理制度的选择，必须在摆脱极端倾向之后才有可能，并最终由社会精英来构思设计，而这种设计的智慧，体现在孔子所说的"权"字上面——这是中庸之道的精义。这种方法不是一味追求好的升级，而是追求恰如其分，或者说恰到好处。

在实际的社会存在中，民主有不同程度和不同方式的民主，集权也有不同程度和不同方式的集权。民主成分较多的社会，社会的自由度会更为充裕，人们的自治权利也会相对完整，社会的活力也会随之上升，但政府相对较弱，其调配资源和动员社会的能力也会相应下降，在应对社会变故与危机时捉襟见肘，甚至无法作为，坐以待毙。集权成分较多的社会，政府自然是一个强势的政府，调配资源和动员社会的能力相对强悍，在应对自然灾害与社会变故时优势明显，但社会单元自治权的完整性必然受损，个体的自由度和创造力也受到某种程度的压缩。在变动不居的社会进程中、各种社会力量的博弈下、各种声音的呼啸之中，选择的难度可想而知，恰到好处的精度更是难以达成。原则上，只能是在确保社会安定、规避失序风险、保障经济民生的前提下，以改良的方式动态调适，尽其可能提升民主性与自由度，使社会更适合于人性的舒展与实现，使社会更像是人的家园。历史的事实表明，为了理念中描绘的美好社会蓝图，提前预支高昂的人道代价，并不一定给后来的人们带来真正的恩惠，历史车轮重蹈覆辙的情况司空见惯。

总之，在分权与集权之间，最佳的选择不是非此即彼，而是亦此亦彼，彼此交错。关键在于制度设计上的综合考量与分寸把握，这需要足够高明的政治智慧来完成，非暴风骤雨的激情所能一蹴而就。集权暴政固然可怖，但在现实条件不具足的情况下，民主进程的强行推进，不意味着太平盛世的开始；在与现实条件相应的程度上，适度的集权并不必然地意味着暴政与罪恶的降临。倘若政府权威弱于非政府组织，特别是非政府武装和黑社会集团，就会出现"暴人不胜，邪乱不止"（《管子·正世》）的局面，天下公正就无从谈起。到时候，收拾社会的乱象与乱局的，还不就是秦始皇和朱元璋这等牛鬼蛇神？

第九章

神本与物本之间

——两条不同的人文路线

作为自身生命的当事者，从人的立场出发，是人本能的倾向和自然的态度。在这个意义上可以说，凡是人的思想行为，都或多或少具有人文性质。生身为人却不从人这里出发，反而拐弯绕道从别的什么事物那里出发，为某种非人乃至反人的东西着想，以其作为标尺来度量人的高度，衡量事物的重量，标示价值的方向，倒是一件十分蹊跷的事情，值得进一步究问。

概括而言，可以作为人的出发地的，除了人本，就是物本和神本。在人类生活的早期，视神灵为天地的主宰，人为神灵的仆从乃至造物，这种以神为本的观念相当普遍。凡事都要祭祀祷告，祈请神灵的应允、帮助与救援，听从其强力意志的安排，此类现象存在于各个文明的发源期。但人们之所以匍匐在神灵脚下，并非为了给神灵利益，助长其君临时高踏与睥睨的威势，而是对它们有所企图，希望借其神幻的魔力，来排除各种可能的灾变，达成自己当前难以实现的目的，增进自身的福祉，缓解内心的焦虑与不祥之感，即所谓借天威以遂人愿。表面上看，似乎是从神本立场出发，其实脚跟还是立在人本之上，不过是弱者利用强者的策略罢了。只是因为对神灵的依赖不断复加，忘了先前的初心，导致自主性的丧失，扶也扶不起来了，于是看起来就像是以神为本的样子。

物本是人赖以生存的条件，生命的资粮。人本在地球上的成立，需要物本的支持。这种支持不是物本主动过来迁就与成全人本，而是人通过某种方式去谋求与获取。相对于人渴望得到的支持，物本的给予总是显得不够慷慨也不够确定。因此，人稍不留神，就会依附于物本，并为其所劫持，人本的位格也就随之堕落到物格之下，呈现出一种沉沦的状态。物本主义由来已久，也是近代以来市井间最为流行的意识形态，人们裹挟其中并推波助澜，然究其初衷，还是出于填满人自身不断扩张的欲望沟壑，而非是为了物质的增殖与繁荣。只是当物欲强化到了迷狂的程度，便会将人连根拔起，导致本末倒置而已。因此，以神为本和以物为本，都无非是以人为本的异化形态、特殊的版本。

从一个原点出发，可以有许多不同的方向和抵达的目标。以人的生命存在为起点，可以有不同的行走路线，当然也就会有不同的终点与归宿。到目前为止，本书的叙述与讨论足以表明，人文主义的思想，并非只有一种可能的形态。也就是说，并非只有西方近代以来的人文主义，才是真正和唯一的人文主义。在此之外，人文主义还有其他形态存焉。中国古典人文主义，就是一种极为深沉的人文主义。它对人本的领悟、对人性内涵的挖掘，远比西方近代人文主义更为深邃与开阔。也许，正是这种深广突破了人们所设定的边界，引起概念的歧义，使之被误解为一种非人文，乃至反人文的思想。

西方人文主义的精神，可以追溯到古希腊时期的雅典，智者学派的兴起和苏格拉底的出现。中国古典人文精神的起源，可以追溯到黄帝和尧舜的时代，但它作为一种时代的主流意识形态，则是从西周开国时期开始，而后由春秋战国时期的诸子加以发挥，最后在宋明理学中得以延续与终结。系统考察两种人文主义的流变过程，比照西方当代的人文思潮，可以发现一些值得展开的话题。

1. 西方人文主义的流变

（1）古希腊的天空

如前所言，西方人文主义思想，发萌于古希腊城邦时代的雅典。供奉阿波罗的德尔菲神庙里，镌刻着一句神谕："认识你自己。"进进出出的人们都熟视无睹，直到苏格拉底读出了其中的意思——这可以视为古希腊人文精神的起点。苏格拉底和之前说出"人是万物的尺度"的智者普罗泰戈拉，堪称西方世界最早的人文思想者。与寻找自然世界循环往复之始基的思想者们不同，普罗泰戈拉和苏格拉底，是最早从人的立场来看待人与世界的西方哲人。他们开始为人的灵魂操心，以人的存在为尺子去丈量万物，避免了认识世界却不认识自身面目、仰望星空却掉到泥坑里的尴尬。但要再往上追溯，普罗米修斯或许也可以算是希腊的人文始祖，虽然他是奥林匹斯山上的神灵，却对人类的命运充满同情，并且站到人的立场上，为人间盗来了温暖的天火，因此受尽了酷刑的折磨。"认识你自己。"他语重心长的教谕，是一种深刻的开示。如此说来，古希腊的人文精神与其说是来自人的觉醒，毋宁说是来自神的启示。

在世界各个文明发源地中，希腊的天空可能是最为低垂的，其宽阔度也与大地相当，生活在空中的诸神与人类的聚落相去不远。这些神灵除了具有超出凡人的神通变化能力，不食人间烟火，因而永生不死之外，其余的方面与人没有多少区别。尤其是德性方面，他们自私狭隘，嗔恨嫉妒，狡猾奸诈，贪婪歹毒，争勇斗狠，与凡人相比有过之而无不及，不似中国古代的神仙，大都是道德高尚乃至圆满之人，与世无争，逍遥自在于星际云端。

希腊的天空是一个弱肉强食的国度，最高的神祇为了维护地位，可以用极端残忍的手段阻止孩子的出生，或干脆吃掉自己的孩子；而为了推翻父亲的统治，儿子也可以割掉父亲的生殖器，甚至将其杀死。作为宇宙之王的宙斯，具足七情六欲，狭隘的心胸时常充满怒火，喜怒无常，且以乱伦之恋为乐事，根本代表不了天地的正义。为了阻止下一代的出生，他不惜吞噬自己怀孕的老婆。为了避免妻子赫拉的嫉妒，他曾经变成公牛跟人间的女子结婚，还曾化为天鹅潜入洞房与他人新婚的娇妻做爱。在中国的儒家看来，他是与商纣王差不了多少的暴君；在道家与佛家看来，他俨然是一个邪恶的魔头。贵为天后的赫拉，自恃是宙斯的妻子，世界的主权就在自己的枕床之上，浑身的淫威更是丝毫不容冒犯。当得知自己用乳汁喂养的竟然是情敌的孩子，便立即派了两条凶恶的毒蛇从门缝里钻进情敌的卧室。很难想象，象征美丽与爱情的女神维纳斯，却是乌拉诺斯神被砍下的生殖器在海上漂浮的产物。她仗着自己性感的姿色，相继与不同异性交媾，最后嫁给了众神当中最丑的瘸子——赫菲斯托斯，而后又因为寂寞难耐出轨了英俊的战神马尔斯。在这个神话的国度，血光与情色的浪漫是不衰的主题，争勇斗狠与争风吃醋成为英雄的本色，杀父与杀夫是最戏剧性的乐章。战神阿瑞斯和爱神阿佛洛狄忒的婚姻，揭示着这样的矛盾："前者使人分离，相互反对，甚至暴力相向；后者让人彼此欣赏认可，使有情人终成眷属。事情总是一体两面，如果一面是爱，是热情、诱惑与性欲，另一面就是暴力、战争，征服与压倒对方。"［（法）让-皮埃尔·韦尔南著、马向民译，《宇宙、诸神与人》，第94页，文汇出版社，2017年］

希腊神话传说是人间生活在天空中的投射，叙述的是希腊人的人文想象。其中隐含着的，与其说是一种天道的义理，不如说是一种人道的精神。奥林匹斯山上空的诸神，虽然是天界的存在，但毫无超脱的情怀，身上散发着"食色性也"的气息。他们不过是生活在天上的俗人，跟《金瓶梅》里的人物差不了多少。他们当中，男性神通常是赤身露体，女性神多为半裸，形象丰盈健美，性情外放，丝毫不掩抑内心的欲望和爱恨情仇，在天地之间游戏神通，淋漓尽致地施展自身的威力，表达自己真实的情愫，没有任何伦理道德的顾忌、伪装与遮拦，活得恣肆和任性。诸神的生活不是向内修为，调适自己的心性；而是向外扩张，舒放自己的情欲，以战胜与控制他者为乐。彼此之间较量的不是德性，而是力量与智慧的强弱，体现着天界的丛林法则。他们最为热爱的是感官之美，而不是心性之善，为了得到美人、美物、美誉，他们斗得死去活来，将各自都变得愈加凶恶、贪婪与歹毒。这些活得一点也不憋屈的神灵，奉崇以力服人的观念，以恶的方式来追求美，最缺少的是悲天悯人的情怀。他们非但在自身的国度明争暗斗，而且要将乱源引向人间，挑起各种纷争与混乱。作为众神之王的宙斯，就因为普罗米修斯同情人类，便加以无情的惩罚。还不怀好意地制造了天下第一个女人潘多拉，在赋予她倾国倾城姿色的同时，加入了恶犬般的贪婪和偷窃的品性、说谎的习气。他让潘多拉打开魔瓮，将封藏在其中的各种破坏力散布到了人间。"就拿特洛伊战争为例，诸神趁着在山顶与人类近距离接触的时机，把自己急欲摆脱的坏事与灾祸转移给人类，将所有恶的东西逐出自己生活的光明所在，撒播到地面人间。"〔（法）让－皮埃尔·韦尔南著、马向民译，《宇宙、诸神与人》，第88页，文汇出版社，2017年〕一颗刻有"献给最美女神"的金苹果，在人间引发了长达十年的特洛伊战争。在战争中，诸神分成两派，直接参与一场毫无正义可言的流血战争。"这也不是第一次了，每当神碰到麻烦棘手的问题，或是有什么拒绝去做的决定，不愿去负责任，就把烂摊子丢给凡人去收拾，一如他们把不想承担的不幸或灾难都送到人间。"〔（法）让-皮埃尔·韦尔南著、马向民译，《宇宙、诸神与人》，第95页，文汇出版社，2017年〕

希腊天空里神的谱系十分完备，庄严的神庙遍布希腊各个城邦。它们的示谕深深地影响人们的生活。但作为高于人的存在，神似乎并不能引领人投奔光明，甚至连这个打算也没有。在这个世界里，"正义就是对强者有利"，而不是同情与扶助弱者。神话是希腊人文化的母乳，他们就是在这种神话传奇文化的哺育下成长起来的，其人文精神也是这种神话叙事暗示的结果。因此，希腊神话并不是一种历史事实，但它以寓言形式诠释了一种人文精神。

神且如此，何况人乎！在希腊人那里，人是比神要低级的存在，他们对神都没有超越性的道德要求，更遑论对自身的要求了。可以想象，在苏格拉底之前，仰望诸神的希腊民众，其人性状况是什么样子。学者杨适先生指出：古希腊神话背后，隐藏着的是人与人、城邦与城邦、阶级与阶级之间残酷的利益纷争。雅典是古希腊政治经济和文化最为发达的城邦，其政治体制更为后人所称颂。但雅典的昌盛是建筑在霸权和奴隶制度之上的，它是一个帝国，有许多城邦受其统治并向它纳贡。对外，它与诸多邻邦特别是斯巴达冲突不断；对内，对大量人口进行奴役，有特权的公民同外邦人之间存在着权利的纷争。"雅典历史和繁荣的高峰，是以扼杀其他城邦的自由和其他许多人的自由为代价的。因此当它夸耀自己的光辉成就时，整个希腊世界已经在指责它了，许多属国还以起义反抗它的统治。"（杨适著，《古希腊哲学探本》，第323页，商务印书馆，2003年）通过对内压迫和对外攫取，来拓展生存空间和积累社会财富的生存方式，不具有道义上的正当性，势必受到被剥夺者的抵制。雅典城邦的政治制度，也体现了"正义就是对强者有利"的法则。

伯罗奔尼撒战争中，雅典军队远征并吞并弥罗斯，在与弥罗斯人的谈判争论中，作为希腊文明代表的雅典人，赤裸裸地说出了他们奉行的理念："关于神祇的庇祐，我们相信我们和你们都有神祇的庇祐。我们的目的和行动完全合于人们对于神祇的信仰，也适合于指导人们自己行动的原则。我们对于神祇的意念和对人们的认识都使我们相信自然界的普遍和必要的规律，就是在可能范围以内扩张统治的势力，这不是我们制造出来的规律，这个规律制造出来之后，我们也不是最早使用这个规律的人……无论是你们，或者别人，只要有了我们现有的力量，也会一模一样地行事。"［（古希腊）修昔底德著、谢德风译，《伯罗奔尼撒战争史》，第417页，商务印书馆，1985年］这种源自游猎文明的思想，一直被视为理所当然，直到智者学派的出现才开始受到质疑。按照修昔底德的理解，整个伯罗奔尼撒战争，"真正原因是雅典势力的增长引起斯巴达的恐惧"，而说到底则是"由于贪欲和个人野心所引起的统治欲是所有这些罪恶产生的原因"（同上书，第238页）。这种源自希腊神话的将灾祸外移转嫁的逻辑，使雅典的兴盛在持续半个世纪之后，走到了悬崖的边缘。也就在这个时候，苏格拉底出现在雅典的广场。

（2）苏格拉底：一个路标似的人物

塞诺芬尼和普罗泰戈拉二人，可能是最早对奥林匹斯诸神生起疑情的哲人。塞诺芬尼对奥林匹斯诸神十分反感，他毫不客气地指责："荷马和赫西阿德将人间的无耻丑行都加在诸神身上：偷盗、奸淫、彼此欺诈。"这些无休止的争斗是先辈们的虚构，他们其实是按照人的样子来描绘神灵的。这没有什么奇怪，埃塞俄比亚人说他们的诸神扁鼻子黑皮肤，而色雷斯人则说他们的神灵蓝眼睛红头发。"要是牛、马、狮子也有手，又能像人一样用他们的手做事，那么马画出来神灵的样子就像马，牛画出来的像牛，各如其类。"这种虚构出来的神根本就不值得崇拜。真正的神灵是善良的，它深藏于一切事物的隐秘的内部，是超感官、无始终的唯一存在，全视、全知、全听的神，"毫不费力地以他的心灵的思想力左右一切"（北京大学哲学系外国哲学史教研室编译，《古希腊罗马哲学》，第47页，商务印书馆，1982年）。显然，塞诺芬尼信仰的不是群神乱舞、怪力乱神的世界，而是比奥林匹斯诸神更为崇高的唯一神祇。

智者普罗泰戈拉将哲学的关怀转向地面，他说出了这样的话："关于神，我无法知道它们存在还是不存在。因为有许多障碍使我们得不到这种知识，一则这个问题暧昧不明，再则人生是短促的。"（柏拉图《美诺篇》）大有孔子"未能事人，焉能事鬼"的意思。基于这样的认识，在还搞不清人是什么之前，他就把人当成一把尺子，去度量世界上的事物，将出发点从神本转移到人本上来，让人站到世界中心的位置。但在人本的方向上，他并没有走出多远，走远的是他身后的苏格拉底。"划分苏格拉底和前苏格拉底思想的标志恰恰是在人的问题上。"［（德）恩斯特·卡西尔著、甘阳译，《人论》，第6页，上海译文出版社，1985年］可怜作为智者的两个人，并不受希腊人待见。他们一个死于被驱逐出境途中的仓皇触礁，一个死于饮下致命的毒芹汁。

苏格拉底的出现，是西方文明史上一起意义重大的精神事件。至少在苏格拉底自己看来，他是带着特殊任务的使者，通过不断地找人谈话，传递来自更高天空神祇的教义，告诉雅典人什么是真正的善，从而改造他们的灵魂生活，在人性意义上拯救整个希腊城邦。这个意思，他在法庭上的申辩已经说得十分清楚。

> 雅典公民们，我敬爱你们，但是我要服从神灵胜过服从你们，只要我还有口气，还能动弹，我决不会放弃哲学，决不停止对你们劝告，停止给我遇到的你们任何人指出真理，以我惯常的方式说："高贵的公民啊，你是雅典的公民，这里是最伟大的城邦，最以智慧和力量闻名，如果你只关心获取钱财，只斤斤于名声和尊荣，既不关心，也不想到智慧、真理和自己的灵魂，你不感到惭愧吗？"如果你们中间有人要辩论，说他关心，我是不会放他走的，我自己也不走，我要询问他，考问他，盘问他，如果发现他自称有德行而实际没有，就指责他轻视最重要的东西，着重没什么价值的东西。我要逢人就这样做，不管老幼，也不管是外乡人还是本邦人，尤其是对本邦人，因为你们跟我关系近。因为，你们都知道，是神灵命令我这样做的。我相信这个城邦里发生的最大的好事无过于我执行神的命令了。因为我来来往往所做的无非是劝告各位，劝告青年人和老年人，不要只关心自己的身体和财产，轻视自己的灵魂；我跟你们说，美德并非来自钱财，钱财和一切公私福利都来自美德。[（古希腊）柏拉图著、王太庆译，《柏拉图对话集》，第47页，商务印书馆，2004年]

经过一番审视，苏格拉底认为，以往的雅典领导人，包括他一度敬重的伯里克利将军，都不注重公民灵魂的修养，只热衷于船舰、军港、卫城的建造，实行帝国政治，并通过发放福利等手段来激发雅典人的骄傲与贪婪，鼓励希腊人兽性的一面，他们对雅典低俗的人性状况负有不可推卸的责任。作为思想家的智者们，把弱肉强食的丛林法则当成正当的人性，助长了政治家的穷兵黩武。他们以师道自任，却唆使人们一味追求满足欲望的快乐，毒化了人们的灵魂（柏拉图《高尔吉亚篇》）。

于是，苏格拉底提出了"关切你的灵魂"的口号，来唤醒雅典人。他指出，人不能仅仅满足于活着，而要活得好，活出灵魂的品质。显然，他在饮食男女之外，对人性的开展提出了新的要求，他说出的"未经检视的人生是不值得过的"这句话，意味着在他看来，周边普通雅典人过的，都是没有意义的可耻生活，他要给他们的生存赋予某种不同既往的意义。

苏格拉底把人的存在分为灵魂、身体、灵魂和肉体组成的整体三个部分，其中具有统摄作用的是灵魂，身体为灵魂所支配使用。德尔菲神庙里"认识你自己"的神谕，在他看来就是认识自己的灵魂。他曾经提醒一连几天都要花几个小时在牧场和马厩边转悠的欧绪德谟：至少要像审视你的爱驹一样审视自己，看清楚自己灵魂的面目，检视自己习以为常的生活。因为他发现，对于自己，人们是多么无知。

苏格拉底相信，灵魂以追求善为自身的目的，这也是人一切思想行为的动因。在各种作为中，人都本能地希望得到利好，问题出在他们分辨不清真正的善恶，以做出明智的选择，因此快乐便自然而然成为追求的方向。苏格拉底拒绝在快乐与善之间画等号，尽管他所理解的善里，并不排除快乐的成分。他所说的善，更多是人或事物的美好品质与属性，对人而言，指的就是使人变得美好起来的德性，即所谓"灵魂与行为的善"。由于将向善视为人的本性，而将趋恶视为理智蒙昧的结果，苏格拉底提出了"美德即知识"的命题。将德性的问题归入理性的范畴，善也就被合并到知识的方面。在人性之中，他显然偏重于理智。这与中国的孔子、孟子等人的见地有很大的差别，后者在人性中见仁见智，但还是以仁为根本。这也是中国古典人文主义与希腊人文主义的重大分歧。当然，更大的分歧还在后面。

在将美德归结为知识智慧之后，苏格拉底又指出人类的无知，人类已经无知到对自己的无知一无所知的程度。他申明，真正的智慧是属于神的，而神谕已经告诉我们："人的智慧价值不大，甚至毫无价值。"〔（古希腊）柏拉图著、王太庆译，《柏拉图对话集》，第32页，商务印书馆，2004年〕到了这里，苏格拉底实际上已经引进了与奥林匹斯山诸神截然不同的神祇。他相信，就像人的身体里居住着心灵一样，宇宙天地居住着至高的神明："我的好朋友，你应该懂得，住在你身体里面的理智，既能随意指挥你的身体；那么，你也就应当相信，充满宇宙的理智，也可以随意指挥宇宙间的一切，……你就会发现，神明具有这样的能力和这样的性情，能够同时看到一切的事情，同时听到一切的事情，同时存在于各处，而且关怀万有。"〔（古希腊）色诺芬著、吴永泉译，《回忆苏格拉底》，第32页，商务印书馆，2009年〕这个神明具有全知的属性，只有它才能洞悉最高的善。于是，为了对人性提出超越性的要求，苏格拉底从人本出发的思想，最后还是以神本来终结。他把最高的善与智慧都交到了彼岸，人们在世间生活的崇高意义，要仰仗神的施与才可能植入。德尔菲神谕"认识你自己"，不知不觉中就被修改为"认识你的神祇"，因为人根本认识不了自己。

当苏格拉底指出人对自身存在的无知，并将认识至善的能力交到神手里时，他已经把普罗泰戈拉提出的"人是万物的尺度"的口号，不知不觉地改为"神是万物的尺度"，或至少是"神是人的尺度"。在苏格拉底和他的学生柏拉图思想的尽头处，隐藏着一条通往希伯来人一神教的隧道。某种意义上，苏格拉底是基督教最早到地面上探路的先知，他一生都在努力提升希腊天空的高度，驱逐奥林匹斯山上过于低俗的神灵，为一尊尚未命名的大神降临清扫法场。

如此看来，雅典法庭对苏格拉底"不尊敬城邦所尊敬的诸神而且还引进了新神"的指控，并非全然冤枉。他引进的神与塞诺芬尼所说的是否是同一尊无法断定，但他们的神祇都具有全知和至善的属性。塞诺芬尼毫不掩饰对奥林匹斯山诸神的蔑视，苏格拉底对这些神祇也从来没有表示过任何的敬意。对于城邦公民虔诚信奉的多神教，苏格拉底显然是一个异教徒。尽管苏格拉底最终将人本的立场归入神本，但他反拨弱肉强食的丛林法则，向人们提出的检视自己生活、摆脱物质重量、提升灵魂德性的要求，仍然体现着一种鲜明的人文倾向。当然，他对人的要求还是有待厘清的，他所说的灵魂的善，是在人格品德的层面，如正义、勇敢、自制、友爱、虔敬等，没有中国古典人文主义者所说的"玄德""道"那么深邃与奥妙。在他这里，仍然是人天两隔，人性神圣的维度只能通过信仰的交付，由神来托管与完成，这也正是中世纪神学的基本理念。在这一点上可以说，中世纪神学的那辆马车，就是苏格拉底从雅典街道上赶出来的。他堪称基督教一神教第一个殉道者。

"我就要赴死，你们将继续活着，谁知道我们双方究竟哪个归宿更好呢？"苏格拉底饮鸩之前慷慨撂下的这番话，可谓意味深长。联想到之前他对克力同说过，即将降临的死亡"是神所指引的路"的话语，可以推知他已经有了自己的神祇和可以期许的天路。在《西方哲学史》里，罗素有这样的表述："似乎没有任何疑问，历史上的苏格拉底的确是宣称自己被神谕或者命运之神所引导的。那究竟是不是像基督徒所称之为良心的声音的那种东西，还是那对苏格拉底来说乃是一个真正的声音，我们已经无从知道了。"〔（英）罗素著、何兆武译，《西方哲学史》，第113页，商务印书馆，2018年〕公元前385年，在被处死十多年后，苏格拉底获得平反，他的雕像在雅典市区竖立起来。这意味着他的思想纳入了希腊古典文化的正统，成为人文教化的内容。

苏格拉底关于灵魂可以脱离肉体获得更高福祉的灵肉二元论，经过他的门生柏拉图发挥，演绎成理念世界与感觉世界相对立的二元论哲学。在柏拉图看来，在人们感知到的现象世界之上，存在着一个真实的理念世界，现象世界不过是它的摹本和投影而已。人于现象世界的肉体生活，在本体上也就不具有真实的意义，但灵魂在挣脱肉体的桎梏后，可以抵达理念世界，过上真正有意义的生活。在柏拉图的《蒂迈欧篇》中，一个人死后灵魂的归宿取决于生前的德行，罪恶的灵魂会附着于女人身上，倘若仍然继续造孽，还会堕落成畜生。生性轻浮的人将变成鸟，愚不可及的则化为鱼，只有德慧兼备的人的灵魂，才能够挣脱肉体的束缚，进入天国，与众神一同享受永生的恩典。这些观念与基督教的教义已经没有多少区别了。

柏拉图的思想，被后来的奥古斯丁用以阐释基督教的教义，成为基督教神学体系的基石。难怪基督教早期教父查斯丁认为，基督教徒与苏格拉底及柏拉图崇拜的是同一个上帝。苏格拉底堪称古希腊神话体系与希伯来神话体系之间一个过渡性的人物。

从以上的叙述，可以看到这样一条轨迹：从塞诺芬尼到苏格拉底，从柏拉图再到后来的新柏拉图主义者们，希腊的思想由人本走向神本，最终与希伯来文明汇流，构造出中世纪的超人文、非人文、反人文的意识形态。当苏格拉底和柏拉图把智慧看作人灵魂最核心的内容，却又表达出对人类智慧的极不信任，将对善的终极判断权交给了彼岸的神祇时，他们已经走出了人文主义的领地。他们在撑高希腊的天空，借助神本来提携人本的同时，不知不觉走进了神的国度，把人对精神生命的处置权托付于所信仰的神祇，尽管这个神祇当时还是一个无名氏。

因为不满足过于世俗化的生活，不满足人的灵魂沦丧于土地、财富、虚荣等身外之物的纷争，苏格拉底对人提出超越性的德性要求，然而，德性的要求并非越是高标绝俗就越好。当这种要求依附于某一个神祇身上，以无边的法力降临人间，对人的精神人格形成普遍的布控，人本的立场就被神本的立场所兼并，"人是万物的尺度"的表述，也就变成"神是万物的尺度"，这或许是苏格拉底始料未及的。他思想的诘究，从对人德性的要求开始，到对智慧与知识的推崇，最后皈依于对神的信仰。他已经把人领到上帝面前。

（3）神本对人本的兼并

《圣经·旧约》对人性的叙事，是通过两个寓言来完成的：一是上帝按自己的形象用泥土造人，然后吹一口气，赋予其灵性的生命；二是人抗拒不了诱惑偷吃禁果，因此有了情欲的交流，违逆上帝的意旨，被驱逐出乐园，流离于人间炼狱。上帝造人，赋予灵气，对人有造化之恩；人偷食禁果，既是人性的堕落，也意味着对天恩的辜负与背叛，是一种难赦的重罪。人只有忏悔并且赎清自身的罪孽，才可以凭借上帝的怜悯获得救度，进入天国乐园，否则会堕入恐怖地狱。

《旧约》的叙事，也可以理解为对人天命之性一种寓言化演绎，尽管人们并不以寓言来看待它。在天的一维，东西方的理解差别巨大。中国人理解的最高存在是非人格的道或法界，所有的事物，包括老君、玉帝和王母娘娘，都从中获得自性，成就自身。基督教理解的最高存在，或者说存在的源头，是一个人格神，即上帝；人的天命之性不是源于道的造化，而是源自上帝意志的赋予；在基督教的叙事里，人的生命是天（上帝之灵）和地（泥土）交合的结果，上帝之灵代表着上升的力量；泥土暗喻人的肉身，代表下坠的势能，属于气质之性的范畴；人一旦在尘土中生下来，就意味着下坠的势能已经占了上风，泥性压制了灵性，这就是所谓原罪。正如奥古斯丁所说："我是在罪业中生成的，我在胚胎中就有了罪。"（奥古斯丁《忏悔录》卷一第七节《诗篇》）对于人而言，上帝之灵始终是一种外在的力量，而不是自性具有的本质力量，造化的源头始终在自身之外，能够称得上自性的，是人肉体的泥性及其由之招致的原罪，包括与上帝意志违逆的意志与理性。究其本性，人说到底是一种因罪恶被驱逐的狼狈的存在。上帝虽然造人，但不对他的原罪负责。堕落受苦是自取的，获救则完全依仗外力。人可以通过对天恩的祈请与沐浴，洗涤自身的浊罪，获得清白的赦免，脱离炼狱与地狱之苦刑，到上帝所造的天堂里安身立命，但人无法成为上帝，实现内在的"天人合一"。甚至上帝之子也是独生的，因为人性里没有成为神圣存在的依据。造化他的那口灵气，可以说是天命之性，是从上帝口中吹出来的。

"按基督教的创造论，人神不单不同体，而且也不同质。作为受造物，人与上帝之间有一个鸿沟，人性中不单没有神性，而且也不能通过自我改良，自我完善，以致最终变成上帝。所有受造物都是有限的，这是受造物的本质；人不能通过量变来达成质变，不能通过长期修身或提升生命而转变为上帝，从有限的存有变为无限的存有。"（何光沪、许志伟主编，《对话：儒释道与基督教》，第478页，社会科学文献出版社，1998年）上帝与人之间横亘一道不可逾越的鸿沟，离开那口不可思议的神奇之气，人不过是一抔泥土而已。这抔绝望的烂泥，对自身的肮脏与堕落几乎无能为力。人生命的提升是通过关系的攀援，而非人格内涵的升华，这种提升是通过神人关系的改善来进行（同上，第476页），靠的是修复早已岌岌

穷尽人性的可能——中国古典人文主义叙述

可危甚至业已破裂的人天关系，而不是通过自身心性的存养与玄之又玄的探溯。况且生命的提升只能通过出离世间来完成，而不是在世间生活里得以实现。人的生活于是进入了一种将来进行时，成为一种预支的成本，最终的结果还要等待死亡的降临，末日的审判。

当基督教将人天命之性的一维上交于神的案台时，人就失去了成为超越性存在的内在可能，只能以托付或委身的方式来完成外在的救赎，借助神的力量进入天国乐园。作为获得上帝宽恕与救赎的条件，人必须压制肉身的泥性，约束情感的涨落，放弃理性的自治。于是，就有一千多年将天命之性来反对气质之性和心灵之性的局面，人性中感性和理性的内容就被遮蔽和压制下去。直到文艺复兴时期，宗教改革者加尔文还认为：人类全部本性就好像是一粒罪恶的种子，在人身上的每样东西——理智与意志，心灵与肉体——都为贪欲玷污和浸透。

人子耶稣，在约旦河边受洗之后，获得特异的禀赋与使命，成为神的儿子，并借助神通变化，传播来自天国拯救灵魂的福音。或许是因为在希伯来文化语境下传教，他沿用了犹太人关于上帝全知全能与创世的神话体系，将天国当作人的故乡，将人间视为流放之地。他随口而出的话语充满智慧的隐喻，身边的人并非都能全然领会。与亚伯拉罕侍奉的耶和华严厉的性情不同，耶稣的行状充满慈悲与宽恕，他昭示的天国不在天上也不在水里，而在人的内心，有着天国由心造的意思。在犹太教的势力范围内，他实际上被视为异端。或许因为过早地走上十字架，他没有时间完整地把话语和盘托出。后来的人将他的语录当作《新约》，与希伯来古老的神话拼到一起，忽略了其间的差别。再后来，经过奥古斯丁与托马斯·阿奎那等思想家们的演绎，形成了体系完备的基督教神学，统摄了西方世道人心长达一千多年之久。

　　一般认为，宗教以神为本，都是反人文的，但人文与反人文并非那么泾渭分明、决然截然，假借神本来提升人本的情况并非没有。马修·阿诺德说过："宗教的主旨是克服人身上种种显而易见的动物性的缺陷，使人性达到道德的完善。"［（英）马修·阿诺德著、韩敏中译，《文化与无政府状态——政治与社会批评》，第10页，生活·读书·新知三联书店，2008年］马丁·海德格尔也有这样的说法："只要按照基督教义看来一切都是为了人的灵魂得救而人类历史是在救世史的框子之内显露出来的话，那么基督教也是一种人道主义。"［（德）海德格尔著、孙周兴选编，《海德格尔选集》上册，第366页，上海三联书店，1996年］基督教关于人灵魂堕落与救赎的叙事，体现着对人类苦难身世和精神生命的终极关怀，具有超越性的人文倾向，只是当这种叙事将人描述为一种堕落的被造物，并对自己的堕落无能为力的时候，原本的倾向发生了逆转。神权的扩展吞并了人权，使人丧失其主体性，自我解救与自性圆满的可能性变得渺茫，人性的神圣维度因此就出让给了人之上的神明，向内的修为变成了向外的祈求。懦弱的人性不堪承担臻于至善的责任，不甘堕落的人们，只能转而将人性晋升的希望寄托于某种未知的神秘力量。特别是当个体获救的信仰被引申到公共领域，与世俗的权力结合在一起时，就不可避免地带上暴力强制的性质，导致普遍性的情欲压抑与心灵挫折。宗教裁判所的建立、赎罪券的发放，都显示出了反人文、非人道的性质。比起亚当与夏娃在伊甸园里的原罪，以救赎的名义犯下的不能见光的罪恶，或许更为触目惊心。无数的人，在尚未知道能否在天国获救之前，就开始为此在人间饱受煎熬，就连正常的身体属性都得不到应有的实现。

（4）人性与神性的析离

当形体气质之性和心灵属性，被对天命之性的偏执压迫得无法伸张时，事情就会从一个极端走向另一个极端。文艺复兴运动就是对这种状况的反动，它的指向首先在于重申希腊人"人是万物的尺度"的主张，恢复个人在世间生活中的主体地位和人类理性的自治权；其次是承认、伸张人身体性存在的合理性，释放被贬抑乃至被囚禁的感性情欲。某种程度上，这种转折也可以理解为气质之性、心灵属性对天命之性的颠覆。不难想象，在经历千年禁锢之后，它给人带来的解放感是多么酣畅，但这种解放不能视为人性整体意义上的解放。随着时间的推移而来的必定是对人天命之性的遮蔽与压抑，到时候，又得有一场运动来收拾局面了。总之，倘若不能消除各种形式的偏执与遮蔽，全然接受人性的内涵，使之得以穷尽地开显，难免落入以人性的一部分来压制另一部分，以人性某一个维度来遮蔽另一个维度的套路——这也是自古以来一切群体性运动的通病——人性解放运动也就变得没完没了。

意大利文艺复兴和后来跟进的启蒙运动，开启了西方社会的世俗化进程，其运动纲领是人道主义与理性主义。前者强调人主体性的尊严地位和身体气质之性的发扬，对人性下行的自由持有足够的同情与包容，笑纳人一度不能坦然正视的生物属性，并将之视为生命福祉的重要源泉，解除人自我超越的压力；后者推崇人的理性，特别是工具理性，几乎到了以理性来给人性封顶的地步。工具理性发挥出来的效能，改变了外部世界和人的生存环境，缓解了人物质性存在的危机，在实现人形体气质之性的方面堪称成果卓著，功不可没，但在心灵德养的修缮和人性深度的开显方面，似乎还不见有多么灵验。

中世纪的意识形态，也可以宽泛地称之为神道主义。因其以灵魂超升天国为人生的终极关怀，以天国来摄受人间，以神性来提携人性，从中国文化的角度也可以称其为天道主义，只不过这种天道已经转化为人格化的神道罢了。它将神道置于人道之上，让人按照其所阐释的神道的理则，来规范与约束自己的生活，将人性中的某些内容视为罪孽，加以禁锢与废黜，漂洗清白，以获得天道的接纳与拯救。然而，这种以拯救名义开始的宗教活动，收缴了人作为生命主体的自由，禁锢了肉身属性和心性智慧，不免在尚未得救的人们的潜意识中，造成挫折和深深的抑郁，积累起大量的"暗物质"。一旦到了某种无法承受的程度时，反叛也就不可避免地爆发，郁积的能量便如同冲决堤坝的洪水一泻千里。在这个意义上，发端于意大利的文艺复兴运动，实为一次人性的泄洪与漫漶。

文艺复兴所要复兴的是智者时期希腊的人本精神（有人认为是回归泛希腊化的罗马时代，海德格尔即持此论），褪去自苏格拉底、柏拉图以来层层追加于人的超越性精神诉求，收回一度作为救赎前提奉献出去的自我主体性和理性自治权，把被神本兼并的人本析离出来，从而走出笼罩天空的巨大而神秘的阴影，回到大地尘土里来，还原人身体性的存在并承认其合理性，消除人搁在心头的罪恶感，唤醒器官中沉睡的本能，复活被废黜的情欲，有滋有味地过一种生机盎然、烟火浓呛的生活，堂而皇之地大啖禁果，从中享受一种随心所欲的自由。某种程度上，这意味着降低天空的高度，从渺茫的天堂回降到奥林匹斯山，关闭或屏蔽人性神圣的维度。希腊神话里健美丰硕的人物和他们恣意放任的生活态度，以及衍生出来的爱恨情仇的故事，成为艺术家们创作灵感的源泉。经艺术渲染的流光溢彩的曼妙形象，也成为人们生活中效仿的样本。

作为中世纪意识形态的反动，近代人文主义所要恢复的是人的主体地位。这种复位既是群体性的，更是个体性的：首先，这种人文主义确立了人类在世界的中心地位，作为评价一切事物的价值尺度，作为一切行为指向的目的，反对以人为手段去达成人之外的某种目标，或是把人当成牺牲品去祭祀更高的存在；其次，这种人文主义将对人类中心地位的确认，具体落实到一个个个体身上，反对以群体和集团的名义转移与剥夺人有限的自由和权利；再次，对于一个人的主体性而言，身体具有核心的地位，人文主义者反对各种压抑、迫害身体属性的道德戒律与伦理教条。这三者体现了人对自身的某种解放，也确认了现世世俗生活的合法性。人可以理直气壮地在当下过一种红尘滚滚的生活，而不去憧憬和投奔云霄之外的曼妙世界，并为此承受各种苦难的磨砺。文艺复兴运动，既是对古希腊人文精神的回归，同时也是人性从神圣维度向凡尘维度的回落，相当于出家求仙问道者返乡还俗。但这种回归是否意味着人对自身存在的神圣维度的放弃，不再仰望大地之上的苍穹，就成了一个问题。

　　西方人文主义的出身背景，决定了它是与神道主义相互对立和背离的。也就是说，从这种人文主义的立场看，人道是与天道相互反对与排斥的，人本与神本之间不可过渡，甚至可以说是势如水火，此消彼长。这种观念与基督教的观念并无二致。在基督教的教义中，人没有成为神圣存在者的可能性，只能祈求神圣存在者的垂怜救赎。人神之间没有桥梁与道路，只有深渊与迷津。荀子曾经批评庄子蔽于天而不知人，借他的话来评价神道主义与人道主义也算恰当：前者蔽于天而不知人，后者蔽于人而不知天。

　　据学者考证，西方现今使用的"人文主义"（humanism）一词，与古代希腊的"教化"存在着渊源关系。教化的意思是，通过提升知识教养，使人脱离野蛮蒙昧状态，而脱离野蛮状态就意味着趋向于神性。这种将人看作动物与神灵之间过渡的人文理念，按照其内在的逻辑，最终必然把人带入神的领地，以人为本也就变成了以神为本，人道为神道所统摄的结局也就不可避免了。当神本的兼并使人丧失其自性和自治权到了无以复加的程度，物极必反的局面必将发生，人们于是开始了由神性向动物性的回退与反动，文艺复兴运动正是在这个方向上的凯旋。

然而，回归动物性，唤醒身体里沉睡的本能，势必导致物质欲望的膨胀，使人性不断物化，为欲望对象所反控，人本也随之为物本所侵蚀。当物本对人本的吞噬到了几乎以物为本的地步，人本主义差不多成了物本主义的同义词的时候，人就分不出自身与动物的区别，因而会恶心自己的生存状态，开始新一轮的反动，走上抵抗物本的道路，给自身的存在复魅。

天道的扩张意味着对人道的挤压，人道的扩张意味着天道的坍缩。西方人文主义就是这样，在神本与物本之间往返徘徊，于北墙与南墙之间撞来撞去。因此，这种人文主义可以在某种范围内来调节人的生存状态，但却无法解决人的终极关怀的问题，因此只能将问题拱手转让给宗教神学。于是，就有了数百年来在西方社会的精神领域天道与人道平行、人文主义与基督教神学并行不悖的局面。这种世间法与出世间分离、井水不犯河水的状况，就像耶稣曾经说过的：恺撒的事情归恺撒，上帝的事情归上帝。

（5）物本对人本的侵蚀

以人本推翻神本，用人道颠覆天道，从文艺复兴到启蒙运动，主体性归位以及人性形而下层面的抒发，在感性和理性上都给人带来巨大的解放感。"在其本质上，文艺复兴是反对那个神性有余而人性不足的时代的，它反对中世纪神学压制和阻碍人的某一方面，也反对某种超自然的幻影——这种幻影将某种致命的强制性强加给那本来更为纯粹的人性的和自然的能力。"（美国《人文》杂志社、三联书店编辑部编，《人文主义——全盘反思》，第8页，生活·读书·新知三联书店，2006年）通过这个过程，人天关系被颠倒过来，得以重新建构。

在被颠倒过来的人天关系中，原来跪在天空下，双手合十，将生命的自治权与理智交付出去的人，收回了出让的权能，在大地上站起来，做起自己的主人，并自由地释放自身被压抑的能量。毋庸置疑，这种能量的释放，极大地改变了历史的轨迹与社会的风貌，具体体现在两个方面：一是关于生命自主权的光大，通过卢梭、洛克、孟德斯鸠等思想家们的努力，演绎出一套天赋人权、社会契约、三权分立的学说，将人文主义的思想推演到了政治领域，设计出一整套现代资本主义的社会制度，卓著地改变了人们现世的生存环境；一是人性中理性的弘扬，通过牛顿等科学家们的努力，建立起近代科学技术体系，工业革命得以发生，极大地推动了社会生产力的发展和社会财富的增长，给人类尘俗的生活带来了越来越丰厚的福祉，为人们日益膨胀的物质欲望提供满足的可能。以上两个领域里取得的斐然成就和全面胜利，让越来越多的人觉得：在尘土飞扬的地面上全心全意做一个俗人，便可以慰藉平生，无须再得陇望蜀、做天国之想了；为了缥缈的来世预支当下物质性的受用，是一件愚不可及的事情。因此，世俗化的人本主义一路高奏凯歌，所向披靡。基督教神学的原罪与救赎传说失去信念的支撑，人性恶的叙事也被扭转为人性善的理念，人为自身唱起了嘹亮的赞歌。一度被视为罪孽根本的身体，成为消受福祉的所在。然而，从文艺复兴到启蒙运动，这种对人性不做要求的人本主义，却在顺风顺水中渐渐衍生出了新的问题。

在重置的人天关系中，人与神是对立的，人道与天道不可过渡和逾越，因此，近代人文主义是从与神性区分的角度来理解和规定人性的，剥离神性成为复原与回归人性的必要条件，甚至亵渎神灵也成了人性狂欢的节日。但在与神性拉开距离的同时，人在不知不觉中缩近了与动物的距离，把身体的功能属性视为人性的内核乃至全部，将自身的存在全然覆盖。于是，人性中神圣的维度也就被让渡了出去，存在中深邃的内涵也随之荒废，生命变得世俗与粗鄙，越来越浅显易懂。而且，一旦抽掉了精神信仰的根基，道德伦理就丧失其神圣的性质，成为随时可以冒犯与僭越的东西，难以约束不断扩张的自由，规范追逐利益最大化的凶悍行为。

一个时期，朝着与肉体情欲相对应的利益展开激烈竞争，成为资本社会无法遏制的浪潮和发展的动力。人们热衷于由工具理性、功利主义和机械制造带来的实惠，松懈了对生命的精神性关怀，漠视自己存在的位格。对物质财富的向往与追求，对身体属性的报复性消费，成为一个时代普遍的精神强迫症；物物而物于物的沉沦状态，也成为随处可见的社会风情。人们在挣脱神道的控制，获得自由之后，转而将自由之身出卖给了物质的力量，生命的自治权在失而复得之后又得而复失，无所依附的真正的自由与解放依然遥不可及。从以人为本开始的人文主义，似乎要由物本主义来终结。吸血式的资本原始积累、海盗式的世界贸易、奴隶与鸦片的合法贩卖，表明那个时代的人文状况已经极其恶化，构成了对人类尊严的践踏与对人类良知的蒙昧，人在对自己犯罪的时候，还以为是在伸张人道主义的精神。

人文主义潮流在非人的方向上急速奔驶，已经刹不住车。这个时候回过头来，有人发现，人文主义的精神导师们的品质相当可疑，彼得拉克、培根、卢梭三个开山人，在人格上乏善可陈，甚至狼藉不堪。尽管他们提出的思想激荡人心，但本身的灵魂生命却十分暗淡，在他们身上体现不出人性的美好与高贵。"除了培根和卢梭，彼得拉克是唯一的一位影响辐射文艺复兴时代，又在现代有着这种重要价值的人。奇怪的情形是：这三位未来的先行者都属于那种意志薄弱甚至在某种程度上有着卑鄙性格的人，通常这样的道德缺陷形成于偶然。我们似乎不愿承认，彼得拉克、培根和卢梭不仅通过自己的力量预言了现代精神，甚至还通过自己的缺点做出了预言。"（美国《人文》杂志社、三联书店编辑部编，《人文主义——全盘反思》，第21页，生活·读书·新知三联书店，2006年）他们似乎在现行地证明：人其实就是这么一种低俗乃至龌龊的货色，并没有也不需要什么值得敬重的品质。"像拉伯雷这样的作家，既不讲究礼仪也没有选择力，因此，尽管他有很高的天分，也只能被视为受过熏陶的古代野蛮人，而非人文的人。"（同上，第10页）人文主义在满足人们物质欲望的同时，也在埋汰他们精神的光辉，辱没他们的人格。这种状况未免让人对自身感到失望，无法为自己作为人类一员而感到自豪。在莎士比亚的戏剧《哈姆雷特》中，主人公表达出了对人品质的质疑："人是怎么一回事：理想多么崇高！能力多么无限！在形状同行动上多么敏捷而可羡！在举动上多么像天使！在体态上多么像个神！是世界上的奇迹！是万物的精英！但是，对于我，这烂泥捏成的究竟是个什么？我看见人简直不能喜欢。"莎士比亚将把满足身体属性当作生活全部目的的人视为狰狞的畜生。文艺复兴时期的人文主义，准确而言是一种人本主义，它把人还给人，然后从人出发，放纵人的自由，却不给人生命的展开提供方向。它是"人"的，却并不"文"，没有给人性的进步以提携、劝勉与鼓舞。

文艺复兴之后，人文主义降低维度，紧贴着肉身的功能属性与情感欲望，在世俗化的方向上一路走低，并借助技术理性壮其行色，加以扩张。在取得物质生活巨大进步的同时，也为追逐物质的浪潮所挟持。进入文艺复兴时代后期，人性低俗化态势渐渐引起了人们的警觉。启蒙运动时代，一些对人类抱有希望的思想者，对此深感不安。他们企图重新回到雅典城邦的广场，恢复对人类精神的哺育与教化，用文化洗涤净化人性，让人更符合他们的想象与期待。18世纪中后期，德国兴起一场人文主义思潮，歌德与席勒是其中最具影响力的人物。"他们都对思想塑造生活的力量和个人自我修养（Bildung）的能力有着共同的信仰，认为个人可以修养到自己的内心冲突得到克服而与同胞和大自然和谐相处的程度。这就是Humanität一词所表示的理想，他们认为古代希腊人是最接近于实现这个理想的。"［（英）阿伦·布洛克著、董乐山译，《西方人文主义传统》，第151页，生活·读书·新知三联书店，1997年］歌德毕生的心血之作《浮士德》，叙述的是一个不甘沉沦的人追寻生命超越的历程。深居中世纪学术象牙塔里的浮士德，内心极度迷茫，交集着两种不同的思绪：一是执着尘世，沉溺于爱欲之中；一是要超离凡尘，"向那崇高的精神境界飞升"。在与魔鬼靡菲斯特签订协约之后，他从幽暗的书斋走进时间的急流和事件的进程，经历不同既往的人生，在克服魔鬼设置的重重障碍之中，不断向最高的存在奋勇："我要用我的精神抓住最高和最深的东西，我要遍尝全人类的悲哀与幸福！"尽管他并不清楚最高和最深的东西是什么。

　　生活在英国维多利亚时期的思想家马修·阿诺德，对自己深陷其中的时代保持着清醒的认识。他看出，正在兴起的文明是一种外在的文明："与希腊罗马文明相比，整个现代文明在很大的程度上是机器文明，是外部文明，而且这种趋势还在愈演愈烈，尤其在我们自己的国家，文化可谓任重而道远。虽说文明会将机器的特征传播四方，可在我国，机械性已到了无与伦比的地步。更确切地说，在我们这个国家里，凡是文化教我们所确立的几乎所有的完美品格，都遭遇到强劲的反对和公然的蔑视。关于完美是心智和精神的内在状况的理念与我们尊崇的机械和物质文明相抵牾，而世上没有哪个国家比我们更推崇机械和物质文明。关于完美是人类大家庭普遍的发展的理念与我们强烈的个人主义相抵牾：我们讨厌一切限制个性自由舒展的做法，'人人为自己'是我们的准则。关于完美是人性各方面之和谐发展的理念尤其与我们缺乏灵活机动的特性相抵牾：我们往往只看事情的一面而不及其余，我们一旦追逐什么，便会全副精力投入。"［（英）马修·阿诺德著、韩敏中译，《文化与无政府状态——政治与社会批评》，第12页，生活·读书·新知三联书店，2008年］

在阿诺德看来，这种外在的文明，或者说"外学"，迷信工具手段而忘却了目的的归宿。人们所追逐的机械生产力、财富积累和随心所欲的自由，都不过是帮助人完善自身、提升其内在品质的手段而已。现在，人们放下追求人性完美至善的方向，丢下人自身的使命不顾，转过头来迷恋起这些工具与手段，实在是一种堕落："我说过，对机械工具的信仰乃是纠缠我们的一大危险。机械即便能做好事，这种信仰与机械作为工具所要达到的目的也是极不相称的。但我们总是相信工具或手段本身，好像它自然而然就有价值。自由不就是工具吗？人口不就是手段吗？煤炭不就是工具吗？铁路不就是工具吗？财富不就是手段吗？就连宗教组织不也就是工具吗？可现在英国人一提起这些事物，几乎总是异口同声，仿佛这些本身就是宝贵的目的。"（同上书，第12—13页）

对于维多利亚时代的人性状况，马修·阿诺德毫不掩饰其居高临下的姿态。他将当时的英国人分为三类：野蛮人、非利士人和群氓。野蛮人（Barbarians）是集中拥有土地、权势的贵族阶层，他们的文化是外在的文化，"主要体现为外部的禀赋和魅力，如相貌、举止、才艺、勇武等；倘使其中也包括内在的禀赋，如勇敢、高傲和自信等，那么可以说这些又是内在禀赋中最浅表、最接近外在禀赋的品质"〔（英）马修·阿诺德著、韩敏中译，《文化与无政府状态——政治与社会批评》，第71页，生活·读书·新知三联书店，2008年〕。非利士人（Philistines）是中产阶级，是带有拜物倾向的社会阶层："我们叫作非利士人的，就是那些相信日子富得流油便是伟大幸福的明证的人，就是一门心思、一条道儿奔着致富的人。"（同上书，第15页）群氓（Populace）是指粗野而缺乏教养的劳工阶层，"这个阶层因一直受到日常物质之需严重匮乏的困扰，自然而然成了那种认为能够随心所欲就是理想的权利和幸福的国民思想之核心和堡垒"（同上书，第41页）。贵族阶层是注重外在道德修饰的"野蛮人"，中产阶层是信奉财富与机械的"非利士人"，劳工阶层是以随心所欲为理想的"群氓"。不同阶层的人性，都陷入偏僻的旁门左道，都得不到全面、和谐的开展，而且相互之间还存在着危险的对立。由此可见，阿诺德对自己时代的人性状况是何等地失望，人们精神世界的荒漠化已经到了何种程度。继承他思想余绪的艾略特，以荒原作为意象来描绘这个时代的精神风貌，长诗《荒原》写道："我坐在岸上垂钓，背后是那片干旱的平原，我应否至少把我的田地收拾？"这令人想起中国晋代诗人陶渊明的句子："田园将芜，胡不归？"

在物质化的洪流波涛汹涌、宗教信仰江河日下的情势下，马修·阿诺德企图通过文化教养来挽回人性走低的颓势。他对文化做出了新的界定："文化即对完美的追寻。它的动力并非只是或首先是追求纯知识的科学热情，而且也是行善的道德热情和社会热情。"

（同上，第8页）文化不仅仅是理性与知识，还蕴含着精神进化与道德完善方面的内容。文化要探究的完美，在于内在的心智和精神状况，而不是外部的环境条件；在于人格品质的不断转化成长，而不是人像猎人那样从外面世界攫取什么东西。阿诺德相信，文化能够给人沐浴与洗礼，清扫人们头脑中的污垢，净化人的心灵，使人格在各方面都达到内在的和谐与完美。文化和宗教一样，都是人类追求完美的实践，可堪承担人性进化的任务："宗教说：神的国就在你们心里；同样，文化认为人的完美是一种内在的状态，是指区别于我们的动物性的、严格意义上的人性得到了发扬光大。"［（英）马修·阿诺德著、韩敏中译，《文化与无政府状态——政治与社会批评》，第10页，生活·读书·新知三联书店，2008年］

当然，阿诺德所说的文化，并非是任何形态的文化。他推崇的是古希腊的文化。"希腊最优秀的艺术和诗歌是诗教合一的，关于美、关于人性全面达到完美的思想，添加了宗教虔敬的能量，成为充满活力的动因。正因为如此，希腊的优秀诗歌艺术对我们至关重要，能给我们以重大启示。"（同上，第18页）他提出，将宗教里诚敬的情感融入诗歌，以增进其对人精神的感化力；将希腊精神注入过分希伯来化的英国社会中，以抗御物欲的诱惑，消除人们对机械工具和物质文明的膜拜，使人的灵魂挣脱被奴役的状态，从而得到升华。

和歌德一样，阿诺德的人文主张止于美育的范畴。从中国古典人文主义的角度来看，是搁浅在心灵之性的层面，未能进入天命之性的范畴。自古希腊文明发源的时候起，西方人文主义就人天两隔，天道可以通于人道，人道却不能通达天道。人格的修养限于知识理性与人伦德性的方面，没有超越性的神圣维度，也没有这方面的功夫课程。在内修的一维，人性的升华方面，他们都停留在美育与诗教的层次，难以企及超凡入圣的境界。"贵族的澄澈宁静、无琐事之虞的潇洒很可以用来反衬严厉的中产阶级想要树立的生活方式，帮助人们认识其庸俗丑陋的真面目。但是，真正的优雅和宁静属于古希腊和希腊艺术，从中能感到值得钦羡的完美理想，那种宁静来自有序的、达成了和谐的思想。然而贵族的宁静，至少条顿出身的贵族所特有的宁静，看来恰是他们从不为思想烦心的结果。所以，在如今这样开放的年代，充满思想的时代，我们从贵族身上看到的也许更多的是无用和贫乏，而不是平和宁静。"[（英）马修·阿诺德著、韩敏中译，《文化与无政府状态——政治与社会批评》，第50页，生活·读书·新知三联书店，2008年]通过诗教与美育，所能涵养出来的也就是所谓的精神贵族而已。这就是阿诺德的文化救世。

马修·阿诺德堪称纯粹的人文主义者，和他不同，弗洛伊德更像是一个人本主义者，他将人性的探索推进到了潜意识的层面。在他看来，人的心灵生活在很大程度上受到身体属性的牵制，若不加随顺与满足，就会衍成人格障碍与精神痼疾。按照这种理解，人必须坦然接纳身体维度的存在，照料好自己的气质之性，并从中汲取幸福与快乐，避免压抑导致的对生命的隐性伤害。然而，弗氏夸大了身体的意志，把肉欲本能当成人最本质的自我，当成人性最深层的内涵，乃至人精神活动力量之源，这种武断产生的误导，显然障碍了人本源之性的开显。他属于荀子所批判的"一曲之士"。被弗氏认为有杀父情结的荣格，从人的无意识中，挖掘出集体无意识和各种神秘的心理原型，从某种程度上挽回了弗氏的偏失。

（6）尼采与海德格尔的反拨

要么为神的意志所奴化，要么为物质的属性所奴化，两种状况虽然受奴化的对象不同，但被奴化的性质却是惊人地一致。对这种人性不能自持、委身于神圣人格与外部事物的状况，尼采十分蔑视，甚至怀有恨铁不成钢的怒气，觉得这种奴态折损了人的尊严。他把这个时代的群众看作市场上追腥逐臭的苍蝇。为了不坠入无所寄托的虚无深渊，为了不沦为自我埋汰的"末人"，也为了不被市场上的苍蝇所叮咬，自认为已经站到悬崖高处的他，在发布诸神逃亡、上帝死亡的消息之后，向欧洲人昭示必须在大地上安身并站立起来的历史宿命。将一度托付于天空的身家性命承担下来，安立于大地之上，并不意味着就一定沦为物质的奴隶，活得满面尘灰烟火色，而是要成就不同凡响的精神人格："目标并不是'人类'，而是超人！"

在尼采眼里，"世人是一个不太完美的东西"，"一条不洁的河流"[（德）尼采著、钱春绮译，《查拉图斯特拉如是说》，第17—21页，上海文化出版社，2020年]，过于人性化的人，不仅不值得称道与赞美，甚至会成为"一个讥笑或是一个痛苦的羞辱"。市场苍蝇一般地生存，既是对生命本身的辱没，也是对大地之母的亵渎；尼采宣称：每一个不曾起舞的日子，都是对生命的辜负。人的可取与伟大之处，在于他是一座桥梁而非目的；人的可爱之处，在于他是一个跨越的过程与完成。在动物与超人之间深渊上横着一条绳索，人要么攀着绳索抵达彼岸成为超人；要么撒手落入无边的寂灭；要么返回此岸成为一种禽兽，或是所谓的末人。处身三种可能性中的人，是一种情势危殆的存在。尼采以迅雷闪电一般的话语告诉人："我教你们超人的道路，人类是应该被超过的东西！"他要超越的不是人的个体，而是人的群体，从而晋升为一种新的人类。马修·阿诺德虽然推崇文化对于人性修养的功能，但他似乎认为宗教的教化更为有效。与他不同，尼采要求人在诸神逃亡的天空站立起来，摆脱基督教的奴隶道德，以强力意志造就自身精神人格，成为无依无傍的超人，并像酒神一样陶醉于生命意志本身美妙的意蕴。

作为动词，"超人"是对人性庸常现状的超越，在精神意义上成为人上之人；作为名词，"超人"是具有超凡脱俗内涵的人格。后者体现在人是自身行为的立法者，不凭借或从属于任何事物的属性，他的意志就是律法，他的道德原则不是我应该如何，而是我能够如此。像许多西方近代人文主义者那样，尼采走向了遥远的古希腊，去寻找自己精神的神祇。在那里，他找到了酒神狄奥尼索斯。酒神陶醉于美酒，超人陶醉于自己无羁无绊的强力意志，这是一种酒不醉人人自醉的自我沉醉，人生活的意涵不是来自于外部的给予与强加，而是来自自我意愿的设定与赋予。与文艺复兴时期的人文主义者不同，尼采不是一味歌颂与赞美人，不加分辨地接受人所具有的种种属性，对之保持宽容与悲悯的姿态，而是蔑视人性，以睥睨的姿态气势汹汹地对人提出新的要求。尽管这种要求是以人的名义而非神的名义提出的，但如此居高临下的姿态，还是隐含着相当严厉的性质，如同一道命令而不是一种劝勉。要求人不能满足于做一个人性化的人、一个幸福的庸人，而必须改造并且超越自身，出类拔萃，这不仅对芸芸众生构成精神压力，也为某些野心勃勃者通过外在手段对人进行强制改造提供了一个口实，已经威胁到人的自由。

尼采是西方心灵在历史转折时期出现的诡异身影，某种意义上可以说，他是以自己的癫狂为西方精神转向做出了祭献。他看到基督教神话体系崩溃瓦解之后，寄生或依附其上的人们的精神生命狼藉不堪，不能自我认肯、自我担当的精神现实。曾经将自身魂魄托付于上帝与神灵的人们，现在又转身将魂魄付诸滔滔横流的物欲，如同一江春水向东去。他以狮子一般的姿态现身于时代的悬崖，并且发出骇人的怒吼，企图力挽狂澜，唤醒人们用巨大的勇气去承担自身存在的天命，避免堕入依附与委身的泥沼，不断地超越人性的局限，实现价值上的自给与自足，成就查拉图斯特拉一样伟岸的人格，占据诸神逃亡之后落寞而荒凉的天空。然而，人格的成就并非舞台上的换装与变脸，仅凭某种高亢的意志就想脱胎换骨谈何容易。即便对于想象中半人半神的超人，尼采并未完成其人格的营构，也未厘清应该赋予的内涵，而他尴尬的生存境况和不能自持的精神状态，更无法为这种人格的建构与落地提供一个令人信服与可供效法的样本。他提出的不能解决的问题把自己压垮，而任何不能自持的精神人格，终将摆脱不了委身于外在事物的结局。

尼采是在西方传统之内来修补已经崩溃的体系的，他的行动如同女娲补天，但这种行动功亏一篑。首先，他提出的对人性的超越，依然是一种外在的超越，他所构造的超人人格，具有极大的权力欲与向外扩张的征服欲，需要通过对他者的凌驾才能完成。这与中国古典人文主义所说的真人、圣人大相径庭，后者通过自身人性内在品质的开显来成就自身，达到与天地同归于道，在本源处与万物打成一片的境界，这种人格不具有侵略性与征服性，如果说是征服，那也是对自我的征服。其次，尼采的超人人格不是人性本身原有内涵的实现，而是一种观念建构、意志造设的产物，属于有为的加法，这与中国古典人文主义的真人、圣人人格也截然不同。后者的内涵是人性中本来具足的，任何设定与构建都是对它的遮蔽与埋汰。成为真人、圣人用的是减法而不是加法，是无为法而不是有为法。任何观念设定与建构的产物，都将随观念的转变成为梦幻泡影。而只要观念是自由的，它就不能被设定，或者说，它可以有另外乃至无穷的设定。

对于从文艺复兴到启蒙运动阶段，工具理性的扩张与物质欲望的膨胀，导致对人性低向度和单向度跌落的江河日下的态势，海德格尔是和尼采一样的逆行者。但海德格尔对这种态势的反拨，与尼采的理路大不相同。他不是通过在人之上造设一个超越性的人格目标来提携人性的维度，而是企图悄然回到人生命存在的根源处，领悟其中难以言表的本真意蕴。

在海德格尔的叙述中，所有的存在者都是"在世界之中"存在，这种在世并非将某种东西放置到容器里，而是一种水乳交融的状态，存在者与所处的世界浑然一体。将存在者从世界之中摘出来，连根拔起，当成一个个现成的个体来加以命名与规定，进行逻辑的推演，是柏拉图以来西方形而上学的做法。海德格尔认为，这种粗暴的做法导致了对存在深邃内涵的遗忘及存在者与其存在根源的阻断。他反其道而行之，将存在者还原到存在的整体过程中来加以观照，体悟其更为丰盈的意涵。

也许是基于我们已经是人的事实，海氏得出：在所有的存在者中，人是离存在最近的存在者，人本身就是存在的当事人，因而被命名为此在（或翻译为临在、亲在）。在《存在与时间》一书中，此在之人与他人共在的日常状态，被描述为沉沦。沉沦是一种非本真的在世，此在之人在世间操劳，应对各种事物，酬酢各色人等，在闲言、好奇与模棱两可的浑噩之中随波逐流，处于一种被抛的状态，沦为一个中性人格的"常人"。而"常人"其实是"查无此人"，已经丧失了本真的内涵，脱离了自身存在的根基，躲避着与自身本己的真诚面对。直到某一个荒芜的时刻，"在某个完全绝望之际，当万物消隐不现，诸义趋暗归无"，伴随着内心升起的莫名畏惧，一个问题如同惊雷炸响，忽然浮现在人面前：为什么存在者存在着，而无却不存在？〔（德）海德格尔著，熊伟、王庆节译，《形而上学导论》，第3页，商务印书馆，1996年〕于是，人将自身置于失去存在（即不在）的可能性中，来追问其存在的意义。此时，死亡，作为一种不可能的可能性，大音希声地穿越市井的闲谈与喧嚣，唤醒了此在之人的良知，将此在从浑噩沉沦的所在，领回到自身的能在，并将这种能在的根基开展出来，豁然进入一种无蔽（或曰本真）的澄明境地，如同从黑森林里走进了疏朗的空地。

在《存在与时间》的叙述中，此在之人能够通过筹划对自身的存在进行建构，也就是说，人是可以对自身的存在有所作为，将自身造设成某种自认为是有意义或无意义的东西的。尼采正是通过强化这种意志的能力，来建造超人的人格，占领诸神逃亡之后出缺的虚空，赋予人的存在某种超凡脱俗的意义。后进的萨特也借此发挥，视人本初的存在为无规定性的虚无，否定先天的本质预定，赋予人选择自我属性的自由，几乎把人当成了自身的造物主。但在后期的著述中，海德格尔没有表达出这样的欲望，他将人描写成存在的守夜人，反对以强势的姿态介入自身存在的本质，加以无端的造设与随意的赋予。在《关于人道主义的书信》里，他有这样的说法："如果把在《存在与时间》中所谓的'谋划'了解为意想的设定，那就是把此所谓'谋划'看成是主观方面的成就，那就不是像'存在的领会'只能在对'在世'进行'生存状态的分析'的范围之内来被思……"［（德）海德格尔著、孙周兴选编，《海德格尔选集》，第372页，上海三联书店，1996年］海氏拒绝对人格和人性做出规定，因为他清楚，这种不充分的规定一旦做出，就将人的存在填满与封畛起来，使人沦为现成的存在者，遮蔽并障碍了存在本真内涵的开显和人对这种内涵的充分领悟。"无论我们问人是什么还是问人是谁，总之不对头。因为在这个谁或这个什么中我们已经眺望着一个人格的东西或眺望着一个对象了。然而人格的东西之失误而又遮蔽存在的历史的生存之本质的东西，并不逊于对象性的东西。"（同上，第371页）如此看来，海氏是要为人的存在去蔽与复魅，还原已经被搁浅了的深度。

作为存在的守护者，"人这样地生存着看护存在的真理，以便存在者作为它所是的存在者在存在的光明中现象。至于存在者是否现象以及如何现象，上帝与诸神、历史与自然是否进入存在的澄明中以及如何进入存在的澄明中，是否在场与不在场以及如何在场与不在场，这些都不是人决定的了"［（德）海德格尔著、孙周兴选编，《海德格尔选集》，第374页，上海三联书店，1996年］。人应当泰然任之，在一种全然敞开的状态中，为存在可能内涵的呈现提供条件，静待存在本身的自然呈现，将自己带入存在的真谛中去。如果说尼采、萨特用的是有为法，海德格尔用的则是无为法。海德格尔将存在者放回与世界浑然一体的状态中去，来加以领会其存在真谛的思路，与中国古典人文主义将事物置于与万物通而为一的"道"中来加以体悟其中奥妙，几乎同出一辙。他的让存在自然呈现的"泰然任之"方法论，与中国儒道二家"勿忘勿助"的心性还原功夫也颇为接近。实际上，海氏深受中国道家思想的影响。他曾经与中国台湾学者萧师毅合作翻译《老子》，"尽管这次合作没有取得翻译成果，却深远地影响了海德格尔，形成他与道家关系中的最大的一段因缘。从1947年的《出于思想的经历》和《关于人道主义的书信》开始，海德格尔的作品中的语言有了越来越多的道家痕迹。更重要的是，通过这次合作所提供的'中文经历'，海德格尔对于自己'道性'信心大增，以至在五十年代和六十年代初几次在正式出版的著作中言及'道'和老庄，形成了他与'道'相沟通的高潮期"（张祥龙著，《海德格尔传》，第301页，商务印书馆，2007年）。

当然，将海氏后期思想与中国的天道思想直接画等号，是一种粗暴的做法。从海氏对作为存在者的"物"的理解和对荷尔德林、里尔克、凡·高等人文艺作品的阐释可以看出,他对本真存在无蔽状态的领悟,更多是一种想象的产物,其缥缈的神思带有牵强附会的魔幻色彩。通过词源学的考察,海氏将"物"(thing)解释为"聚集"。他以一把壶为例,来诠释"物"在其"物化"的过程中,如何将天、地、人、神这"四方"聚集、运化到自身的存在里,成为"统一的四重整体之纯一"。对于凡·高画的一双农鞋,他有了相当丰富的联想:

> 只是一双农鞋,再无别的。然而——从鞋具磨损的内部那黑洞洞的敞口中,凝聚着劳动步履的艰辛。这硬邦邦、沉甸甸的破旧农鞋里,聚积着那寒风陡峭中迈动在一望无际的永远单调的田垄上的步履的坚韧和滞缓。鞋皮上粘着湿润而肥沃的泥土。暮色降临,这双鞋底在田野小径上踽踽而行。在这鞋具里,回响着大地无声的召唤,显示着大地对成熟的谷物的宁静的馈赠,表征着大地在冬闲的荒芜田野里朦胧的冬冥。这器具浸透着对面包的稳靠性的无怨无艾的焦虑,以及那战胜了贫困的无言的喜悦,隐含着分娩阵痛时的哆嗦,死亡逼近时的战栗。这器具属于大地,它在农妇的世界里得到保存。正是由于这种保存的归属关系,器具本身才得以出现而自持,保持着原样。[(德)海德格尔著、孙周兴选编,《海德格尔选集》,第253—254页,上海三联书店,1996年]

显然,这与老子亲证的玄之又玄的道体和释迦牟尼开示的空性妙用,甚至与子思的喜怒哀乐未发之中,完全不是一回事。

鉴于海氏对存在之"物"的底蕴的现象学描述,与中国道家和禅宗对于生命本源的经验亲证相去甚远,以庄子的"离形去知,同于大通"，来翻译海德格尔的哲学意境 [（德）海德格尔著、孙周兴选编，《海德格尔选集》，第144页，上海三联书店，1996年]；将海德格尔后期关键词"Ereignis"翻译为"大道"（孙周兴著，《说不可说之神秘》，上海三联书店，1994年），实在是一种误读。荷尔德林、里尔克、凡·高等人"游于艺"的状态，与老子、庄子"游于物之初"的境界，相距甚远。道家、佛家言语道断的功夫，是一种超越感官意识范畴的经验亲证，而非漫无边际的自由联想。海德格尔对人存在深度的开掘，旨在于技术理性扩张与物质铿锵的时代，揭示和抢救人存在中诗意栖居的内涵，并以这种内涵来沐浴人的性灵。在美育的方向上，他比歌德、阿诺德、尼采都走得更远更深一些。无论如何，海德格尔看起来像是从黑森林里走出的东方道人，在西方文化中人道与天道断裂处，他做出了连接与贯通的努力，以非人格神的方式，给已经搁浅在人道主义沙滩上的西方人文主义，续上了天命的一维，使之变得深邃庄严起来，一扫叛逆与荒谬的气息。他和尼采都是西方文化的补天人。

2. 中国古典人文主义的出身

（1）殷人的生活世界

农业社会与季节循环、气候变化，特别是风雨雷电的活动有着密切的关系，而这些事物的变化直接影响到人们的生存，却不为人力所掌控。人们感觉到有神秘的力量在支配着这些事物，并对其做出了拟人化的想象，在玄冥幽暗之中，构造出上帝鬼神等悚人的形象来，希望通过祈请与祷告，获得同情与护佑。

把天构想成神鬼居住的领域，将天的力量归结为鬼神意志的意识形态，在殷人那里达到了相当严重的程度。"殷人尊神，率民以事神，先鬼而后礼。"（《礼记·表记》）在他们的想象中，从电闪雷鸣到洪水泛滥，每一种自然力的背后，都隐藏着令人畏怖的神灵。从甲骨文等考古资料来看，殷商时期的人们似乎总是生活在不安与惶恐之中，几乎天天、事事都要求神问卜，以趋利避害，仿佛灾祸随时都有可能发生。这种出自对异己力量的恐惧与委身的信仰，表明殷人是多么不相信作为人的自己。他们整天都在揣摩叵测的天意，并以此作为行为抉择的依据。也就是说，他们的立场和评价事物的尺度是神本主义的。他们的供奉与祈祷不见得都能遂心如愿，但多少能缓解内心的焦虑，排遣胸臆间的惶恐，获得暂时的慰藉与安宁，睡上一个好觉，却不能在终极的意义上安身立命。从甲骨上的卜辞可知，殷人已经有了帝的概念，这个无名的上帝，不仅主宰风雨雷电、生者的祸福吉凶，还收容死者的灵魂。他们相信，死者的灵魂将会与上帝同在；祖先的在天之灵，对家族的延续有着护佑的作用，而这种作用须依靠祭祀与供奉来加以维系。

考古资料表明，殷人对天道鬼神的崇信，已经严重伤害了人道，对人的生命造成巨大的摧残。殷人每年的祭祀活动，名目多达二百一十一种，几乎每天都要祭祀天神地鬼，而祭祀中最高规格的祭品就是人牲，将活人像牛羊鸡鸭一样宰杀之后拿来做奉供。殷人的墓葬陪葬品也相当丰厚，最高规格的陪葬品就是殉人。河南安阳小屯村发掘的数以万计的甲骨，不少是以人牲做祭品的记录，其中有人牲数目的一千九百九十二条，涉及一万三千零五十二条人命；未记人牲数目的也有一千一百四十五条，人命多少无法计算（黄展岳《中国古代的人牲人殉问题》，《考古》1987年第2期）。甲骨上面镌刻的文字符号表明：商王在祭祀时杀害的人牲，一次多达数十乃至数百人，最多时竟达到五百之众，相当于一场大惨案，甚至一次战争。处置人牲的手段极其残忍，有砍头、焚烧、宰割、活埋、溺死等。可见，在当时杀人这件事情跟杀头猪差不多，没有多严重的性质。甲骨文中的"姣妾"，即是将女子活活烧死用来祈雨；"沉妾"，即是将女子投入水中淹死用来祭河神；"伐羌"，则是杀死羌族的俘虏用来祭祀祖先。总之，一旦有不祥之兆，譬如彗星出现、河水泛滥或久旱无雨，他们就要开始杀人。

人殉的情况与人牲相近。已发掘的殷商墓葬中，所发现的人殉数量接近四千。王公贵族的墓葬都有殉人，少则一二人，多则二三百人，最多的达四百多人。安阳武宫村的商王陵墓，墓道与墓室内的殉人有七十九个；商王武丁的配偶妇好墓里也有十五个。《墨子·节葬》有这样的陈述："天子杀殉，众者数百，寡者数十；将军大夫杀殉，众者数十，寡者数人。"可见，当时人殉已经成为王公贵族丧葬的惯例、死者所能够享受的最隆重的哀荣。

将对天神祖鬼的祭祀仪式变成一场血腥的屠杀，将对死人的送葬变成对生人的活埋，是殷商文化中最惨无人道的部分。人祭、人殉现象的普遍发生，以及奴隶人口的存在，表明殷商文化具有极强的反人文性质。在这种神鬼文化中，人的尊严被降到牲口的程度，生命的价值也如同可以任意践踏的草芥。这种文化与伏羲开创的太昊文明并不相应，因此有必要考察更为远古的文化脉系和殷人的族源。

在远古的传说中，伏羲（也称"包牺氏"）开创了太昊（也称太暤）文化。"古者包牺氏之王天下也，仰则观象于天，俯则观法于地，观鸟兽之文，与地之宜，近取诸身，远取诸物，于是始作八卦，以通神明之德，以类万物之情。"（《周易·系辞下》）他通过八卦符号，将自己参悟到的天地万物流变运化之道表达出来，加以推演运算，力图在天人合一的理念下，将人道与天道贯通起来。这种文化以龙为图腾，赞颂周流六虚的生生之德，是一种阳明的文化，

穷尽人性的可能——中国古典人文主义叙述

将大易流行之道视为最高本体，强调人的品性修养，主张以德配天，以心合道。这种文化为后来的黄帝、尧帝、舜帝所继承，是儒道文化的源头。

殷人的祖先契，虽系黄帝后裔帝喾与次妃所生，但其母亲简狄，出自有娀氏部族，属于戎狄的范畴。帝喾的祖父、少昊帝玄嚣，年幼时就被黄帝送往东夷部落，后来娶凤鸿氏之女为妻，并成为该部落的首领。少昊（也称少暤）虽然曾经"修太昊之法"，但深受东夷渔猎文化熏染的他，有了与太昊伏羲以龙为图腾的典型农业文明相异的趣好，崇拜飞鸟猛禽到了痴迷的程度，曾用百鸟来为百官命名，其自身也以猛禽鸷鸟为名。太昊为阳，少昊为阴。少昊文化带有母系传承的遗风和较为浓重的肃杀与巫鬼之气，神秘的玄鸟是其图腾："昔者黄帝氏以云纪，故为云师而云名；炎帝氏以火纪，故为火师而火名；共工氏以水纪，故为水师而水名；大暤氏以龙纪，故为龙师而龙名。我高祖少暤挚之立也，凤鸟适至，故纪于鸟，为鸟师而鸟名。"（《左传·昭公十七年》）在少昊文化里，实质上已经将人与道的关系偷换为人与神的关系，把天道人格化，并且有了"上帝"的概念。

东夷少昊部族有许多姓氏分支，嬴姓为其中之一，秦人便是其后裔，继承着这一股冷酷的煞气，并将其与气质相投的法家思想相融合，通过非人道、反人性的严刑酷法与阴诡谋术，建立其不同于周朝的极权制度。殷商与秦人的文化同为少昊一源，代表着中华古典文化中非人道乃至反人道的支流。《礼记》和《吕氏春秋》尊太昊为春天之帝，少昊为秋天之帝；《淮南子》尊太昊为东方之帝，少昊为西方之帝。这些，都在表明两种文化脉系的不同性质：春天和东方隐喻着生机勃发与对生命的热爱，秋天和西方则隐喻着凛冽的肃杀之气。

殷商开国君主商汤，对鸟类别有一番情怀，因其网开三面和断指求雨等事迹，被称为一代仁王。但他在位时，曾经因为诸侯葛伯不祭祀鬼神而出兵讨伐，发动了可能是中国历史上第一场铲除异端的宗教战争，可见其怀有某种偏极的信仰。他身后的君王更是迷失在邪神魔鬼之迷信当中，扬鬼神而抑人性，以天道压迫与损害人道的情况更为严重。特别是其统治后期，炮烙、剁肉酱、烤肉干等酷刑的使用，扫尽斯文，已不给人类留下丝毫的体面与尊严。也许正是因此，殷人信奉的上帝尚未命名，天上国度的建设还没有完成，他们地上的王国就开始崩溃了。"由殷人的那种相当发达的崇拜帝神、祖先的祭祀宗教，进一步向某种绝对的、超越性存在的虔诚信仰的皈依宗教发展并没有发生，一个巨大的政治变迁——殷被周灭亡，阻止、破坏了这一古代宗教思想与实践发展的一般进程。一种十分独特的社会政治原因，使中国古代思想发展主潮由宗教性质的转折向道德性质的。"（崔大华著，《儒学引论》，第10页，人民出版社，2001年）

"文王既没，文不兹乎？"（《论语·子罕篇第九》）在孔子的心目中，周文王是人文精神的化身。中国古典人文主义，是在殷商与西周王朝更替之际兴起的，文王姬昌无疑是最重要的倡导者。

周朝原本是殷商天下的一个部族，不免受到殷人意识形态的影响，但周人的文化直接太昊伏羲，即以龙为图腾的阳性文化之源头。周的始祖弃，从小就喜欢种植豆麻，成年之后更是善于观察土地的成分属性，选择合适的谷物，因此被尧帝任命为后稷，指导农民耕种。到了古公亶父时代，已经初步有了仁政与民本的精神，周边部族归顺。处于天下边缘地带的周人，敬鬼神而远之，把世间生活的希望寄托于人自己，将殷人的求诸鬼神变为反求诸己的德行。周人是太昊伏羲文脉的继承者，文王姬昌被囚禁在羑里的至暗日子，潜心研究了伏羲创立的先天八卦，并演绎出《周易》的体系，就是这种文化法脉传承的标志性事件。在历史的叙事中，文王有许多为人传颂的义举：他将洛水以西的土地献给纣王，为的是请求废黜炮烙之刑；他将工地上挖出的一具无名尸体郑重地安葬，表明了对人生命的尊重和飘零身世的关怀；等等。凭借仁道的精神感召，各地诸侯纷纷归顺，西周因此拥有了天下的三分之二，最终才以战争形式，像摘掉帽子一样轻而易举就推翻了已经摇摇欲坠的商朝。周人走的是以德服人的路线，而不是以暴易暴，他们给古代中国带来了人文主义的意识形态。

总结殷商灭亡的教训，西周的开国者们提出了敬天保民、明德保民的理念。他们在高举人道精神旗帜的时候，并没有站到对立面来反抗天道，更没有要将天地颠覆，而是将令人压抑与畏怖的天，渐渐从与世俗事务纠缠不清的状态析离出去，使之变得更为高远渺茫，从而拉开了人与鬼神之间的距离。这其实是在某种程度上恢复夏朝以前的传统："夏道尊命，事鬼敬神而远之，近人而忠焉。"（《礼记·表记》）因此，西周开国时期人文主义的兴起，可以视为一场华夏人文复兴运动。周人和西方后来的意大利人，都是针对神权统治而发起的人文主义运动。不同的是，意大利的文艺复兴运动，是由民间知识分子发起的；周人的人文主义运动，则是国家行为，是由推翻殷人政权的西周王朝的立国者发动的。

在对鬼神敬而远之的同时，周人赋予了天善良的意愿，改变其狞厉的表情，使之变得祥和，唯德性是尊，与人心同一向背，具有亲民、顺民的属性，并以此来批判殷商时期非人的暴政，否决其存在的合理性：商朝的灭亡是"天降丧于殷"，因为殷人"惟不敬厥德，乃早坠厥命"（《尚书·召诰》）。和前面两个朝代一样，周人仍然保持着对天地神明的敬重："昔三代明王皆事天地之神明，无非卜筮之用，不敢以其私，亵事上帝。"(《礼记·表记》) 但其敬天的目的在于保民，尊重天道是为了维护人道。因此，他们不再像殷人那样，以伤害人道的方式献媚于天道鬼神。虽然，到现在为止，没有发现有关禁止人牲与人殉的文件，但这种丧尽天良、令人发指的现象，在周王朝统治时期得到了很大程度的抑制。很可能官方已经禁止，只是延续多年的社会恶习难以一下子根除。据郭宝钧《记殷周殉人之史实》记载，考古学者在河南浚县、汲县（今卫辉市）、辉县（今辉县市）等地发掘的一百五六十窟周墓，仅三窟墓中共有六个殉人。浚县的周代卫国公侯墓，较殷王陵墓深长，规制与殷王陵墓相当，但殷王墓里有千百个殉人，卫国公侯墓大多没有殉人（只有两个墓各有一个殉人）。从中可以推知，周朝官方对于人殉的态度与政策导向。

春秋时代，同属少昊文化范畴的秦地和胶东半岛，仍是人道主义灾难的重灾区，人殉的现象依然严重。前678年，秦武公以六十六人殉葬；前621年，秦穆公以一百七十七人殉葬，其中有三位还是国中难得的人才。《左传》记载："秦伯任好（即穆公）卒，以子车氏之三子奄息、仲行、针虎为殉，皆秦之良也，国人哀之，为之赋《黄鸟》。"《诗经·秦风·黄鸟》描述了三人临穴时浑身战栗的情景："交交黄鸟，止于棘，谁从穆公？子车奄息，维此奄息，百夫之特。临其穴，惴惴其栗，彼苍者天，歼我良人！如可赎兮，人百其身！"这是一首为殉人所写的挽诗，孔子将其收入《诗经》，表明了自己的立场倾向。活人殉葬的恶习被禁之后，社会上出现以陶俑、木俑等人偶代替人殉的现象。孔子连这种拟人化的殉葬也无法忍受，将其视为对生命的践踏与侮辱，他少有地发出如此恶毒的诅咒："始作俑者，其无后乎！"也许是有鉴于殷商文化里浓郁的巫鬼之气对人道的危害，也许是因为秉承西周文化的人文精神，孔子不语怪力乱神，将天道上的事情暂且加以搁置与屏蔽。这并不意味着孔子以人道来反对或否决天道，他仍然保持着对天命的敬畏。在知天命和耳顺之后的晚年，孔子深沉玩味《易经》的卦象，从中体会天道流布的奥义。《易传》不一定是他的亲笔，但谁又能够否认其中包含着孔子参悟天道的心得？

公元前384年，秦献公宣布废除人殉。但殉葬现象在这个阴性文化浸润深厚的国度，仍然禁而不止。据《汉书·楚元王传》记载，秦始皇葬于骊山时，被杀死来殉葬的宫人和活埋的工匠，数以万计。秦人与殷人一样，属于阴性文化流脉的族群。然而，正是这个反人文族群建立的国度，最终以铁血手段兼并群雄，统一了中国的江山，可见乱世政治与人道的悖逆。源自于少昊的殷-秦文化是中国古代文化中非人文、反人性的一支，轻德性而慢人格，崇尚血与火的刑杀与暴力，只知道国家政权与帝王霸业，不体惜个人命运和生命价值，与法家思想有着共同的趣求与特质。一旦社会失序，天下陷入混乱与动荡，这种文化就必然得势，秋风扫落叶般地横扫大地。与周制不同的秦制，是少昊文化与法家思想结合的产物。

（2）人天关系的重构

不论是中国古典人文主义，还是近代西方人文主义，都是在特定的时代背景下，对人天或人神关系进行了重置，从而提升人的地位与尊严，使其获得生命的自治权和生活的主体性。但在新的人天关系中，东西方仍然存在着相当大的区别，对人本的定义也有不小的歧异。

古希腊自智者学派开始采取的人本立场，到了苏格拉底、柏拉图那里，便渐渐返回到神本的立场上去，为基督教神本意识形态的建构铺设了路基。在接下来的基督教神学的叙事中，因为亚当与夏娃两位祖先偷吃禁果，欠下巨大的宿债，被逐出伊甸园，作为子孙的人，生下来就是一个既定的负罪者，而且，人根本没有能力来赎清与生俱来的罪孽，重返天上的乐园。于是，作为缔造者的上帝，又开始了他的拯救行动，派自己的独生子降生地面，在罪人世界传播天国里的福音和末日审判临近的消息，并走上十字架为他们替罪，救赎行将堕入地狱的芸芸众生。西方近代人文主义所要颠覆的，正是这种叙事，将人从这种叙事中解构出来，复归人本的立场，还给他们清白之身，释放被视为罪孽加以禁锢的情欲，发挥被全能全知者收缴与废黜的智慧力量。

如此颠来倒去的过程中，人天关系始终是紧张对立的。在以神为本的意识形态下，神本统摄着人本，人本依附于神本，为其收编却又无法过渡，实现此岸与彼岸的贯通，获得超越性的意蕴，成为神圣的存在。进入近代，人天关系颠覆之后，在以人为本的意识形态下，失势的神道仍被视为人道的对立面，当作反抗与叛逆的对象，人天之间依然无法达成和解与通融，人道也不能向天道的领域延伸，将天道兼容为自身的内涵。

与西方的情况不同，殷商时代，鬼神的世界还没有完成其国度的建造、实现对大地和人心的完全统治，就已经被颠覆了。在殷人的信仰里，人道屈从于天道（准确地说是神道），是因为人在异己力量面前软弱无力，需要祈求诸神与鬼魅的帮助与护佑，而不是他们本身犯下了无法原谅的罪过。他们对天道鬼神的供奉，向它们示弱讨好，更多是为了现世生存状况的改变，而不是为了死后的灵魂得到救赎，进入一个具有无穷福祉的国度。至于天道神灵对于人的要求，除了毕恭毕敬的供奉与祭祀，似乎没有其他方面的内容，也未对人的身体属性加以禁锢和贬抑。因此，这种人天关系没有紧张到不可调和的程度，没有一神教对人的精神约束那么严苛与峻急。

西方近代人文主义运动使天空坍塌，诸神也落荒而去，甚至至尊的造物主最终也被宣布死亡。但在中国，周人重置的人天关系结构里，天空并没有垮塌的迹象，甚至也没有摇摇欲坠，它依然笼罩在人们头顶的上方，只是升得越来越高远了，人天关系因此得到很大程度的缓解。神鬼没有逃遁和灭亡，只是将人让渡出去的权利归还给人，不再像既往那样频频地插手人间的事务。人们也不再如过去那样，殷切地期待与祈求天道神鬼的救助，而更多是通过德行修养来改良自身的境遇。

周人继承的是伏羲太昊文化。太昊伏羲被认为是三皇之一，其创制的文化原典《易经》，通过八卦符号系统，来演绎天地造化的原理，将无形的"易"作为万物的本体，所造设的先天八卦，表达了这样的思想："易有太极，是生两仪，两仪生四象，四象生八卦。"（《周易·系辞上》）把万物的创造归结为大易流行生化的过程，而非神灵上帝意志的创作。周文王将伏羲的先天八卦加以推演，把时间与空间的关系结合起来，形成了后天八卦，也就是后世所说的《周易》。先天八卦乾居上位，象征着天；坤居下位，象征着地，构成宇宙稳定的阴阳格局，体现天道的理则。后天八卦坎居上位，象征着水；离居下位，象征着火，二者形成对流互动，体现了事物推助变化的态势。先天八卦偏重于天道本体，后天八卦偏重于人道的起用，证体与启用合璧，成为一个完整的体系。从先天八卦到后天八卦的转换，隐含着人道的上升和对德行进取的强调。文王姬昌通过重叠先天八卦的方式，得出六十四种卦象，使《易经》的符号体系更加丰富与细致。

在重置人天关系时，周人并没有以人道来压制天道。他们仍然保持着对浩瀚天空的敬畏之情，例行的祭天、祭祖典礼依然进行，但其意义在于"敬天保民"，即以天道来成就人道。殷人损人道以敬天道的方式，包括人牲和人殉等现象，得到了有效的遏制。周人相信，人性植根于天道，天道支持人性，是人性最为深邃的维度。人道的开展并不意味着对天道的反抗、叛逆与断送，而相当程度上体现在人道对天道的通达。倘若人能够在生命的本源处与天道对接，天道便可以成为人道的延伸，成为人性升越的深广领域。当人性的升华趋近于至善之境时，就获得了高尚的神性，成为神圣的存在。人所要警觉和防备的，反而是随自身欲望而来的物质诱惑，以及外在事物对人性的侵蚀与异化，使人丧己殉性于物，人本为物本所兼并。像殷人那样不努力修正自身的品德行为，企图凭借隆重的祭祀活动来取悦与收买神灵，不可能有好的结果。因此，人性的修养、人格的升华，便成为人生的第一要务、安身立命的根本，其他的一切都不过是细枝末节。

种种资料表明，西周时期，一种人文主义的理念体系已经初步成为国家的主流意识形态。这种理念体系可以称为中国古典人文主义，其基本要义归纳起来有以下几个方面。

一是将"道"奉为最高本体，敬鬼神而远之，抵御神本对人本的凌驾与兼并，回归并立足于人本，将人的生存前景寄托于自身的道德修行与劳动付出，而不是人之外的神秘存在。

如前所述，伏羲开创的太昊文化，将人性与天道贯通起来，通过一套八卦符号系统，对万物生生不息的流程做出推演，奠定了天人合一的理念。文王姬昌在被囚禁的日子里，完成了对这一文化法脉的继承与发扬。此后，光大太昊文化的代表性人物，是东周时期的老子与孔子。如果说，孔子对太昊文化的继承偏重于人道的方面，那么，老子对太昊文化的继承，则是偏重于天道的方面。老子对《易经》中蕴含的造化观做出阐释，形成了"道生一，一生二，二生三，三生万物"的理论体系，以道为天地万物的母体："天下

有始，以为天下母。既得其母，以知其子；既知其子，复守其母，没身不殆。"（《老子》第五十二章）

老子所说的道的母体，既"渊兮，似万物之宗"，又"象帝之先"，是比神灵上帝更为原始的本体——非人格化的终极存在，是包括人在内的天地万物同归的大化之境，也是诸神与上帝出身的地方。经过姬昌与老子的重构，人天关系从殷商时代的人与神鬼的关系，重新回归到人与道的关系。人心合乎道者，即所谓德。人须通过德的修为与道贯通，参天地之华育，而不是通过皈依和祈祷叵测的鬼神，来获得施舍与护佑。人必须立足人本，把生存的希望寄托于自身德行与智慧，在大地上寻求个体与社会的自治。

老子将万物本源归结为非人格的道，与释迦牟尼将最高的存在归结为超越万象与诸神的真如法界，都是人类思想史上极其重大的事件。他们"皈依法，不皈依人"的原则，超越了种种以人格神为皈依对象的宗教。两种伟大的思想在五六百年后的汉朝交会，融合为中华文化传统的内涵。在这种传统里，人道与天道相互通达，人本与神本兼容并蓄，人可以通过自身的修养不断提升存在的维度，成就神圣与完满的人格。

二是颂扬天地的"生生之德"，珍惜并尊重人的生命存在，同情人的境遇，慎终追远地关怀他者的身世，反对亵渎与玩耍人的尊严，这是中国古典人文主义的起点。

经过从伏羲到文王姬昌反复修订、不断完善的《易经》，将天地万物的本体描述为一个生生不息的时空之流。不论是"天行健，君子自强不息"；还是"地势坤，圣人怀厚德载物"，都是对"生生之德"的显扬与赞颂。

孔子的肉身生命虽然出自殷商贵族的血统，但他的精神血统承接的是太昊文化的法脉。他曾经申明"吾从周"，并经常在梦里见到周公，是西周人文主义的忠实继承者。在行将就木之前，他不再梦见周公，却梦见自己死后的灵柩停放在两根柱子之间，应合殷人的习俗，这让他内心十分伤感。也许是有鉴于少昊-殷商文化里浓郁的巫鬼之气对人道的危害，也许是因为秉承西周文化的人文精神，孔子从不语怪力乱神，他关切社会人生，少言及性与天道，但这并不意味着孔子以人道来反对或否决天道，只是因为不得其人。

在知天命后的晚年，孔子"韦编三绝"，深沉玩味《易经》卦象，从中体会天道流布的奥义，承接太昊文化龙脉的余绪。按照《史记》《汉书》的叙事，《易传》乃孔子所述，它将天地的意志和德性归结为"生"："生生之谓易"，"天地之大德曰生"。其意思是：天道同情、欢喜和赞助生命，它的德性就是生生不息。孔子将《尚书》里提到的"好生之德"，演绎成为一种仁道主义。

区别于西方个人主义性质的人文主义，孔子倡导的仁道主义，是一种复数的人文主义，特别体惜与关怀他者的存在。它不仅是去个人中心主义的，同时也是去人类中心主义的。它要求人应当如获至宝地珍惜自己的生命，爱护受之父母的身体发肤，然后推己及人，推人及物，让悲悯的情怀从心中溢出，由近而远地布施开来，泉水一般地灌溉其他生命个体，惠及包括动植物在内的一切生命现象（详见本书第六章）。

通过将老子与孔子的思想合璧，中国古典人文主义完成了天道与人道的重新对接，体系臻于完备，基本奠定了儒道互补结构的文化根基，并提供了一套安身立命的坐标体系，让人们以非宗教化的方式来实现对生命的终极关怀。后来的人，若是一个通家，就能究天人之际，将人道与天道打通，如龙出没于云水之间那样游刃其间；而那些不能通达者，则停留在以人道来对抗天道，或是以天道反对人道的境地，用孔子来批判老子，或是用老子来否定孔子，以此作为一种学术的成就。

三是将人性的尊严置于物性之上，抗拒物本对人本的侵蚀，反对以物性来转移人性、以物本来兼并人本。这是中国古典人文主义与西方人文主义的重大区别。

人本的立场是相对于神本和物本而采取的。西周人文主义既敬鬼神而远之，避免神本对人本的压制；又对沉沦物本的倾向保持敏锐的警觉。后者集中体现在开国之初召公姬奭的进言里："人不易物，惟德其物！德盛不狎侮。狎侮君子，罔以尽人心；狎侮小人，罔以尽其力。不役耳目，百度惟贞。玩人丧德，玩物丧志。志以道宁，言以道接。不作无益害有益，功乃成；不贵异物贱用物，民乃足。"（《尚书·旅獒》）人不能玩物而为物所玩，耗散与断送自己的心志；也不能玩弄人的尊严，损伤与辱没自己的德性。

对于"丧己于物"或"属其性于物"的抵御，在庄子那里有更为充分的发挥。《吕氏春秋·本生》里也有清晰的表达："物也者，所以养性也，非所以性养也。今世之人，惑者多以性养物，则不知轻重也。……是故圣人之于声色滋味也，利于性则取之，害于性则舍之，此全性之道也。世之贵富者，其于声色滋味也多惑者。日夜求，幸而得之则遁焉。遁焉，性恶得不伤？"可以以物性来供养人性，却不能以人性去供养物性。

四是主张"人心"向"道心"的转化，尽心而知性，贯通人性与天道，将天道当作人道深邃的延伸，并对人性的次第升华与圆满完成提出了郑重的要求，将"穷理尽性以至于命"作为人生的终极关怀。这是中国古典人文主义与西方近代人文主义最根本的区别。

周代的人文主义不仅仅是以人为本，而且对人的生存品质和德性的不断净化，最终臻于完善境地，有着明确的要求。从天子到庶人，不管身份如何，都不能自我作贱与埋汰，而要"慎厥身，修思永"（《尚书·皋陶谟》），以修身为本，在更充分的意义上来展开与完成人性，成就自己的慧命，使之趋于至善与神圣。而所谓修身，其实就是修心，通过人心向道心的转化，推开意识后台隐秘的"玄牝之门"，实现人性与天道的贯通。其中的心法被凝练在十六个字里："人心惟危，道心惟微，惟精惟一，允执厥中。"（《尚书·大禹谟》）将为喜怒哀乐之情绪所困、纷飞杂念所扰的动荡不安的人心，转化为一念专精、微妙玄通的道心，于宁静致远、无思无为中感而遂通，开显本来具足的先天智慧，恰如其分地把握与处置世间各种事务，这是自尧舜、文王、周公到老子、孔子一路传承下来的中庸心法。

中国古典人文主义的起点，是对人生命的珍惜、同情、爱护与尊重；而它的终点，则是人性的充分开展与圆满实现。《易传》揭示了中国人对生命的终极关怀："穷理尽性以至于命。"《大学》开宗明义地指出："大学之道，在明明德，在亲民，在止于至善。"人文教化的目的，就是要将天命赋予人性的隐秘、深沉的品质属性揭示出来，使人不断获得精神上的自新，次第超越不同的生存境界，把人做到极致，最终达到止于至善的圆满境地；同时推己及人，由近而远，次第照亮社会，让所有人都能够实现人性的升华与圆满，从而建立一个人人皆是舜尧的"大同社会"和"至德之世"。

周人将人性的完美至善视为人文主义的根本诉求，与古希腊的人文教化的精神看起来颇为相似，其实差距不小。由于人天阻隔，天道可通乎人道而人道不通乎天道，也由于缺少人性净化必要的进修功课，古希腊及近现代的西方人文主义，有关人性升华的探索，都止步于美育与诗教的范畴。而关于人性深处明德或玄德的开显，关于人格神圣化的进修，中国古典人文主义有十分完备的工夫体系，来搭建人性晋升的"云梯"。希腊人文主义通过教化与美育，使人远

穷尽人性的可能——中国古典人文主义叙述

离禽兽，但这种远离最终把人带入了神的领地，以人为本也渐渐蜕变成为以神为本。而文艺复兴之后的人文主义，对物质欲望的沉迷与追逐，又几乎到了以物为本的地步，差不多沦为物本主义。

五是以以德服人的原则替换以力服人的丛林法则，秉持天下乃天下人之天下的理念，以民心作为权力合法性的来源，以"王道"取代"霸道"，建立以德治为主，刑法为辅，多维度社会综合治理的社会治理模式。

武王与周公的仁政思想，体现在对待殷商遗民的态度上面。据《说苑·贵德》所载，占领殷商都城朝歌之后，武王将纣王宫中的珠宝玉器送还诸侯，宫女遣归家乡父母，但对殷商遗民如何处置，却没有那么果断，于是把太公望、召公奭、周公旦三人请来商量。太公望说：爱屋及乌，恨亦如此。对不听命的殷人，就应该杀掉，不留后患。武王不假思索便予以否决了。接着，召公呈上了自己的意见：这些人当中，有罪者杀，无罪者活。武王还是觉得不够妥当。最终，弟弟姬旦的意见得到他的认可："各居其宅，各田其田，无变旧新，唯仁是亲。"（程翔评注，《说苑》，第186页，商务印书馆，2018年）于是，武王让周公旦举荐一些殷朝的旧臣，征求这些人的意见，在朝歌周边的土地上设置三个诸侯国，封纣王的儿子武庚为其中一个诸侯，继承殷商的君位，给这些失去国家的人祭祀先人、奉供祖宗的地方。武庚叛乱被杀之后，周公在商朝旧都商丘设立宋国，封纣王的哥哥微子为国君，特准以天子礼乐奉商朝宗祀。如此对待敌对政权的统治者，实可谓仁至义尽。

后来的孟子做出这样的总结："以力服人者，非心服也，力不赡也。以德服人者，中心悦而诚服也。"（《孟子·公孙丑上》）他坚信，在充满血光之灾的天下，饱受煎熬的人们，都在翘首盼望明君圣主的出现，如大旱之于云霓，归顺仁政之心也如水之流向低谷。

"今夫天下之人牧，未有不嗜杀人者也。如有不嗜杀人者，则天下之民皆引领而望之矣。诚如是也，民归之，由水之就下，沛然谁能御之？"（《孟子·梁惠王上》）一个国家实行仁政，不以凶器恶政对待百姓，就能使天下归心，为越来越多的民众所向往与投奔。

孟子将仁政的理念演绎成区别于"霸道"的"王道"思想，其核心在于主张民心对权力合法性的决定意义，以主权在民的思想，替换君权天授的观念。他把君王人格与江山社稷析离开来，将人民的政治地位置于国家政权与君王地位之上，从道义上颠覆了"朕即国家"的叙事，取缔了将公共权力私有化的合理性。

西周建立之际，人文主义思想与国家权力结合，成为主流意识形态，给社会政治制度和伦理生活带来了十分深刻的变化。正是因此，王国维先生在《殷周制度论》中说过，中国历史上政治与文化的最大变革，莫过于商周之际："殷、周间之大变革，自其表言之，不过一姓一家之兴亡与都邑之移转；自其里言之，则旧制度废而新制度兴，旧文化废而新文化兴。"有的学者认为，殷商是神圣王朝，西周是礼乐王朝。这些观点都有值得采信的依据。

3. 人文主义：起点与终点

人文主义、人本主义、人道主义三个概念，经常被混起来使用，导致内涵含糊不清。尤其是涉及不同文化体系之间的转换，以及不同时代情景下的运用，就有点儿煮成一锅粥的样子。尽管如此，为了讨论问题的方便，还是有必要尽可能地加以分辨。

一般来说，人本主义是以人为本，一切行为从人的立场出发，并将人的切身利益作为度量衡，来权衡与评价其他事物存在的价值和自身行为的意义。普罗泰戈拉就是如此，他堪称西方最早的人本主义者。从人本立场出发，有两种可能的缘由：一是把人理所当然地看成世界的中心，万物都是向人而生，为人而在；二是基于我等已经是人的既成事实，如果我等不是人而是某种动物或神灵乃至其他，出发点是可以挪动的，并非非得从人这里出发。海德格尔似乎属于第二种情况；尼采似乎属于前者，他驱逐神灵、弑杀上帝的姿态，就是要夺取人在宇宙中的主体地位。

在某种程度上，人本主义是一种以人为图腾的信仰，它将人的存在视为最高的目的，将人的属性视为宇宙中最高的善，在价值上将天地万物委身于人。如果宇宙不是被某种意志创造出来的，在探不到尽头的世界，就不能说哪一种事物是主体，或者在存在上更为优先，森然万物都不过是大化流行过程中泛起的微澜。将一种无力改变世界还被世界改变着的物种作为主人或主体，对世上万事万物的变化做出价值的审判，在道理上是站不住脚的，甚至是十分荒谬的，因此只能视为一种自以为是的狂妄，一厢情愿的信念设定。因此，人本主义的立场采取，更多是因为我们已经生身为人，这种身份已经无从变更，我们离人的存在比离任何事物都更近，从人出发是我们自然的态度和先入为主的本能倾向。我们要维护人类的地位，增进其利益与尊严，以方便自身在世界上的生存。

然而，当我们以人的存在为圭臬，视人为世界最高的价值本体、一切事物价值成立的依据时，人便具有了世界立法者的地位和近乎神祇的身份。这种地位和身份，人是否担待得起，能否不让自己感到失望与尴尬，是一个不能回避的问题。因为，当我们将人视为标准的价值尺度时，我们就无法对作为尺度本身的人进行评价。在这种情况下，只要生身为人，他的价值就是当然的、现成的，甚至是已经具足了的。人的行为只要是出自自身的需要与意愿，就具有了毋庸置疑的价值意义。因为没有更高的尺度，我们无法站在人本之外的其他立场上来度量人，否则我们就背叛了人本主义，成为物本主义者或神本主义者。这就意味着对于人，我们只能一味地认同、接受乃至放纵，而不能质疑、批判、制约与限制。人类的历史和现状都在表明，人是经不起完全的信赖与放任的。如果没有对人的外在的要求与约束，人可能甘于堕落或自暴自弃，对自己犯罪；也可能对他人犯罪，像霍布斯所描绘的，陷入一个人对所有人的混战，人对人像对狼一样。因此人本主义给予人的终极地位，其实是人性不堪承当的。

　　人本主义意味着要给予人尽可能大的自由度，而这种给予必然隐含着放纵与滥用。与物性不同，人性存在着太多的可能性和不确定性，而每一个个体的智力所能演算与把握的可能性是相当有限的。当面临的可能性数量超过某种值的时候，人的选择能力就会失效，最终变成现实的，往往不是最好的可能性，甚至可能是最坏的可能性。倘若人性表达出来的无聊、龌龊、污浊、下流、荒诞、丑陋、狰狞越来越充分，人就会失去对人自身的尊重与珍惜，生身为人的那份骄傲与荣光也就随之消失。这时候，以如此卑微和粗鄙的物种来做世界的价值主体，评价事物的尊卑与贵贱，就成为一种无耻的行径，令人本身无地自容。这样，人本主义也就走到尽头，人本为物本或神本所收编的情况也就可能发生。文艺复兴运动初期的人本主义，很难称之为人文主义，因为这一时期的思想潮流一味地歌颂人、放纵人，对人性的滥觞给予了过分的肯定与接纳，似乎只要是人的就是善和美的。其结果是那些对人类抱有美好想象的人，无法接受人类呈现出来的青面獠牙，被人性状况所恶心，开始批判起人来。给予人至高的价值地位和尽可能大的自由，把人完全彻底交付于自身，是一种令人无法安心的做法。因为在这种情况下，你不知道人会干出什么事情来，其中的变数实在太大，何况还有人与

穷尽人性的可能——中国古典人文主义叙述

人之间摩擦所引发的相干效应。

于是，一种对人有所要求的人本主义就呼之欲出了。人不能止于随心所欲，放任自流，全然听从身心的呼唤，过一种恣情任性的生活，而需要某种应然的方向指引。对人本身，除了接纳、包容、宠爱与称赞，还要有所要求、劝勉和导引的人本主义，就是人文主义，即所谓有选择的人本主义。它把人的自由度从任意的三百六十度缩减下来，关闭其中一些被认为是黑暗和危险的可能性空间，让它呈现出通往光明与美好的向度。苏格拉底当年给希腊人带来的正是这种人文主义，在普罗泰戈拉的人本主义之上，他加入了追求灵魂至善之境的要求，从而赋予其一种精神的方向。从此，古希腊的人文主义带着教化的性质，它要消减人性中动物的属性，扩充人性中神圣的内涵，使二者此消彼长，最终把人从毛茸茸的猿人所居住的洞穴，带进了神灵光芒万丈的国度。在这个逻辑节点上，因为不能有效地建立起对人的信任，西方人文主义将引领人性臻于至善之境的权能交到了上帝手里，人本主义于是渐渐演变成了神本主义，但并不意味着神本主义就不具有一定的人文性。在失去对自身的尊重与信赖的时候，人需要假借或依仗某种外在，乃至虚拟的力量，来提携自己的精神，坚定某种信念。这并非不可理喻的事情。

文明以止，化成天下。中国古典人文主义，从一开始就不把人当成已经完满的现成之物来对待，而带着美化与提升人存在维度的意向。其美化并非从外表将人乔装打扮一番，而是将人当作璞玉来雕琢，将人性潜在的玄德或明德显化出来，照亮人幽暗的存在，让人从本质上超越自身。其对人的提升不是通过攀附某种外部力量，或者是求某一个神通广大的神灵将自身迁移到一个无比辉煌的国度，而是在不一定非要改变环境的条件下，改变人本身存在的内涵，让人在更加本真与完整的意义上成为自身。把人性升华与穷尽的可能性寄托在人本身，是中国古典人文主义的核心要义，而人之所以能够不依靠外力超越自身，是因为人性与天道之间原本就有着内在隐秘的通道，人可以通过天道来成就自己，获得自性的圆满。以人道涵容天道，以天道来成全人道，实现天人合一，是中国古典人文主义的最高境界。所谓有道之人，就是以道来成就自身的人。这种成就，既是将人本纳入天地万物本体的道本，也是将道本纳入人本，成为人的德性。二者乃同一过程的两个方面，构成了相互的对流，去除其中某一个方面，都会导致人天关系的破裂与阻断。

基于人道与天道的通达，用中国古代的人道概念，来翻译西方的人道主义显然是不够贴切的。西方语境中，人道与天道是分裂开来的，人道主义通常被理解为对人的境遇，特别是不幸遭际予以同情与关怀，这种人道主义只关注人外在的生存状况，关切人存在的下限，避免与消除其坠入困窘与无助的可能性，而不太关注人存在的上限，不讲究人存在品质的提升与圆满。比较而言，人道主义关心人的身世与命运，人文主义更为关心人性的内涵与人格的品质。人道主义包含着对苦难者的同情和对堕落者的悲悯。人文主义除了同情与悲悯，还有对平庸者的勉励，对高尚完美者的赞叹与景仰。从人道主义的立场来看，只要是一个生物学意义上的人，就应该给予足够的尊重与礼遇；从人文主义的立场看，仅仅是生物学意义上的人，可以给予足够的同情与帮助，但还不能给予足够的尊重与赞美。比起人道主义来，人文主义更加关切人存在的上限。对于人性的颓废与堕落，对于龌龊与歹毒的人品，人文主义给予的是蔑视与谴责。当然，完整意义上的人文主义，应当包含人道主义的内涵。也就是说，它首先应该是一种人本主义。

20世纪初期，深受东方精神浸润的欧文·白璧德，倡导一种"新人文主义"（new humanism），他对人文主义与人道主义做出了颇为清晰的区分："人道主义几乎只把重点放在学识的宽广和同情心的博大上，比如，诗人席勒在说他将'开怀拥抱千万人'，并给予'整个世界一个吻'时，他是一个人道主义者而非人文主义者。人文主义者的关怀对象更具选择性。"可以这么理解，后者关怀的不是任何拥有人类身体特征的个体，而是能够被真正地当作人的那一部分人。雅典社会生活中的奴隶和外乡人，都不在这种关怀的范围之内，因此也不获得平等的权益与待遇。不加分别、雨露均沾的爱，是基督教出现之后才开始传播的福音。"相对于人道主义者而言，人文主义者感兴趣的是个体的善，而非使人类全体都得到提高这类空想；虽然人文主义者很大程度上考虑到了同情，但他坚持同情须用判断加以训练和调节。"（美国《人文》杂志社、三联书店编辑部编，《人文主义——全盘反思》，第5—6页，生活·读书·新知三联书店，2003年）白璧德认为，包括雅典人在内的古代人，都倾向于人文主义，而非人道主义："古代人文主义在整体上具有强烈的贵族气质；它的同情是在我们今天看来很窄的一个渠道中流淌的；对于那些未受过教导与训练的卑微低贱之人，它自然地轻蔑倨傲。的确，那种未加选择的普遍的同情，如我们所称的人类兄弟情谊的感情，往往被认为只是随着基督教才产生的。"（同上书，第6页）西方古代的人文主义，带有贵族式的冷漠，充满着对粗鄙、下贱和低俗之人的轻蔑。

按照白璧德的划分，意大利文艺复兴早期的所谓人文主义者，如拉伯雷等，大部分都只能算是人道主义者，他们当中只有很少人是真正具有人文倾向的。对于很多人来说，人文主义是对一切外在约束的反抗，"是一种从中世纪的极端到与其相对立的放纵的狂野反拨"。到了文艺复兴后期，那种支持自由扩张的人文主义，才转向了"纪律与选择程度最高的人文主义"。经过教化而具有相当素质和德行修养、远离动物生活形态的人，才可以被当作人来加以对待。

白璧德倡导的新人文主义，企图收回文艺复兴前期给予人性过度的同情、信任与放纵，对人之为人有所要求，又不能过度地剥夺人的自主与自由，而要"在同情与选择两者间保持着一种正确的平衡"。然而，由人来提出的对人的要求，很容易遭到人的质疑与拒绝，尤其是在一个权力平等的社会，任何居高临下的姿态都会受到抵制。也许是有感于这种困难，白璧德认为，人类的自然自我（natural self）需要怀着敬畏和谦卑来仰望某种更高意志；或者说，承认人身上有某种力量，这种力量与构成人类普通自我（ordinary self）或性情自我（temperamental self）的外在印象、扩张欲望恰好背道而驰。显然，他倾向于认为，在人的身体属性与气质之性以外，存在着更高维度的"力量"。这种力量能够使人的存在获得超越。人"必须服从于高于其自身的东西"，不论他管这东西叫"上帝"，还是"更高的自我"，或者就像佛教里所说的"法界"。如此看来，白璧德似乎要像中国古典人文主义者那样，在人性中划分出身体气质之性与天命之性来了。

是像苏格拉底之后的古代人文主义和基督教的人文主义那样，通过神道来提携人道，还是像东方的道家与佛教那样，通过对内在于人性深处的"道"和"法界"的亲证，来完成人存在的超越，是一个极其关键的问题。在天国崩溃、诸神逃亡的西方现代文化背景下，白璧德似乎更愿意将这种高于人自身的东西归结为内在于生命的本源："看来整个西方都处于穷途末路了。我们唯一的希望是回归内在生命的真理。"（张沛《民主与领袖——白璧德人文思想述评》，《国外文学》2009年第3期）

白璧德的探索，体现了西方人文主义由外在的超越转向内在的超越，与中国乃至东方人文主义精神殊途同归的指向。以人本为出发点的人文主义，到了一定的高度之后，要么与神道结合，并且为之所兼并；要么与天道结合，将天道纳入人道的范畴，作为人道深邃而又浩瀚的延伸；要么就是徘徊彷徨于两者之间，如拉封丹笔下那头愚不可及的驴子。

综上所述，人本主义是一种以人为世界价值主体、从人的切身利益出发的思想体系。它从人出发，但从人出发之后，最终抵达哪里，归宿何方，是一个极其严重的问题。在这个问题逼问之下，人本主义事实上已经裂变成为人道主义与人文主义两种形态。人道主义关怀人的身世、际遇和命运，尤其是人的不幸和非人待遇，致力于改变人生存在的外部条件，然后把人交还给人，尽可能多地给予他支配生命的自由度。至于他如何使用自由，如何生活，活得是否有价值品位与灵魂高度，是活得像禽兽还是神灵，乃至如哈姆雷特追问的是要活着还是死去，都不做出选择性的要求。甚至反对任何强制性的要求，避免给人带来压抑与桎梏。显然，这种人道主义隐含着"到人为止"的原则，已经将人自身的存在视为至善完满的止境，不打算超越当下的人性状况。

人文主义可以视为人本主义的另一种形态，它不是不加选择地接受人的存在，而是对人性状况做出了方向性的要求。这种要求是基于对人的一种理解：人不是像动物那样，以近乎唯一的可能态存在，他的生存具有相当开阔的可能性空间。这种空间不仅体现在他外在的生活境遇与自我修饰，更体现在他内在的存在境界：他既可以活得粗俗猥琐，也可以活得优雅高贵；他既可以活得愚昧浑噩，也可以进入澄明之境；他既可以趋近于动物，像一条虫那样活着，也可以趋近于神，与天地精神相往来。总之，人性的展开有相当宽阔的空间可以回旋与开展，即便是外在的生活境遇相当困顿的时候。在这个空间里，人文主义在同情与尊重之余，支持一种由动物性向神圣性升华的方向，勉励人追求一种不断提升自身品质，使之臻于至善完美的可能性，穷尽人性的底蕴，成为一种无有遗憾的存在。

人道主义把自由交到人的手上，便转身离开了；人文主义不仅把自由交给人，还要叮咛嘱咐，教导人如何有效地使用自由，给予自由某种限制和使用说明，以规范自由空间里人的行为轨迹，使之免于自甘堕落、自我伤害与自我辱没。因此，人文主义意味着自由度在某种程度上的收缩，并且通过这种收缩形成方向上的导引。人文主义的起点是对人生命的珍惜、尊重与爱护，终点则是人性的完满实现，即所谓穷理尽性以至于命。

正如白璧德所指出的，西方古代人文主义在整体上具有强烈的贵族气质，对于地位卑微低贱的人群，流露出倨傲与蔑视的态度，在某种程度上偏离了人道主义的精神。与其不同，崇尚好生之德的中国古典人文主义，尽管怀抱着"极高明"的精神指向，但也深存"民胞物与"的普世情怀，仁爱的布施雨露均沾，体现了人文主义对人道主义的兼容并蓄。

就社会政治的角度而言，人道主义隐含着某种宽容与放纵，它天然地指向无政府主义，带有自由狂欢性质；人文主义附带着某种程度的批判与约束，指向规范与秩序。倡导人道主义者，不能不防备民粹主义的滥觞，以及可能随之而来的社会失序；倡导人文主义者，不能不警惕对私人空间与个体自由的挤兑与吞并，以及随之而来的精神高压强迫和道德绑架。隐约于两者之间的中道，无疑是考验人类智慧的最佳选择。

2021 年 12 月 29 日

后记
追寻歧路上的迷羊

因为书写过一些想象与抒情的文字，长期在作家协会机关当差，本人被归入文学从业者的行列。但私底下的自许，始终是个迷途问道的人。生于困惑的我，不愿在迷津中沉溺。做一个明明白白的人，像一尾鱼游弋在澄明透彻的真相里，不兴风作浪把水搞浑以自欺欺人，是我少年以来怀揣的愿想。在天底下做好并做足一个人，比做什么都重要，也更加困难。带着与生俱来的焦渴，我要在沙漠里找到纯净的水源。为此，我可以耗上一生的资粮，乃至生生世世。漠地里出土的木乃伊的样子，实在令我感到惊恐，特别是得知其曾经是某个传奇古国公主的时候。

四十年前，我从师范专科学校出来，成为一名中学教员。面对白云苍狗下面的世界，躁动人群中扬起的风尘，内心充满着迷惘的激情。诗歌的吟哦让我变得多愁善感，白天在小路上捡起一片零落的树叶，都会浮想联翩。文学激起了我愤怒或伤悲的情绪，却不给这些情绪提供一条畅通的出路，它们在深夜里向我喧嚣。青春的生命如同捧在手心的玻璃瓶子，找不到安放的地方，并在想象中一而再发出炸裂的声响。某个无眠的夜晚，面对镜子里野兽般已然变得陌生的表情，我暗下决心，必须让喧嚣的大海平静下来，找回自己本来的模样，即便这个模样无比狰狞。

20世纪80年代，正是国家刚刚从闭锁中开放起来的时期。西方思想的潮水，一波又一波地涌入，拍打着人们单薄的胸膛。我几乎是饥不择食地汲取各种精神的给养。相当长的时间里，从克尔凯郭尔、尼采、陀思妥耶夫斯基到海德格尔、萨特一脉的存在哲学，尤令我着迷。我几乎是把他们的文字当作药物来服用，以期治愈自己内心的焦灼。但实际的情况似乎恰如其反，他们加重了我的困顿与迷惘，使得身为碳基生命的我，被一堆无用的激情所燃烧，甚至成为一个精神的难民。克尔凯郭尔在哥本哈根街头的徘徊，消耗着自己一生的慧命，还耽误了一个女人的青春，并且终生都得不到原谅。他成了拉封丹笔下那头死在两堆干草间的驴子，那副孤寂的面容，更是让人倍感凄凉。尼采像是从高山绝顶上下来的教主，以狮子的怒吼唤醒人们对自身命运的承担，但他自己却已经承担不起，身体还健硕如故，精神就到了崩溃的边缘。这不仅让生下他的母亲忧虑重重，也让追随他的人不知情何以堪！陀思妥耶夫斯基恍惚迷离的语言，散发着热锅蚂蚁般的焦灼与不祥，令人觉得崩溃的末日正在一刻刻临近，生活已经无路可逃。至于可怜的卡夫卡，一生都陷入命运的迷阵，心灵也被囚禁在自己造设的坚固城堡里。生活中发生的一切，对他而言不是成全与造就，而是一种碾压与摧毁。在萨特、加缪的话语中，世界似乎只是偶然事件的堆积，生活本来荒谬，存在让人恶心，他人如同地狱，生存的意义只能通过无谓的反抗来求证。而零乘以任何数字都等于零，所有针对荒谬的反抗行动，都不过是让荒谬变得更加荒谬而已。不过，在海德格尔黑森林里的小路上，我还是徘徊了很长时间。在我的想象中，他的精神原型，更像是个从深谷里走出来的东方哲人，但小路并非大道，流连

　　　穷尽人性的可能——中国古典人文主义叙述

在林中空地的他，远未抵达云端之上的绝顶。

对现代西方思想大师们的跟随，给我带来的启示并不比困惑更多。直到某一天醒来，我忽然发现，那些被当作现代人文导师的人，包括尼采、陀思妥耶夫斯基、波德莱尔、卡夫卡等，其实都是些病入膏肓的天才、时代精神的祭品、荒野上迷路的羔羊、深夜街头的流浪者。他们以自己为牺牲去祭祀的，都是旷野里找不到归宿的孤魂野鬼。而人们之所以找上他们，并非是因为他们掌握了天地的奥秘和生命的圭臬，而是因为同病相怜，天涯沦落人的抱头痛哭，以生命的伤悲投诉这个世界的苦难，而这种投诉并不使伤悲与苦难的程度有所减缓。跟随他们日落黄昏的脚步，只会走进更浓的夜色，甚至是荒凉惊悚的墓地。正是在这种情形下，一肚子浑水的我，将目光转向了日出的东方，投入古典思想的问学与修习。在一篇短文里，我写下这样的句子："我不想做庞贝城里的石尸，来记录一场灾难的恐怖。"对于这个世界，我们已经不是孩子，而是孩子他爹乃至他爷爷，早就没有了撒娇与哭诉的权利，唯有义无反顾地受理与担当，甚至是最终的判决，并心甘情愿地接受随之而来的结果。

由道而儒、由儒而释的进入，让我对所置身的世界和拥有的生命，有了某种深入而又辽远的体认，一条四通八达的道路道隐约在云水间浮现。这种将人间烟火的世俗生活与浩渺天道贯通起来、与万物打成一片的文化，可谓气象大焉，蕴含着哺育人格的强大力量，给人带来了深邃而美妙的存在感。与那些已经作古千年的先贤交心，让我的精神获得了如同醍醐灌顶的加持。在被斥为有着吃人本质的传统里，我找到了古老文化的初乳，精神的生命也得以润泽和滋养，并且变得强壮起来，人生有了一个堪称华丽而又豪迈的转身。我学会了对生命本质意义上的尊重，而不是人情世故里的客客气气。我坚信自己在沙漠里找到了永不枯竭的水源，并且有了荣归故里的感觉。云在青天水在瓶，那个曾经备感危脆的玻璃瓶子，也终于有了恒久安放的所在，免于碎落一地。

某次旅行的中途，我心里突然冒出一句诗来：枯枝败叶依旧是，万里长空一雁归。生活似乎还是原来的生活，世界也还是原来的世界，只是生活在世界里的那个人被偷换了。他不再是一个愤世嫉俗的受害者，不再是法堂里蒙冤受屈的起诉人，他甚至什么都不是，一无是处却又处处皆是。回想既往求学的历程，如同在歧路上追羊，并非没有实际的裨益，但也有了"抛却自家无尽藏，沿门持钵效贫儿"的感慨。三十多年来的进学与历练，让我对自己的文化出身，有了足够深入的认识与自信；对古典文化中启示的意境，也有了切身的亲证，并在回望的时刻深感侥幸——这构成了本书撰述的前提。《穷尽人性的可能——中国古典人文主义叙述》，可以视为作者对自己文化身份的考证与认同，如同绑赴刑场前的验明正身。

一个世纪以前，国家积贫积弱，饱受列强的欺凌，几乎到了亡国灭种的关头。危机的旋涡中，焦灼的知识人把国家的失败归咎于文化的劣根，恨不得给整个种群换血，刳除国人安身立命的根基。数千年的传统积累成为民族的原罪，受到了一再复加的控诉。当然，这其实是特殊时势下的"文化偏至"。古往今来，从河东到河西，撞了南墙又撞北墙，此类现象并非不可以理喻。每当时代转折之际，西方思想往往要折返轴心时代的希腊。如今，在民族复兴的时刻，我们是否也应该重返古老文化河流的源头，掬饮灵明的活水，来浇灌自己的身家性命，以获得重新出发的力量，并为个体人生旨趣的体认，提供参照的坐标体系？在精神自持力日趋薄弱，生命失格成为日常现象的当今世界，奠基于人性与天道贯通处的中国古典人文主义，具有某种救援的意义。在一定的意义上，时下的问题，并不出自我们背负着太多的传统，或是已经背叛了传统，而是我们根本就没有真正领悟过自己的传统。

大约在八年以前，我写出本书近似于导言的文字。韩少功先生过目后，给予热情的回应，并鼓励我尽快展开成书。能够欣赏别人的好，并且慷慨于成人之美，是先生行仪中令我感动的部分，而这种感动也是本书得以完成的驱力，尽管他并不苟同，甚至反对我的一些意见。

本书结笔之际，已经是岁末的季候，南下的冷空气，一枚枚地摘落园子里艳黄的叶子。我不能不想起一位先辈，华南师范大学原副校长黎克明教授。1986年，在看过我的哲学处女作《概然世界与人的选择》后，先生给我写了一封诚恳而热情的信，不吝溢美之词，除了在他主编的杂志上予以选用，还邀请我出席次年召开的"全国人道主义与人的哲学研讨会"，给这个之前从未谋面的学子以极大的鼓舞。由于后来人生的折转，一路疲于奔命、模样狼狈的我，未能如先生所寄望的那样，继续暗室里的思辨与书写，转而拐上了文学的歧途。数十年间，尽管哲学上的问路追羊未曾停顿，会通文史哲的努力也不敢放弃，但惴惴的内心总觉得辜负于先生的知遇之恩。《穷尽人性的可能——中国古典人文主义叙述》，可以看作我向黎先生郑重交上的一份作业。无比遗憾的是，先生早已经驾鹤西行，而我也只能合手默然致意于道旁。同样让我难以忘怀的，还有中山大学的冯达文先生，他讲授的中国哲学史，在我心里深深地埋下了种子。学业的进步有赖于对师道的尊重，但师道的意义不仅仅限于解惑。

著名人文杂志《天涯》刊发了本书重要的章节；尊敬的潘凯雄先生、彭明哲先生，对本书的出版给予了鼎力的帮助；尊敬的杨海鹰先生、李凌己博士、刘阳博士等，对这一课题的研究给予了亲切的关注与支持；责任编辑王海燕博士和我的学生纪晓娇，为本书的编校付出了辛勤而有品质的劳动，在此一并表示由衷的感激之情。最后，必须感谢以母亲为核心的家人，给予我的写作以无言的关怀。在一本书的后记里，我曾经说过："有清水流过的地方，就会有草木生长。"现在，这句话我还想再说一遍。

2022年1月21日

于云龙墟木生火工作室

　　　　　穷尽人性的可能——中国古典人文主义叙述